프리미어 프로

CC 2024

한빛미디어
Hanbit Media, Inc.

지은이 심수진

• 명지대학교 영상디자인과 전공
• 어도비 코리아 프리미어 프로 및 애프터 이펙트 강의 진행
• 강남문화재단, 문화체육관광부, 한국콘텐츠진흥원 영상 제작 강의
• 현 (주)발렌타인드림 부사장
• 전 명지전문대학 디지털콘텐츠융합과 교수
• 《맛있는 디자인 프리미어 프로&애프터 이펙트 CC 2024》 공동 집필
• 《맛있는 디자인 프리미어 프로 CC 2023》 공동 집필

지은이 윤성우

• 명지대학교 영상디자인과 전공/디자인학과 석사 과정
• 컴투스 영상 디자이너, NHN(현 네이버) 영상디자인팀 디자이너
• CJ E&M 게임부문(넷마블) 멀티미디어콘텐츠팀 팀장
• 현 (주)발렌타임드림 대표이사
• 《맛있는 디자인 프리미어 프로&애프터 이펙트 CC 2024》 공동 집필
• 《맛있는 디자인 프리미어 프로 CC 2023》 공동 집필

지은이 김덕영

• 명지대학교 영상디자인과 전공
• 대한민국 국회 뉴미디어팀, BPC LAB 근무
• 현 픽쳐몬스터 대표
• 《맛있는 디자인 프리미어 프로&애프터 이펙트 CC 2024》 공동 집필
• 《맛있는 디자인 프리미어 프로 CC 2023》 공동 집필

맛있는 디자인 **프리미어 프로 CC 2024**

초판 1쇄 발행 2024년 3월 22일
초판 2쇄 발행 2024년 9월 30일

지은이 심수진, 윤성우, 김덕영 / **펴낸이** 전태호
펴낸곳 한빛미디어(주) / **주소** 서울특별시 서대문구 연희로2길 62 한빛미디어(주) IT출판1부
전화 02-325-5544 / **팩스** 02-336-7124
등록 1999년 6월 24일 제25100-2017-000058호 / **ISBN** 979-11-6921-221-2 13000

총괄 배윤미 / **책임편집** 장용희 / **기획 · 편집** 진명규
디자인 이아란 / **전산편집** 오정화
영업 김형진, 장경환, 조유미 / **마케팅** 박상용, 한종진, 이행은, 김선아, 고광일, 성화정, 김한솔 / **제작** 박성우, 김정우

이 책에 대한 의견이나 오탈자 및 잘못된 내용은 출판사 홈페이지나 아래 이메일로 알려주십시오.
파본은 구매처에서 교환하실 수 있습니다. 책값은 뒤표지에 표시되어 있습니다.

한빛미디어 홈페이지 www.hanbit.co.kr / 이메일 ask@hanbit.co.kr / 자료실 www.hanbit.co.kr/src/11221

지금 하지 않으면 할 수 없는 일이 있습니다.
책으로 펴내고 싶은 아이디어나 원고를 메일(writer@hanbit.co.kr)로 보내주세요.
한빛미디어(주)는 여러분의 소중한 경험과 지식을 기다리고 있습니다.

맛있는 디자인

가장 완벽한
디 자 인
레 시 피

프리미어 프로
CC 2024

심수진, 윤성우, 김덕영 지음

한빛미디어
Hanbit Media, Inc.

천천히 순서대로 같이해보는
프리미어 프로 영상 편집!

영상 편집을 배우면 할 수 있는 일들이 정말 많습니다. 영상 편집자로 취업하거나 이직할 수도 있고, 자기 계발 목적으로 공부할 수도 있습니다. 나아가 인생의 소중한 날을 잘 만든 영상으로 기록할 수도 있습니다. 개인이 스스로를 브랜딩하는 트렌드에 따라가려면 영상 편집 기술을 배우는 일은 이제 선택이 아니라 필수입니다. 지금부터 시작해도 늦지 않습니다.

예전의 저는 영상 편집을 배우는 것은 막연하게 두렵거나 어렵다고 느꼈습니다. 과거의 어려움을 바탕으로 초보자의 시선에 알맞게 책을 집필했습니다. 독자 여러분이 좀 더 쉽고 효율적으로 프리미어 프로를 이해할 수 있도록 예제를 체계적으로 만들고 보완했습니다.

내가 직접 만든 영상으로 다양한 사람들에게 즐거움을 주는 것은 참 재미있는 일입니다. 물론 영상을 잘 만들 수 있다면 더더욱 재미있고 좋을 겁니다. 누구나 영상을 잘 만들게 하기 위해, 변화하는 시대 트렌드를 따라가도록 돕기 위해 책의 예제를 연구하며 수정, 보완하고 있습니다. 이 책을 보는 독자 여러분이 영상 편집을 즐겁게 공부할 수 있기를 바랍니다.

SPECIAL THANKS TO
책 집필에 힘써주신 한빛미디어 진명규 책임님과 관계자분들께 감사드립니다. (주)발렌타인드림 윤성우 대표님, (주)발렌타인드림, (주)데브크리 구성원분들께도 항상 감사드립니다. 사랑하는 가족, 친구들에게도 감사의 인사를 전합니다.

심수진

영상 편집을 배우며
즐겁고 행복하기를 바랍니다!

책 집필을 하는 동안 가장 많이 듣게 된 단어가 AI였습니다. 우리는 머지않은 미래에 AI가 영상 편집까지도 정복할 것이라는 이야기를 듣게 됩니다. 하지만 우리가 알아둬야 하는 것은 AI는 인류의 감정까지 지배할 수 없다는 사실입니다. 영상 편집을 하는 데 AI 신기능이 추가된다고 해도 인간을 감동시키는 영상을 편집하는 최종 결정권은 인간에게 달려 있습니다.

오히려 앞으로 AI의 조언을 받아 더 많은 사람이 더욱 쉽게 영상을 만들게 될 것이라는 게 제 생각입니다. 앞으로 많은 사람이 프리미어 프로를 배워서 즐거움을 주는 일을 하는 사람이 될 거라고 생각합니다. 사람이 사람에게 행복과 즐거움을 주는 일을 한다는 것만큼 의미 있는 일은 없을 것입니다.

SPECIAL THANKS TO ···

4시33분 권준모 의장님, 큐로드 길호웅 대표님, 그리고 옆에서 묵묵히 지켜준 심수진 저자에게 감사합니다. 또한 이 책을 선택한 독자분들께도 감사합니다. 2024년 모든 일이 잘되시길 기원합니다.

윤성우

영상 편집,
나도 할 수 있다!

영상은 우리 생활 가장 가까운 영역에서 많은 영향을 주고 있습니다. 텍스트로만 전달되던 것이 이제는 영상화가 된 덕분에 우리는 이전보다 직관적이고 편리하게 다양한 것을 체험하고, 배우고, 느낄 수 있습니다.

어떤 분야든 기술이 숙달되고 전문가가 되기까지 많은 시간과 노력이 필요합니다. 영상 제작 역시 처음에 익혀야 하는 많은 지식, 낯선 용어, 기술적인 부분 등으로 어려움을 겪는 경우를 자주 보았습니다. 영상 제작에 입문하고자 마음먹은 분들이 더 편하고 쉽게 프리미어 프로를 다루도록 초석을 다지고 숙련된 영상 제작자가 되는 데에 도움이 되었으면 하는 마음으로 이 책을 집필했습니다.

이 책으로 학습하며 '영상 편집 나도 할 수 있다!'고 자신감을 가지기를 바랍니다. 나아가 선호하는 크리에이터나 좋아하는 스타일의 영상을 만들 수 있는 실력을 갖추기를 희망합니다. 영상 제작을 마음먹은 여러분은 이미 한 명의 연출가이고, 감독입니다. 자신만의 멋진 영상을 만들기 위해 노력하는 여러분의 앞날을 응원합니다.

SPECIAL THANKS TO ···

원고를 집필하는 동안 집중할 수 있도록 신경 써준 아내에게 고맙고 사랑한다고 전하고 싶습니다. 항상 믿고 응원해주는 가족들, 책의 완성도를 높이기 위해 함께 고민한 성우 형과 심수진 저자, 책으로 독자를 만날 수 있는 계기를 마련해주신 다영님, 출판에 힘써주신 한빛미디어 담당자분들 모두에게 감사의 말을 전합니다.

김덕영

맛있는 디자인 6단계 레시피

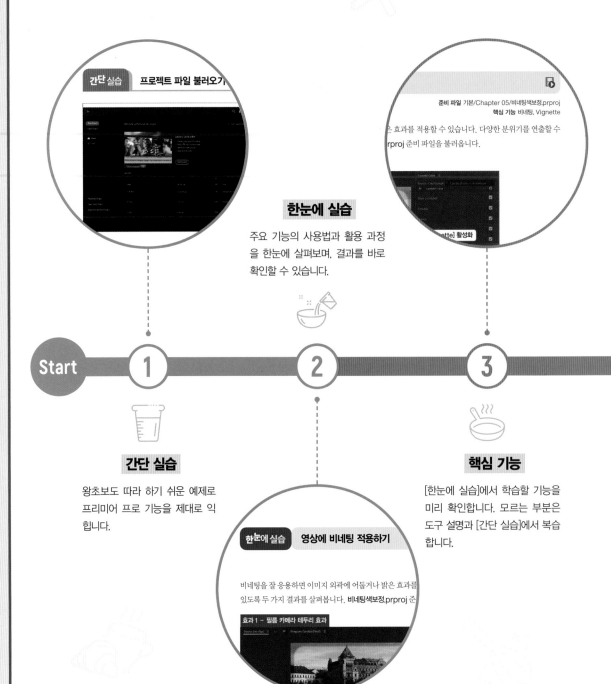

간단 실습   **프로젝트 파일 불러오기**

준비 파일 기본/Chapter 05/비네팅색보정.prproj
핵심 기능 비네팅, Vignette

은 효과를 적용할 수 있습니다. 다양한 분위기를 연출할 수
prproj 준비 파일을 불러옵니다.

[...ette] 활성화

한눈에 실습

주요 기능의 사용법과 활용 과정
을 한눈에 살펴보며, 결과를 바로
확인할 수 있습니다.

Start   ①   ②   ③

간단 실습

왕초보도 따라 하기 쉬운 예제로
프리미어 프로 기능을 제대로 익
힙니다.

한눈에 실습   **영상에 비네팅 적용하기**

비네팅을 잘 응용하면 이미지 외곽에 어둡거나 밝은 효과를
있도록 두 가지 결과를 살펴봅니다. **비네팅색보정.prproj** 준

효과 1 – 필름 카메라 테두리 효과

핵심 기능

[한눈에 실습]에서 학습할 기능을
미리 확인합니다. 모르는 부분은
도구 설명과 [간단 실습]에서 복습
합니다.

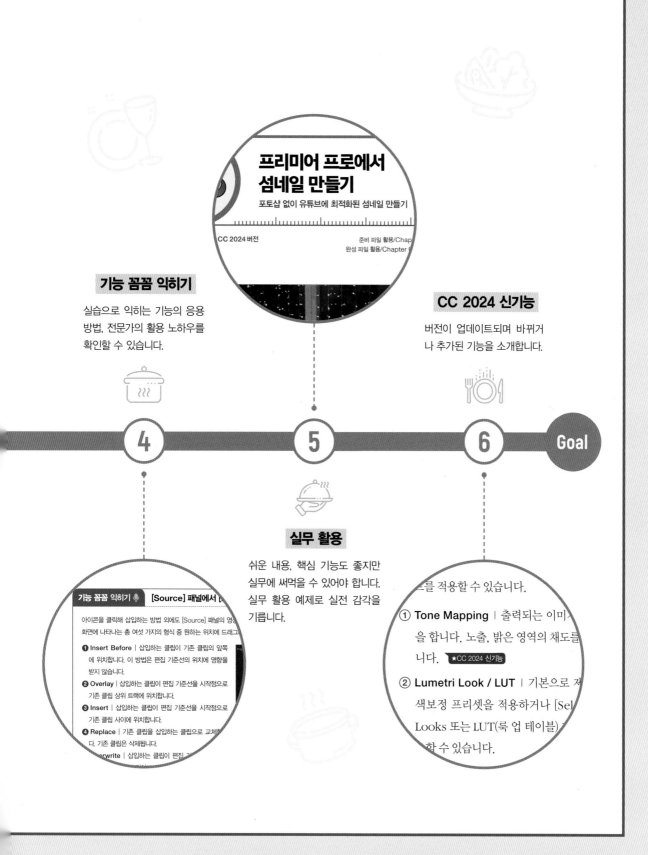

프리미어 프로에서 섬네일 만들기

포토샵 없이 유튜브에 최적화된 섬네일 만들기

CC 2024 버전

준비 파일 활용/Chap
완성 파일 활용/Chapter

기능 꼼꼼 익히기

실습으로 익히는 기능의 응용
방법, 전문가의 활용 노하우를
확인할 수 있습니다.

CC 2024 신기능

버전이 업데이트되며 바뀌거
나 추가된 기능을 소개합니다.

4

5

6

Goal

실무 활용

쉬운 내용, 핵심 기능도 좋지만
실무에 써먹을 수 있어야 합니다.
실무 활용 예제로 실전 감각을
기릅니다.

기능 꼼꼼 익히기 🎙️ **[Source] 패널에서**

아이콘을 클릭해 삽입하는 방법 외에도 [Source] 패널의 영상
화면에 나타나는 총 여섯 가지의 형식 중 원하는 위치에 드래그

❶ **Insert Before** | 삽입하는 클립이 기존 클립의 앞쪽
에 위치합니다. 이 방법은 편집 기준선의 위치에 영향을
받지 않습니다.

❷ **Overlay** | 삽입하는 클립이 편집 기준선을 시작점으로
기존 클립 상위 트랙에 위치합니다.

❸ **Insert** | 삽입하는 클립이 편집 기준선을 시작점으로
기존 클립 사이에 위치합니다.

❹ **Replace** | 기존 클립을 삽입하는 클립으로 교체
다. 기존 클립은 삭제됩니다.

rwrite | 삽입하는 클립이 편집

를 적용할 수 있습니다.

① **Tone Mapping** | 출력되는 이미
을 합니다. 노출, 밝은 영역의 채도를
니다. ★CC 2024 신기능

② **Lumetri Look / LUT** | 기본으로 저
색보정 프리셋을 적용하거나 [Sel
Looks 또는 LUT(룩 업 테이블)
할 수 있습니다.

맛있는 디자인의
수준별 3단계 학습 구성

맛있는 디자인은 프리미어 프로를 처음 다뤄보는 왕초보부터 어느 정도 다뤄본 사람까지 누구나 쉽게 학습할 수 있도록 구성되어 있습니다. 핵심 기능과 응용 기능을 빠르게 학습하고 실무 예제를 활용해 실력을 쌓아보세요.

1 단계

프리미어 프로는 처음이에요!

프리미어 프로를 이전에 다뤄본 경험이 전혀 없다면 체험판을 설치해보고 프로그램 환경과 조작 방법부터 배워보세요! 간단한 학습을 통해 금방 프리미어 프로와 친해질 수 있습니다.

▶ 크리에이티브 클라우드 다루기
  p.010
▶ **기본편** p.052

2 단계

기초부터 체계적인 학습이 필요해요!

기초가 탄탄하면 프리미어 프로 실력은 수직 상승합니다. 간단한 기능 실습으로 기초를 다졌다면 이제는 눈으로만 봐도 이해되는 [한눈에 실습]으로 실력을 다집니다. 입문자 눈높이에 맞춘 친절한 설명과 구성으로 혼자 실습해도 어렵지 않습니다.

▶ **기본편** p.059

3 단계

프리미어 프로 전문가로 거듭나고 싶어요!

이제는 활용법까지 제대로 배울 타이밍입니다. 프리미어 프로의 실무 편집 테크닉을 익혀 프리미어 프로 고수로 거듭나야 합니다. 트렌디하고 감각적인 [실무 활용] 예제를 통해 실전 영상 편집 감각을 키워보세요. 더 나아가 실무 효율을 높이는 다양한 기능을 익힌다면 프리미어 프로 실력이 한층 업그레이드될 것입니다.

▶ **활용편** p.302

◎ CC 2024 신기능만 빠르게!

프리미어 프로 CC 2024의 신기능을 빠르게 학습하고 싶다면 018쪽에 있는 프리미어 프로 CC 2024 신기능과 본문의 CC 2024 신기능 팁을 확인해보세요!

예제&완성 파일
다운로드

이 책에서 나오는 모든 예제 소스(준비 파일, 완성 파일)는 홈페이지에서 다운로드할 수 있습니다. 한빛출판네트워크 홈페이지는 검색 사이트에서 **한빛출판네트워크**로 검색 혹은 **www.hanbit.co.kr**로 접속합니다.

01 한빛출판네트워크 홈페이지에 접속하고 [부록/예제소스]를 클릭합니다.

02 ❶ 검색란에 **프리미어 프로 2024**를 입력하고 ❷ 검색 버튼을 클릭합니다. ❸ 《맛있는 디자인 프리미어 프로 CC 2024》가 나타나면 [예제소스]를 클릭합니다. 바로 다운로드됩니다. 파일의 압축을 해제해 사용합니다.

▶ **빠르게 다운로드하기**
단축 주소 www.hanbit.co.kr/src/11221로 접속하면 바로 예제 파일 다운로드 페이지로 이동합니다.

무료 체험판 설치하기

프리미어 프로 CC 2024 정품이 없다면 어도비 홈페이지(https://www.adobe.com/kr/)에 접속한 후 7일 무료 체험판을 다운로드해 설치할 수 있습니다. 무료 체험판은 설치 후 7일 이내에 구독을 취소하지 않으면 자동으로 결제가 진행됩니다.

어도비 회원가입하고 구독 신청하기(7일 무료 체험)

01 어도비 홈페이지에 접속한 후 [무료 체험하기]를 클릭합니다.

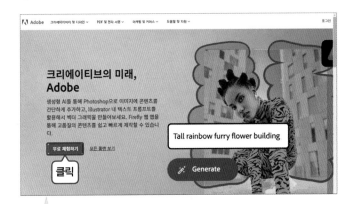

어도비 홈페이지 메인에 [무료 체험하기]가 나타나지 않는다면 오른쪽 상단의 [도움말 및 지원]-[다운로드 및 설치]를 클릭한 후 [Creative Cloud 모든 앱]의 [무료 체험판]을 클릭합니다.

02 첫 7일간은 무료라는 안내 문구가 나타납니다. 본인에게 알맞은 구독 유형을 선택하고 [계속]을 클릭하여 진행합니다.

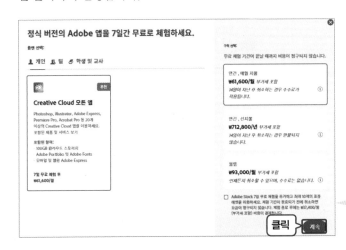

일반 취미용이라면 [개인]을 선택합니다. 교육 목적이라면 [학생 및 교사], 회사나 기업(비즈니스)에서 사용한다면 [팀]을 선택합니다. 각 목적에 따라 구독료가 달라집니다.

03 ❶ 이메일 주소를 입력합니다. ❷ 약관을 확인하여 동의 절차를 거치고 ❸ [계속]을 클릭합니다.

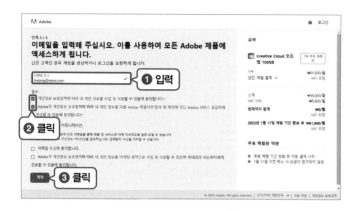

04 결제 정보를 업데이트합니다. ❶ 결제할 카드 정보를 입력하고 ❷ [무료 체험기간 시작]을 클릭합니다. 무료 사용 기간은 7일입니다. 이후 자동으로 결제가 청구됩니다. 결제를 원하지 않는다면 기간 내에 결제를 취소해야 합니다.

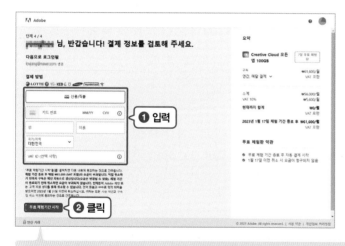

한 개의 카드 정보로는 무료 체험판 혜택을 한 번만 이용할 수 있습니다. 플랜 취소 및 구독 관련 내용은 어도비 Help(https://helpx.adobe.com/kr/manage-account/using/cancel-subscription.html)를 참고합니다.

크리에이티브 클라우드 데스크톱 앱 영문판 설치하기

01 크리에이티브 클라우드 앱스 홈페이지(https://creativecloud.adobe.com/apps#)에 접속합니다.

어도비 홈페이지에 로그인되어 있지 않다면 로그인 화면이 나타납니다. 로그인 후 진행합니다.

02 [내 구독에서 사용 가능]의 목록을 확인합니다. [Creative Cloud]의 [다운로드]를 클릭합니다.

만약 [Creative Cloud]의 [다운로드]가 활성화되지 않았거나 [열기]로 바뀌어 있다면 사용자의 PC 혹은 Mac에 크리에이티브 클라우드 데스크톱 앱이 설치되어 있는 것입니다. 이때는 크리에이티브 클라우드 데스크톱 앱을 실행한 후 업데이트합니다.

03 크리에이티브 클라우드 데스크톱 앱 다운로드가 시작됩니다. 다운로드가 완료되면 설치 파일을 실행합니다.

설치 파일의 다운로드 위치 및 실행 방법은 사용 중인 브라우저마다 다릅니다.

04 [Creative Cloud] 설치 프로그램이 실행되면 [계속]을 클릭해 설치를 진행합니다.

05 크리에이티브 클라우드 데스크톱 앱의 설치가 완료되면 자동으로 실행됩니다. 영문판 설치를 위해 환경 설정을 바꾸겠습니다. 오른쪽 상단의 를 클릭하고 [환경설정]을 클릭합니다.

> 기존에 한글판을 설치했다면 각 프로그램의 ••• 를 클릭한 후 [제거]를 선택해 한글판을 삭제합니다.

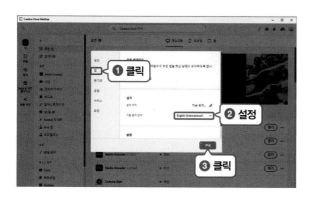

06 ❶ [앱]을 클릭합니다. ❷ [설치]-[기본 설치 언어]를 [English (International)]로 선택합니다. ❸ [완료]를 클릭합니다.

07 [파일]-[Creative Cloud 종료] 메뉴를 선택합니다. 크리에이티브 클라우드 데스크톱 앱이 종료됩니다.

08 크리에이티브 클라우드 데스크톱 앱을 다시 실행한 후 [시험 사용할 앱]에서 [Premiere Pro]의 [시험 사용]을 클릭해 설치를 진행합니다. 설치가 완료되면 설치 완료 메시지가 나타납니다.

예제 파일 에러 발생! 이렇게 해보세요!

01 **버전 변환** | 현재 설치된 프리미어 프로보다 낮은 버전의 프로젝트 파일을 불러오면 [Convert Project] 대화상자가 나타납니다. [OK]를 클릭하면 파일 이름 뒤에 숫자 '1'이 붙고 다른 이름으로 저장한 후 작업을 진행할 수 있습니다.

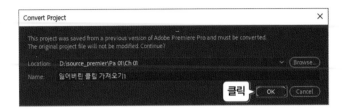

02 **연결 유실된 미디어 파일 찾기** | 프리미어 프로의 프로젝트 파일 위치와 소스 파일의 위치가 맞지 않으면 에러 메시지가 나타납니다. [Locate]를 클릭합니다.

03 영상 소스의 위치를 지정할 수 있는 대화상자가 나타납니다. ❶ 왼쪽의 폴더에서 영상 소스가 위치한 폴더를 선택한 후 찾는 영상 소스가 일치하면 [OK]가 활성화됩니다. ❷ [OK]를 클릭하면 유실되었던 영상 소스와 프로젝트 파일이 연결됩니다.

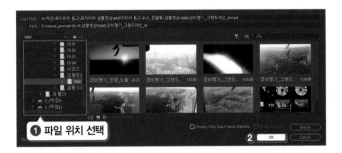

04 프로젝트 파일 호환 에러 | 현재 설치된 프리미어 프로보다 높은 버전에서 저장된 프로젝트 파일을 불러올 경우 나타나는 에러입니다. 프로그램을 최신 버전으로 업데이트하면 해결됩니다. 프리미어 프로는 자체적으로 하위 버전의 프로젝트 파일을 호환하지 않으므로 가급적 최신 버전의 프로그램으로 업데이트하는 것을 추천합니다.

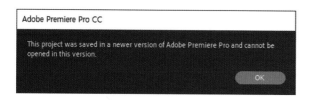

프리미어 프로 시스템 호환성 에러

시스템 호환성 보고서 에러 | 프리미어 프로를 실행할 경우 사용자의 PC가 프로그램과 호환되는지 자동으로 확인하는 호환성 보고서 기능이 실행됩니다. 내용을 확인하면 비디오 카드(VGA), CPU, Operating System(운영체제) 등 어떠한 호환 문제가 있는지 알 수 있습니다. 어도비에서 제시하는 최소 사양을 만족하는 PC의 경우에는 대부분 나타나지 않습니다.

각 항목에 Unsupported Video Driver(지원되지 않는 비디오 드라이버)라고 나타나는 것은 오래된 비디오 카드 드라이버를 사용하는 경우입니다. [Fix](해결)를 클릭하여 문제 해결 페이지에서 해당 내용에 맞는 최신 드라이버를 설치합니다.

만약 문제를 해결하지 않고 그대로 실행하려면 [Continue with known issues]를 클릭합니다. 일부 프로그램 기능이 제한될 수 있으나 최소 사양을 만족한다면 프로그램 실행에는 문제가 없습니다.

스터디 그룹과 함께 학습하세요!

한빛미디어에서는 포토샵, 일러스트레이터, 프리미어 프로, 애프터 이펙트를 쉽고 빠르게 학습할 수 있도록 '맛있는 디자인 스터디 그룹'을 운영하고 있습니다. 혼자 학습하기 막막한 분이나 제대로 학습하기를 원하는 분, 신기능을 빠르게 확인하고 싶은 분이라면 맛있는 디자인 스터디 공식 카페를 활용하세요. 6주 커리큘럼에 맞추어 학습 분량을 가이드하고 미션을 제공합니다. 맛있는 디자인 스터디 그룹은 프로그램 학습의 첫걸음부터 기능이 익숙해질 때까지 든든한 서포터가 되어줄 것입니다.

스터디 공식 카페 100% 활용하기

제대로 학습하기

그래픽 프로그램의 핵심 기능만 골라 담아 알차게 익힐 수 있도록 6주 커리큘럼을 제공합니다. 학습 분량과 일정에 맞춰 스터디를 진행하고 과제를 수행해보세요. 어느새 그래픽 프로그램을 다루는 실력이 업그레이드된 것을 확인할 수 있습니다.

막히는 부분 질문하기

학습하다가 막히는 부분이 있다면 [학습 질문] 게시판을 이용하세요. 모르는 부분이나 실습이 제대로 되지 않는 부분을 질문하면 학습 멘토가 빠르고 친절하게 답변해드립니다.

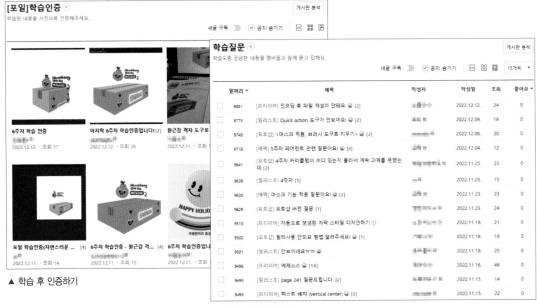

▲ 학습 후 인증하기

▲ 막히는 부분 질문하기

▲ 맛있는 디자인 스터디 공식 카페(https://cafe.naver.com/matdistudy)

먼저 스터디한 분들이 강력 추천합니다!

● 혼자였다면 작심삼일에서 끝났을 텐데 스터디 덕분에 책 한 권과 왕초보 딱지를 뗄 수 있었어요! _이로미 님

● 처음 공부하는 분들께 맛디 스터디 카페를 강력 추천합니다! 기초부터 실무에 적용할 수 있는 내용까지 뭐 한 가지 부족
한 것이 없습니다. _박해인 님

● 혼자인듯 혼자 아닌 스터디 모임에 참여할 수 있어서 좋았습니다. 혼자서 공부 못 하는 분들이라면 부담 갖지 말고 꼭 참
여하길 추천합니다! _ 김은솔 님

● 클릭하라는 대로 따라 하면 되니 처음으로 디자인이 쉽고 재밌었어요. 디자인 스터디 꼭 해보고 싶었는데 한빛미디어
덕분에 버킷리스트 하나 이뤘어요! _ 한유진 님

맛있는 ✕ 디자인 스터디 그룹은 어떻게 참여하나요?

맛있는 디자인 스터디 카페를 통해 스터디 그룹에 참여할 수 있습니다. 100% 온라인으로 진행되는 스터디
입니다. 학습 일정표에 따라 공부하면서 그래픽 프로그램의 핵심만 콕 집어 완전 정복해보세요! 한빛미디
어 홈페이지에서 '메일 수신'에 동의하면 스터디 모집 일정을 메일로 안내해드립니다. 또는 맛있는 디자인
스터디 공식 카페(https://cafe.naver.com/matdistudy)에 가입하고 [공지사항]을 확인하세요.

프리미어 프로 CC 2024 신기능

프리미어 프로 CC 2024의 2023년 12월(24.1) 릴리스는 프리미어 프로를 어느 때보다 빠르고 안정적으로 작업할 수 있도록 기능을 추가하고 개선했습니다. 텍스트 기반 편집 기능으로 자막, 컷 편집 작업 시간을 단축할 수 있습니다. 프리미어 프로 CC 2024 신기능 소개는 동영상 강의로도 제공하니, 아래의 QR 코드를 스마트폰 카메라 기능으로 스캔해 신기능을 더욱 완벽하게 익힐 수 있습니다.

 동영상 강의
확인하기

텍스트 기반 편집 기능

[Text] 패널에서 텍스트 기반 편집 기능을 사용하면 클릭 한 번으로 말이 끊어지는 부분, 또는 불필요한 추임새 부분 등 모든 일시 중지 구간이 삭제됩니다. 해당 기능을 사용하면 자동으로 컷 편집까지 진행되어 작업 시간을 단축할 수 있습니다.

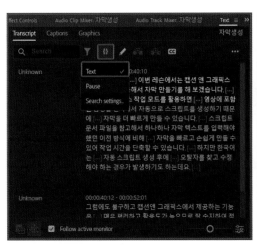 

오디오 자동 태그 지정

오디오 파일을 자동으로 분류하고 태그를 지정하여 [Essential Sound] 패널에 표시합니다. [Timeline] 패널에서 하나 이상의 오디오 클립을 선택하고 [Essential Sound] 패널에서 [Auto Tag]를 클릭하면 작업이 진행됩니다.

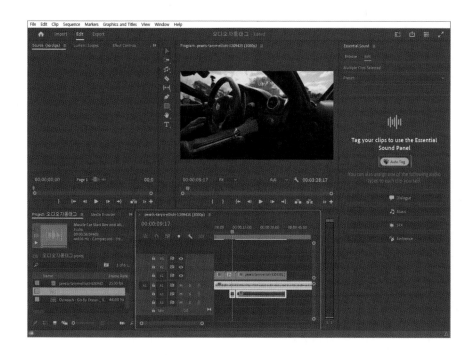

자동 태그 작업이 완료되면 [Essential Sound] 패널에 식별된 태그가 표시됩니다. 각 범주의 태그를 클릭하면 태그에 포함되는 클립들이 일괄 선택되고 [Essential Sound] 패널의 컨트롤로 추가 작업을 진행할 수 있습니다.

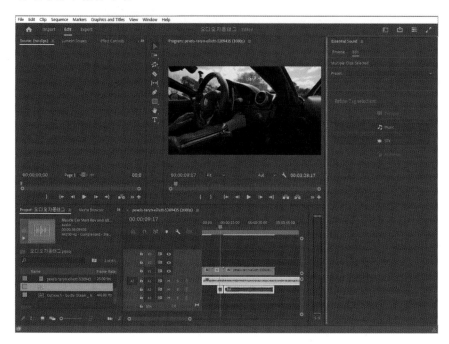

복구 모드를 통한 프로젝트 복원

프리미어 프로가 예기치 않게 종료될 때 열려 있던 프로젝트를 최근 저장 상태로 간편하게 복구할 수 있습니다. 충돌 등으로 인해 프리미어 프로가 종료된 후 다시 프리미어 프로를 실행하면 프리미어 프로가 예기치 않게 종료되었다는 메시지가 나타납니다. 이때 [다시 열기]를 클릭하면 작업 중이던 프로젝트가 종료되기 전의 상태로 복원됩니다.

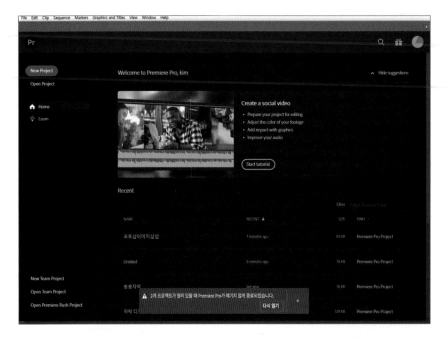

메뉴바의 [File]-[Revert] 메뉴를 선택하여 사용자가 최근에 저장한 상태로 되돌릴 수도 있습니다.

내보내기 모드에서 사용자 정의 대상 유지

[Export] 화면에서 모든 프로젝트의 모든 클립 및 시퀀스에 대해 단일 사용자 정의 대상 세트를 추가하거나 편집 또는 유지할 수 있습니다. [Source] 영역에서 ■■를 클릭하면 나타나는 [Add custom destination]을 선택하고 세부 항목을 설정하여 사용자 정의 항목을 할당합니다.

프리미어 프로 이중언어 기능 활용하기

프리미어 프로의 이중언어 기능을 활용해 인터페이스에서 한글과 영문 메뉴 이름이 동시에 표시되도록 설정할 수 있습니다.

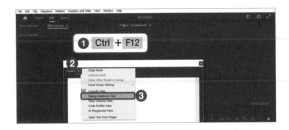

01 프리미어 프로를 실행한 후 ❶ `Ctrl` + `F12`를 누르면 [Console] 탭만 있는 대화상자가 나타납니다. ❷ [Console] 탭의 오른쪽에 있는 ☰를 클릭하고 ❸ [Debug Database View]를 클릭합니다.

[ApplicationLanguageBilingual]에 체크하지 않고 [ApplicationLanguage]에 ko_KR을 입력한 후 프리미어 프로를 재실행하면 한글 버전으로 표시되고, en_US를 입력한 후 재실행하면 영문 버전으로 표시됩니다. 단 일부 기능과 메뉴는 최초 설치 버전 기준으로 나타날 수 있습니다.

02 ❶ 검색란에 **Application**을 검색하면 자동으로 결과가 나타납니다. ❷ [ApplicationLanguage]에 **ko_KR**을 입력하고 ❸ [ApplicationLanguageBilingual]에 체크하여 [true]가 되도록 합니다. ❹ [Console] 대화상자를 닫습니다. 프리미어 프로를 종료합니다.

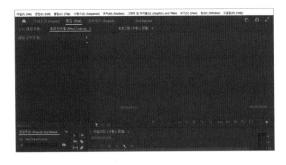

03 프리미어 프로를 다시 실행하면 한글 메뉴에 영문 메뉴가 같이 표시되어 있는 이중언어 모드가 활성화됩니다. 모든 메뉴와 기능, 패널 이름에도 한글과 영문이 같이 표시됩니다.

04 다시 영문 버전으로 전환하려면 같은 방법으로 ❶ [Application Language]에 **en_US**를 입력하고 ❷ [Application Language Bilingual]의 체크를 해제한 후 프리미어 프로를 다시 실행합니다.

영상과 오디오 무료로 다운로드하기

영상 편집 연습에 사용하는 영상이나 오디오를 찾기 어렵다면 무료로 다운로드하는 방법을 알아보세요. 유튜브에서 다운로드할 수 있는 영상에는 저작권이 있으므로 공개하거나 상업적인 장소에 사용하지 않도록 주의해야 하며 비영리적, 연습 용도로만 사용하길 바랍니다.

유튜브 다운로더와 유튜브 오디오 라이브러리 활용하기

01 유튜브 다운로더 웹사이트(http://www.youtubedownloaderhd.com)에서 자신의 컴퓨터 OS에 알맞은 프로그램을 다운로드해 설치할 수 있습니다. 프로그램을 설치합니다. ❶ 다운로드하려는 영상에 접속한 후 ❷ 주소를 복사하여 ❸ 유튜브 다운로더에 붙여 넣습니다. ❹ [Add to Download Queue]를 클릭해 다운로드 대기열에 추가한 후 ❺ 경로를 지정하고 ❻ [Download]를 클릭해 영상을 다운로드합니다.

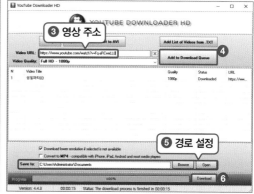

02 유튜브 오디오 라이브러리(https://www.youtube.com/audiolibrary)에 접속한 후 [오디오 보관함]에서 분위기와 취향에 맞는 다양한 무료 오디오를 미리 듣고 다운로드할 수 있습니다. [라이선스 유형]에서 저작권을 확인하고 다운로드합니다.

> 유튜브 오디오 라이브러리는 유튜브 스튜디오에 로그인해야 접속할 수 있습니다.

전문가가 제작한 감각적인 자막 템플릿 제공!

예제 폴더 중 [무료 자막] 폴더에서 영상 편집 전문가가 직접 제작한 무료 자막 템플릿을 제공합니다. 예제 폴더의 **활용/Chapter 02/자막디자인.prproj** 파일을 불러온 후 [Essential Graphics] 패널과 [Text] 패널 등에서 텍스트를 수정하여 자유롭게 사용합니다. 자막 템플릿의 자세한 활용 방법은 398쪽에서 확인할 수 있습니다.

템플릿	폰트 및 주소
어느새 많이 친해진 아이들	카페 24 고운밤, https://fonts.cafe24.com
잡은 물고기만 벌써 100마리?!	카페 24 써라운드, https://fonts.cafe24.com
귀여워 인사를 잘하는 강아지	IM헤민체, https://www.dgb.co.kr/cms/imhyemin/#download
계속 넘어지는 도미노...!!!	HS유지체, https://blog.naver.com/hp0/221803810393
벌써 봄인가 봐!	코트라 희망체, https://gongu.copyright.or.kr/gongu/wrt/wrt/view.do?wrtSn=13302259&menuNo=200023
과연... 올해는 찐짜 정말 공부 열심히 해야지!	이사만루체, https://www.gonggames.com
집에 오면 손 씻기는 필수!	세방고딕, https://www.gbattery.com/board/news
여기는 혹시 천국...?	이랜드 나이스체, https://www.elandretail.com/news/smart_shopping_02.do?evtID=EVT20201102000002388&branchID=00110001
깔끔하고 세련된 카페	
오늘 너무 춥지 않아?	빙그레 싸만코체, http://www.bingfont.co.kr/bingfont.html

LESSON 02
꼭 알고 넘어가야 하는
영상 편집의 기초
영상 편집 기본기 쌓기

PART 01

기초가 튼튼해지는
프리미어 프로 기본편

CHAPTER 01
영상 편집
기초 이론

LESSON 01
영상 편집 개념 익히기
영상 편집의 개념과 편집 방법 알아보기

CHAPTER 02
프리미어 프로와의
첫 만남

LESSON 01
프리미어 프로 시작하기
프리미어 프로 프로젝트 만들기

LESSON 02
영상 편집 과정
초단기 코스
영상 편집 과정 한번에 따라 하기

CHAPTER 04
다양한 형태의
자막 만들기

PART 02

내 영상을 더욱 멋지게 만드는 프리미어 프로 활용편

CHAPTER 01
다양한 기능으로 멋진 영상 만들기

CHAPTER 04
VR 영상 제작하고
편집하기

프리미어 프로는 영상 편집을 위한 가장 전문적이고 대중적인 프로그램입니다.

유튜브 영상은 물론 CF 등의 전문적인 영상 편집을 위해 사용되며

그만큼 다양한 기능과 강력한 호환성을 가지고 있습니다.

단순히 컷을 자르고 순서대로 배치하는 것 이외에도

다양한 비디오, 오디오 효과와 전환 효과, 특수 기능들을 이용하면

감각적이고 멋진 영상을 만들 수 있습니다.

이번 PART에서는 프리미어 프로의 가장 기초적인 기능부터

간단한 활용 기능까지 실습 예제를 통해 직접 확인하고 제작해보면서

영상 편집을 위한 기술을 배울 수 있습니다.

PART 01

기초가 튼튼해지는
프리미어 프로 기본편

프리미어 프로를 이용해 영상을 편집하기 전에

영상 편집의 기초 이론과 기본 용어를 정리하고 알아보겠습니다.

딱딱하고 전문적인 용어를 최대한 배제하여

어렵게 느껴지지 않도록 구성했습니다.

프리미어 프로로 영상을 편집하기 위해 꼭 필요한 내용을 모았으니

'이 정도는 알아야 한다'는 느낌으로 가볍게 시작하기를 바랍니다.

CHAPTER 01

영상 편집
기초 이론

영상 편집 개념 익히기

영상 편집의 개념과 편집 방법 알아보기

영상 편집의 개념 이해하기

우리는 TV, 유튜브를 비롯한 주변의 여러 미디어 매체에서 광고나 영화, 예능, 먹방, 게임 등의 다양한 영상물을 많이 볼 수 있습니다. 이 영상물은 모두 촬영과 영상 편집이라는 단계를 거쳐 제작됩니다. 영상 편집은 촬영된 영상을 기획 의도에 맞게 가공하여 완성된 결과물로 만들어내는 작업을 말하며, 사운드 믹싱(Sound Mixing), 배경음악(BGM) 적용, 자막 삽입, 이펙트 적용 등 다양한 추가 작업도 영상 편집의 범주에 포함됩니다.

영상 편집의 종류 알아보기

초기의 영상 편집은 번거롭고 힘든 일이었습니다. 테이프(Tape)라는 저장 매체가 등장하면서 테이프에 입력된 전자 신호를 재배열하는 아날로그 편집(Analog Editing) 기술이 도입되었습니다. 하지만 아날로그 편집은 섬세한 작업이 어렵고 복사와 재생이 잦아 열화 현상(빛이나 열 때문에 제품이 변화를 일으키는 현상)이 발생하는 등의 단점이 있었습니다. 시간이 지나 저장 매체와 장비가 디지털화되면서 고화질의 영상을 쉽게 얻을 수 있게 되었고 복사와 재생으로 인한 화질 저하 문제가 해결되면서 디지털 편집 기술이 주요 영상 편집 기술로 자리잡게 되었습니다. 현재 보편적으로 사용되는 디지털 편집 기술은 크게 선형 편집(Linear Editing)과 비선형 편집(Nonlinear Editing)으로 분류할 수 있습니다.

선형 편집

선형 편집은 테이프를 사용하는 편집 기술이며 1:1 편집과 A&B 편집으로 나뉩니다. 1:1 편집에는 소스를 재생하는 플레이어 한 대와 OK컷을 녹화하는 레코더 한 대가 필요합니다. 프레임 단위의 섬세한 편집과 영상 중간에 영상을 삽입하는 인서트 효과를 적용할 수 없으며 테이프를 계속 교체해야 하는 번거로움 때문에 가편집용으로 많이 사용합니다. A&B 편집은 여러 대의 플레이어와 오디오 믹서 등을 하나의 컨트롤러에 연결하여 동시에 컨트롤하면서 진행하는 편집 방식입니다. 여러 대의 장비를 한번에 컨트롤할 수 있어 빠르고 다양한 편집 작업이 가능하기 때문에 방송국의 종합 편집실에서 주로 사용합니다. 하지만 장비가 비싸고 전문 기술자가 필요하여 일반 사용자가 활용하기는 어렵습니다.

비선형 편집

비선형 편집은 선형 편집에 비해 장비의 제약이 거의 없습니다. 비선형 편집은 테이프의 정보를 컴퓨터의 하드 디스크나 기타 저장 매체에 데이터 파일 형태로 저장하여 파일을 소스로 사용합니다. 이렇게 데이터화된 소스는 프리미어 프로, 파이널컷 프로, 베가스, 프리미어 러시 등의 편집 소프트웨어로 작업할 수 있으므로 PC 한 대만 있으면 충분합니다. 또 소스가 데이터 파일 형태이므로 자유롭게 소스 파일을 확인하고 편집할 수 있습니다.

비선형 편집은 선형 편집보다 편하고 효율적이지만 촬영 정보를 데이터화하는 시간이 별도로 필요하므로 작업 시간이 촉박한 방송국에서는 선형 편집을 주로 사용했습니다. 물론 최근에는 영상 정보를 메모리 카드나 SSD와 같은 저장 위치에 직접 기록하는 형태로 변화하면서 대부분의 편집 작업은 비선형 편집으로 진행되고 있습니다. 특히 프리미어 프로는 멀티 트랙과 다양한 비디오, 오디오 이펙트를 제공하고 DigitalSLR, Mobile&Devices, RED, ARRI, Blackmagic 등 다양한 영상 포맷을 지원하여 별도의 변환을 거치지 않고 작업할 수 있습니다.

▲ 비선형 편집 소프트웨어 : 프리미어 프로

▲ 비선형 편집 소프트웨어 : 프리미어 러시

좋은 영상을 편집하는 방법

편집이 잘된 영상, 좋은 영상은 보는 사람으로 하여금 끝까지 집중력을 잃지 않고 시청할 수 있게 해주므로 영상을 편집하는 사람이라면 모두 좋은 영상을 편집하고 싶어합니다. 이제 막 영상 편집을 시작하는 단계라면 유용하게 활용할 수 있는 편집 트레이닝 방법이 있습니다. 바로 '영상을 카피해보는 방법'입니다.

영상 카피는 단순히 영상의 느낌만 따라 해보는 것이 아니라 프레임 단위까지 완벽하게 따라 하는 것을 의미합니다. 영상 편집에 입문하는 단계에서는 영화 예고편이나 타이틀 시퀀스(인트로)를 따라 해보는 것을 추천합니다. 영화 예고편이나 타이틀 시퀀스는 전체 러닝타임(재생 시간)이 짧다는 공통점이 있습니다. 짧은 시간 내에 영화 또는 드라마가 의도한 콘셉트와 내용을 잘 전달해야 하고 시청자가 관심을 가지도록 만들어야 하므로 컷의 길이와 장면 전환 방법, 텍스트 등 많은 부분을 섬세하게 컨트롤하여 제작합니다.

영상의 기승전결을 따라 해보는 것도 많은 도움이 됩니다. 예를 들어 SNS에 업로드할 홍보 영상을 만들고 싶다면, 기존에 만들어진 영상의 구성과 같은 위치에 알맞은 영상을 넣어주는 것입니다. 시작, 중간, 끝의 구성을 참고하여 영상을 만들면 보다 빠른 시간 안에 영상을 제작할 수 있습니다.

구성	참조할 브이로그	내가 만들 브이로그
시작(인트로)	카페 이름 소개	식당 이름 소개
컷 1	카페 전체적인 풍경	식당의 전체적인 모습을 담은 영상
컷 2	카페에서 인기있는 메뉴	식당 메인 메뉴 소개
컷 3	사람들의 후기	맛있게 먹는 사람들 모습
마지막(엔딩)	카페 로고로 마무리	식당 로고로 마무리

무엇보다 중요한 것은 다양한 종류의 영상을 보는 것입니다. 최근에는 동영상을 공유하는 웹사이트가 아주 많습니다. 여러 종류의 영상을 보면서 영상에 사용된 편집 방법을 살피고, 때로는 카피도 해보면서 재미있는 영상을 만들어보기를 바랍니다.

▲ 유튜브(www.youtube.com)

▲ 비메오(www.vimeo.com)

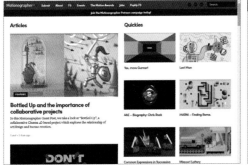

▲ 모션오그래퍼(motionographer.com)

▲ Behance(www.behance.net)

LESSON 02

꼭 알고 넘어가야 하는 영상 편집의 기초

영상 편집 기본기 쌓기

시작하기

편집 시작하기

자막 만들기

색보정

사운드 편집

영상 출력

영상 편집 준비 및 계획 세우기

실제 영상 편집을 시작하기 전에 전체적인 영상의 흐름과 내용을 효과적으로 연출하기 위한 계획을 세워야 합니다. 이 단계에서 영상의 전체적인 톤을 비롯하여 화면의 구도 및 카메라 앵글 등 여러 부분을 계획합니다. 계획된 내용은 스토리보드, 콘티 형식으로 작성합니다.

다른 사람과 협업으로 진행할 때 스토리보드나 콘티는 내용을 사전 공유하기 위해 매우 중요한 역할을 합니다. 영상 작업의 특성상 최종 결과물이 나오기 전까지는 결과물을 상상할 수밖에 없기 때문에 스토리보드나 콘티를 최대한 자세하고 꼼꼼하게 작성하는 것이 좋습니다. 스토리보드는 개인 작업을 할 때도 영상 편집의 전체 흐름과 관련된 가이드가 되고 체계적으로 작업을 진행하는 데에도 커다란 보탬이 됩니다. 따라서 기획 단계에서부터 꼼꼼하게 계획을 세워나가는 것이 좋은 영상 결과물을 만드는 첫걸음이라고 할 수 있습니다.

기본 영상 편집 기술 익히기

OK컷 고르기

영상 편집은 촬영된 수많은 소스 중에서 영상에 사용할 OK컷을 선별하고 NG컷을 골라내는 작업을 반드시 거쳐야 합니다. OK컷 중에서 자신이 만들고자 하는 영상의 콘셉트와 흐름에 적합한 컷을 추려내는 작업은 매우 중요합니다. 아무리 자신의 마음에 드는 컷이 있다고 하더라도 전체 흐름에 방해된다면 과감하게 버려야 할 때도 있습니다. 소스를 확인하고 선별하는 일은 지루하고 재미없는 작업이지만 좋은 영상을 만드는 시작 단계이고, 본격적인 편집에 앞서 시간을 단축시켜주는 매우 중요한 작업입니다. OK컷을 고를 때는 집중하여 작업하는 습관을 길러야 합니다.

| OK컷 고르기 | ➡ | OK컷에서 흐름에 맞는 컷 추리기 | ➡ | 추가적인 편집 작업 |

영상 클립 길이 설정하기

OK컷을 선별하여 늘어놓았다고 해서 하나의 완성된 영상 작품이 되었다고 말할 수 없습니다. 물론 의도에 따라 OK컷을 연결하는 것만으로도 최종 결과물을 얻을 수도 있지만 매우 드문 일입니다. 따라서 장면의 상황과 분위기가 최종 결과물에서 어느 정도의 비중을 차지할 것인지 결정하고 이에 따라 영상 클립의 시간을 적절히 조절하는 것이 중요합니다. 예를 들어 평온한 분위기의 장면을 길게 이어서 보여준다면 여유롭고 느긋한 느낌의 영상이, 역동적인 장면을 빠르게 이어 붙이면 긴장감 넘치고 활발한 영상이 연출될 것입니다. 영상 클립의 길이는 최초 기획 단계에서 스토리보드 또는 콘티를 작성할 때 결정하거나 편집을 진행하면서 전체 흐름에 맞춰 조금씩 조절합니다.

사운드 선정 및 싱크 맞추기

영상이란 비디오와 오디오가 함께 어우러져 있는 종합 작업물입니다. 영상의 분위기를 결정하는 데 배경음악은 큰 비중을 차지합니다. 따라서 좋은 사운드를 찾아 매칭하는 것은 영상의 전체적인 완성도를 높여주는 중요한 부분입니다. 배경음악뿐만 아니라 등장인물의 대사와 효과음의 싱크를 맞춰 촬영할 때 발생한 잡음을 제거하여 최종 결과물에 거슬리는 부분이 없도록 작업해야 합니다.

적절한 영상 효과 적용하기

영상 편집을 진행할 때는 비디오 이펙트, 오디오 이펙트, 자막, 타이틀 등 다양한 영상 효과를 적절하게 사용합니다. 보는 사람의 영상 몰입도를 높일 수 있도록 상황과 분위기에 맞는 장면 전환 효과를 사용하거나 사운드로 긴장감을 주는 등 다양한 방법을 적용해보는 것이 좋습니다. 하지만 적용하는 효과들이 절대 과하지 않아야 하며 사용된 효과들은 충분히 설득력이 있어야 합니다. 분야별로 다양한 영상을 유심히 살펴보고 마음에 드는 영상을 카피하는 훈련을 거쳐 자신만의 영상 스타일을 찾는 과정은 매우 중요합니다.

자료 백업하기

자료 백업은 편집을 진행하는 과정만큼이나 매우 중요합니다. 디지털화되어 있는 소스 또는 파일들은 작업하기 편리한 만큼 순간의 실수나 기기의 결함으로 인해 삭제될 가능성이 매우 높습니다. 의뢰받은 작업은 두말할 것도 없고 개인적으로 작업한 파일도 안전한 곳에 늘 백업하는 것을 적극 권장합니다. 이렇게 백업한 파일은 추가로 편집할 때 매우 유용하며 자신만의 포트폴리오를 구성할 때도 큰 도움이 됩니다.

영상 촬영 용어 익히기

영상 촬영에 필요한 용어를 숙지하면 기획 단계에서부터 촬영, 편집까지 자신이 원하는 장면을 만드는 데에 많은 도움이 됩니다. 촬영 용어들의 개념을 이해한 후 상황이나 분위기에 맞도록 카메라 앵글을 이동하고 피사체의 크기를 조정하면서 멋진 장면을 촬영, 연출해보세요.

화면 크기에 따른 분류 – 샷(Shot)

화면의 크기는 인물을 기준으로 분류합니다. 인물을 촬영할 때는 허리나 무릎 등 주요 관절 부위의 한가운데 를 자르거나 눈과 입 같은 얼굴의 주요 부위를 자르지 않도록 신경 써야 합니다.

익스트림 클로즈업(Extreme Close-Up) ㅣ 인물의 눈이나 입과 같은 특정 부위를 화면에 꽉 차게 보여줍니다.

클로즈업(Close-Up) ㅣ 주로 인물의 얼굴 전체를 보여주는 크기입니다. 인물의 표정 변화나 감정 변화를 표 현할 때 많이 사용하며 약어인 CU로 표기합니다.

바스트 샷(Bust Shot) ㅣ 인물의 가슴 윗부분을 보여주는 크기입니다. 인물을 촬영할 때 기본이 되는 샷으로, 약어인 BS로 표기합니다.

웨이스트 샷(Waist Shot) ㅣ 인물의 허리 윗부분을 보여주는 크기입니다. 상반신을 중심으로 하는 움직임을 촬영할 때 주로 사용하며 약어인 WS로 표기합니다.

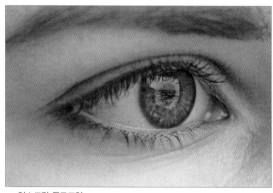

▲ 익스트림 클로즈업

▲ 클로즈업

▲ 바스트 샷

▲ 웨이스트 샷

니 샷(Knee Shot) ㅣ 인물의 무릎 윗부분을 보여주는 크기입니다. 약어인 KS로 표기합니다.

풀 샷(Full Shot) ㅣ 인물의 전신을 보여주는 크기입니다. 약어인 FS로 표기합니다.

롱 샷(Long Shot) ㅣ 원거리에서 촬영한 크기입니다. 인물의 전신과 배경이 포함되며 인물의 위치 등을 표현하는 데에 유용한 샷입니다. 약어인 LS로 표기합니다.

익스트림 롱 샷(Extreme Long Shot) ㅣ 자연 경관이나 광범위한 전경을 촬영할 때 사용하는 크기입니다. 약어인 ELS로 표기합니다.

▲ 니 샷 　　　▲ 풀 샷 　　　▲ 롱 샷

카메라 앵글에 따른 분류 – 앵글(Angle)

영상을 촬영하는 카메라의 앵글(촬영 상하 각도)에 따라 장면의 느낌과 분위기가 달라집니다. 예를 들어 주인공을 위에서 촬영한 장면은 주인공이 위축되어 보이고 누군가 감시하는 듯한 느낌을 줍니다. 이와 반대로 아래에서 촬영한 장면은 주인공이 위풍당당하고 자신감 넘치는 느낌을 줍니다.

부감(High Angle) ㅣ 피사체를 높은 곳에서 내려다보는 각도입니다. 주인공이 되는 피사체를 왜소하게 보이게 하며 관찰자적 시점의 느낌을 주기도 합니다. 스포츠 현장의 전체적인 상황을 한눈에 보여줄 때 사용합니다.

스탠더드 앵글(Standard Angle) – 아이레벨 ㅣ 피사체의 눈높이와 같은 높이에서 촬영한 각도입니다. 뉴스 화면의 앵커를 촬영하는 앵글이 대표적입니다. 편안하고 안정적인 분위기를 느끼게 하지만 역동적이고 극적인 화면을 연출하기에는 어려운 앵글이기도 합니다.

▲ 부감 　　　　　　　　　　▲ 스탠더드 앵글(아이레벨)

앙각(Low Angle) | 피사체를 아래에서 올려다보는 각
도입니다. 주인공이 되는 피사체를 웅장하고 당당하게
보이도록 합니다. 하늘에 떠 있는 피사체를 촬영하거나
하늘을 배경으로 촬영할 때 유용하게 사용되며 건물의
내부에서 천장을 강조하는 장면에도 효과적입니다.

▲ 앙각

카메라 움직임에 따른 분류

고정(Fix) | 카메라를 고정시킨 상태로 촬영하는 방법입니다.

줌(Zoom) | 카메라에 장착된 줌렌즈를 이용하여 피사체를 확대/축소하는 방법입니다. 피사체를 확대하는
것을 줌 인(Zoom In), 축소하는 것을 줌 아웃(Zoom Out)이라고 합니다.

돌리(Dolly) | 카메라를 바퀴가 달린 이동 장치에 설치하여 피사체와 가까워지거나 멀어지면서 촬영하는 방
법입니다. 촬영 결과물은 줌(Zoom)과 유사한 장면이 연출되지만 카메라의 위치가 변하기 때문에 일반 줌
에 비해 자연스럽고 부드러운 장면 연출이 가능합니다. 카메라가 다가가는 것을 돌리 인(Dolly In)이라고
하고 카메라가 멀어지는 것을 돌리 아웃(Dolly Out)이라고 합니다. 바닥이 고르고 평평한 곳에서 촬영하기
에 적합합니다.

트랙킹(Tracking) | 카메라 이동 장치를 고정된 레일 위에 설치하여 궤도를 따라가며 촬영하는 방법입니다.
카메라의 위치가 직접 이동하는 부분에서는 돌리(Dolly)와 공통점을 가지고 있지만 트랙킹(Tracking)의
경우 설치된 레일의 궤도에 따라 직선 또는 원형 곡선 이동(Ark)이 가능합니다. 카메라가 다가가는 것을 트
랙 인(Track In), 멀어지는 것을 트랙 아웃(Track Out)이라고 합니다.

> 드라마나 영화의 키스신에서 피사체를 중심에 두고 카메라가 회전하는 장면은 원형 곡선 이동(Ark) 촬영의 좋은 예입니다.

패닝(Panning) | 카메라를 삼각대에 고정시킨 후 삼각대 헤드를 중심으로 좌에서 우(또는 우에서 좌)로 수
평 이동하며 촬영하는 방법입니다. 피사체의 이동이나 파노라마 촬영 등에 사용합니다.

틸팅(Tilting) | 카메라를 삼각대에 고정시킨 후 삼각대 헤드를 중심으로 위에서 아래(또는 아래에서 위)로
수직 이동하며 촬영하는 방법입니다. 카메라의 이동 축이 고정되어 있으므로 촬영된 장면은 앵글이 변화합니
다. 피사체의 전신을 표현하거나 인트로에 종종 사용되는 하늘에서 피사체로 이어지는 장면이 틸팅 촬영
의 좋은 예입니다. 카메라가 위에서 아래로 내려오는 것을 틸트 다운(Tilt Down), 아래에서 위로 올라가는
것을 틸트 업(Tilt Up)이라고 합니다.

붐(Boom) | 붐에 부착된 카메라의 위치가 위에서 아래(또는 아래에서 위)로 수직 이동하며 촬영하는 방법
입니다. 틸팅(Tilting)과 다른 점은 카메라 자체가 수직 이동하므로 고정된 앵글이 수직으로 변화하는 장
면을 촬영할 수 있습니다. 카메라가 위로 올라가는 것을 붐 업(Boom Up), 아래로 내려가는 것을 붐 다운
(Boom Down)이라고 합니다.

핸드헬드(Handheld) | 카메라를 직접 손에 들고 촬영하는 방법입니다. 사실적인 장면이 연출되고 현장감이 전달되는 효과가 있습니다.

스테디캠(Steadicam) | 촬영자의 몸에 카메라의 흔들림을 잡아주는 장치를 착용하고 카메라를 고정시킨 후 피사체를 따라 이동하면서 촬영하는 방법입니다.

팔로잉(Following) | 촬영하려는 피사체의 움직임을 따라가며 촬영하는 방법입니다.

영상 편집 용어 익히기

이 책에서는 전문 용어의 사용을 최대한 자제하고자 노력했습니다. 영상 편집 입문 단계에서 난해한 전문 용어를 많이 사용하면 영상 편집 분야의 진입 장벽을 높이는 결과가 발생하지 않을까 하는 우려 때문입니다. 여기에서 소개하는 영상 편집 용어는 실제로 사용되는 꼭 필요한 용어만 간단하게 정리한 것이니 가볍게 읽고 이해하는 것이 좋습니다.

교차편집(Cross Cutting) | 동일 시간대에 다른 장소에서 벌어지는 상황을 번갈아 보여주거나 같은 장소에서 발생하는 상황 또는 인물을 번갈아 보여주는 편집 방법입니다. 긴장감을 고조시키거나 서로 다른 행위들 사이의 대비되는 관계를 설정할 때 주로 사용합니다.

내레이션(Narration) | 등장인물이 아닌 화면 밖의 제삼자가 장면의 상황이나 줄거리 등을 해설하는 것을 말합니다.

듀레이션(Duration) | 클립이 재생되는 시간, 클립 유지 시간을 말합니다.

디졸브(Dissolve) | 앞의 화면이 점점 사라지고 뒤의 화면이 점점 나타나는 장면 전환 방법입니다.

러닝타임(Running Time) | 완성된 미디어 파일이 전체 재생되는 시간(길이)을 말합니다.

리프트(Lift) | 필요 없는 부분을 선택하여 추출하는 편집 방법입니다.

▲ 원본 컷 배열

▲ 리프트 편집 후 컷 배열

비지엠(BGM) | Back Ground Music의 약어로, 장면의 연출 효과를 높이기 위해 배경으로 사용되는 음악을 말합니다.

샷(Shot) | 카메라의 [녹화](REC, Recording)를 눌러 기록을 시작하고 정지할 때까지 찍힌 영상을 말합니다.

소스(Source) | 촬영 원본 또는 다운로드한 영상(영상 소스), 음악 파일, 녹음 파일, 효과음(사운드 소스), 사진, 그림, 각종 이미지(이미지 소스) 등 프리미어 프로에서 편집이 가능한 모든 파일을 말합니다.

시퀀스(Sequence) | 신(Scene)들이 모여 구성된 이야기의 단락을 말합니다. 프리미어 프로에서는 편집 작업을 한 클립들의 모임을 지칭합니다. 이 클립들은 오리지널 소스 형태일 수도 있고 블렌딩 또는 이펙트 적용, 타이틀 삽입, 자막 삽입, 사운드 믹싱 등 일련의 편집과 효과 작업을 거친 클립일 수도 있습니다. 한 개의 시퀀스가 다른 여러 개의 시퀀스를 포함할 수도 있습니다.

신(Scene) │ 동일 시간, 동일 장소에서 전개되는 단일 상황, 액션, 사건을 뜻합니다. 신은 한 개의 샷으로 구성할 수도 있고 여러 개의 샷을 연결하여 구성할 수도 있습니다.

아웃 점(Out Point) │ 영상 클립이 끝나는 부분을 말합니다.

어셈블(Assemble) │ 촬영된 영상 소스 중 OK컷을 골라 편집 계획에 맞춰 클립을 정렬하고 시퀀스별로 편집하는 과정을 말합니다. 가편집과 비슷한 개념으로 이해해도 좋습니다.

연속편집(Continuity Editing) │ 시간과 공간, 사건의 연속성을 유지하여 보는 이가 이야기를 파악할 수 있도록 구성하는 편집 방법입니다.

오버라이트(Overwrite) │ 기존의 프레임 위에 덮어씌우는 편집 방법으로, 오버레이(Overlay)라고도 합니다.

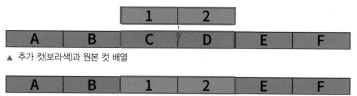

▲ 추가 컷(보라색)과 원본 컷 배열

▲ 오버라이트 편집 후 컷 배열

와이프(Wipe) │ 새로운 장면이 이전 장면을 닦아내는 듯한 장면 전환 방법입니다.

익스트랙트(Extract) │ 영상에서 필요 없는 부분을 삭제(Lift)한 후 뒤에 있는 클립을 이어 붙이는 편집 방법입니다.

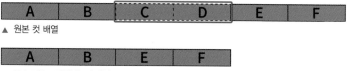

▲ 원본 컷 배열

▲ 익스트랙트 편집 후 컷 배열

인서트(Insert) │ 앞쪽 프레임과 뒤쪽 프레임 사이에 끼워 넣는 편집 방식입니다.

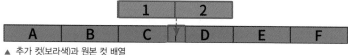

▲ 추가 컷(보라색)과 원본 컷 배열

▲ 인서트 편집 후 컷 배열

인 점(In Point) │ 영상 클립이 시작되는 부분을 말합니다.

컷(Cut) │ 편집의 기본 단위로 영상에서 필요한 부분을 자르는 것을 말합니다.

컷 편집 │ 장면 전환에 사용되는 효과 없이 단순히 장면과 장면을 이어 붙여 편집하는 방식입니다.

클립(Clip) │ 컷과 컷 사이의 영상(사운드) 조각을 말합니다. 프리미어 프로는 [Timeline] 패널에서 한 개의 클립을 여러 개로 나누거나 여러 개의 클립을 이용하여 편집 작업을 진행할 수 있습니다.

키프레임(Key Frame) │ 영상에서 효과가 적용될 때 효과의 시작이나 끝, 효과의 값 변경 등이 적용되는 프레임을 말합니다. 효과의 컨트롤과 애니메이션 작업 등 실무에서는 '키를 준다', '키를 잡는다' 등으로 말하기도 합니다.

타임코드(Timecode) ㅣ 영상이나 사운드에 위치를 정확히 파악할 수 있도록 시, 분, 초, 프레임 단위로 표시한 부호를 말합니다. 약어인 TC로 표기합니다.

평행편집(Parallel Cutting) ㅣ 둘 이상의 장소에서 벌어지고 있는 연관된 샷을 교대로 보여주는 편집 방법입니다. 번갈아 보여주는 방식은 교차편집과 유사하지만 동일 시간대가 아닌 장면을 보여줄 수도 있다는 점이 다릅니다.

페이드 인(Fade In) ㅣ 화면이 점점 밝아지면서 영상이 시작되는 방법입니다. 약어인 F.I로 표기합니다.

페이드 아웃(Fade Out) ㅣ 화면이 점점 어두워지면서 영상이 끝나는 방법입니다. 약어인 F.O로 표기합니다.

푸시(Push) ㅣ 새로운 장면이 이전 장면을 밀어내면서 화면이 전환되는 방법입니다.

프레임(Frame) ㅣ 영상을 구성하는 기본 단위로, fps(Frame per Second, 초당 프레임)로 표시합니다.

> 30fps는 1초에 30프레임으로 구성된 영상이란 의미입니다.

프로젝트(Project) ㅣ 프리미어 프로에서 진행되는 편집 작업을 저장한 파일을 지칭합니다. 프로젝트 파일은 한 개의 시퀀스로 구성될 때도 있고 여러 개의 시퀀스로 구성될 때도 있습니다. 이는 작업량과 작업 방식에 따라 자유롭게 구성할 수 있습니다.

플레이백(Play back) ㅣ 영상 소스 또는 편집이 완료된 영상(적용된 효과 포함)을 재생하는 것을 말합니다. 프리미어 프로에서는 시스템 메모리를 활용하여 플레이백을 실행합니다. [Source] 패널과 [Program] 패널의 플레이백 해상도(Resolution)를 조절하여 플레이백에 걸리는 시간을 단축할 수 있습니다. 플레이백 해상도를 낮출 경우 모니터에 보이는 화질이 저하되고 플레이백에 걸리는 시간은 줄어들지만 최종 결과물에는 아무런 영향을 주지 않습니다.

PIP(Picture-in-Picture) ㅣ 영상 편집 효과 중 한 가지로, 그림 위에 다른 그림을 겹쳐 장면을 표현하는 방법입니다.

해상도(Resolution) ㅣ 영상의 크기로 크게 SD(Standard Definition : 표준 해상도, 720×480), HD(1280×720), FullHD(1920×1080), 2K(2560×1440), 4K(UHD, 3840×2160)로 분류합니다. 실무에서는 주로 HD, FullHD 크기로 많이 작업하지만 2K, 4K 크기로 작업하는 경우도 점차 증가하고 있습니다.

코덱 알아보기

컴퓨터에서 동영상을 재생하거나 편집하다 보면 코덱(Codec)이라는 단어를 종종 볼 수 있습니다. 코덱은 부호기(Coder)와 복호기(Decoder)의 합성어로, 압축(Compress)과 해제(Decompress)의 개념으로 생각하면 됩니다. 동영상 원본에는 많은 용량의 데이터가 포함되어 있습니다. 몇 초에 불과한 동영상에 몇 기가바이트(GB) 단위의 데이터가 포함된 경우도 있는데, 압축하는 과정을 거치면서 해당 데이터를 재생이 용이하거나 편집을 좀 더 수월하게 할 수 있도록 변환해줍니다. 이 과정을 인코딩(Encoding)이라고 합니다.

코덱이 없으면 나타나는 문제

각 코덱에는 유형에 따라 고유의 압축, 해제 방식이 있습니다. 자물쇠마다 그 자물쇠에 맞는 열쇠가 있듯이 부호기를 통하여 인코딩된 영상은 같은 방식으로 해제해줄 복호기가 있어야 영상을 보거나 들을 수 있습니다. 예를 들어 avi 형식으로 인코딩된 영상을 재생할 때 avi 형식을 해제할 수 있는 복호기, 즉 avi 코덱이 없으면 영상 압축을 해제할 수 없습니다. 이때 영상을 재생할 수 없거나 프리미어 프로에서 불러올 수 없는 상황이 발생할 수 있습니다.

> 프리미어 프로에서 동영상을 삽입할 때 에러가 발생하는 대부분의 이유는 컴퓨터 내에 프리미어 프로 혹은 해당 파일의 코덱이 설치되어 있지 않기 때문입니다.

통합코덱 설치가 필요한 이유

이렇듯 영상의 재생이나 편집에 필요한 코덱 종류와 방식이 매우 다양하므로 코덱 전문가가 아니라면 일일이 선택하여 코덱을 설치하기가 불가능합니다. 이때 보통 통합코덱을 설치하는데, 인터넷에 공개된 통합코덱(Z통합코덱, 스타코덱, 바닥 통합코덱, K-Lite Codec Pack 등)은 일반적으로 많이 사용되는 다양한 형식의 코덱을 한번에 설치하여 재생과 편집에 문제가 발생하지 않도록 도와줍니다.

프리미어 프로의 인터페이스는 동영상 편집을 위한

필수 기능으로 구성되어 있습니다.

프리미어 프로를 효과적으로 다루기 위해서는

프로그램에 있는 각 패널의 위치와 용도에 대해 알아야 합니다.

이번 CHAPTER에서는 프리미어 프로에서 시퀀스를 생성하고

미디어 파일을 삽입한 후 트랙에 배치하는 과정을

간단한 실습으로 알아보겠습니다.

CHAPTER 02

프리미어 프로와의
첫 만남

프리미어 프로 시작하기

프리미어 프로 프로젝트 만들기

프리미어 프로 [Home] 대화상자

프리미어 프로를 실행하면 [Home] 대화상자가 나타납니다.

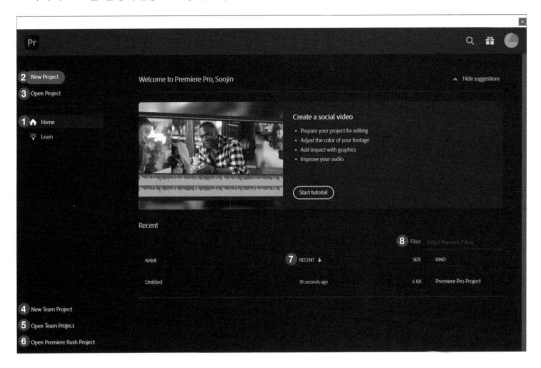

① **Home** | [Home] 대화상자의 가장 처음 화면입니다.

② **New Project** | 새로운 프로젝트 파일을 생성하여 편집 과정을 진행합니다.

③ **Open Project** | 저장된 프로젝트 파일을 불러와 편집 과정을 진행합니다.

④ **New Team Project** | 새로운 팀 프로젝트를 생성합니다.

⑤ **Open Team Project** | 클라우드에 업로드된 팀 프로젝트를 불러옵니다.

⑥ **Open Premiere Rush Project** | 프리미어 러시 프로젝트를 불러옵니다.

⑦ **Recent** | 최근 작업한 프로젝트 파일 목록으로, 프로젝트 파일을 선택해 빠르게 불러올 수 있습니다.

⑧ **Filter** | 최근 작업한 프로젝트 파일의 이름을 검색할 수 있습니다.

간단 실습 프리미어 프로 프로젝트 만들기

프리미어 프로를 실행한 후 영상을 편집하려면 우선 새로운 프로젝트를 만들어야 합니다. 프리미어 프로 프로젝트는 프리미어 프로에서 진행된 모든 작업 정보를 데이터 형식으로 저장하는 파일 형식이며 확장자는 '.prproj'입니다. 영상 편집 작업 시 사용한 모든 동영상 파일을 꼭 가지고 있어야 프로젝트 파일이 문제없이 실행됩니다. 먼저 [Home] 대화상자에서 새로운 프로젝트를 만드는 방법을 알아보겠습니다.

01 [Home] 대화상자에서 새 프로젝트를 만들기 위해 [New Project]를 클릭합니다.

02 [Import] 화면이 표시되며 어도비에서 제공하는 기본 영상이 나타납니다. ❶ [Project name]에 **프로젝트**를 입력합니다. ❷ [Project location]에는 프로젝트 파일이 저장될 경로를 설정합니다. ❸ [Create]를 클릭하면 새로운 프로젝트가 생성됩니다.

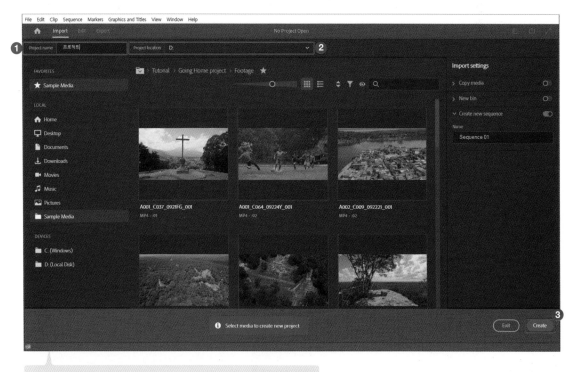

> [DEVICES]의 장치 이름을 클릭하면 내 PC에 저장된 영상을 불러올 수 있습니다.

새로운 프로젝트를 만들면 아래 그림처럼 프리미어 프로의 작업 영역이 나타납니다. 하지만 현재의 작업 영역에서는 영상을 편집할 수 없습니다. 영상 편집을 시작하려면 시퀀스를 만들어야 합니다.

01 Ctrl + N 을 눌러 새 시퀀스를 만듭니다.

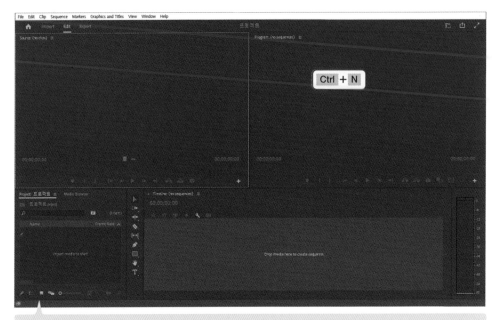

시퀀스는 [File]-[New]-[Sequence] 메뉴를 선택해 만들 수도 있습니다. 프리미어 프로를 능숙하게 다루려면 단축키를 사용하여 편집 작업 시간을 줄이도록 연습하는 것이 좋습니다.

02 [New Sequence] 대화상자가 나타나면 ❶ 아래에 있는 [Sequence Name] 항목에 원하는 이름을 입력합니다. 예제에서는 **시퀀스**로 입력했습니다. [DSLR 1080p30] 프리셋은 일반적인 Full HD 크기를 제공하는 프리셋이므로 ❷ 바로 [OK]를 클릭해 시퀀스를 생성합니다.

기본으로 활성화되어 있는 [Sequence Presets] 탭은 다양한 코덱의 프리셋을 지원합니다. 스마트폰이 아닌 다른 코덱을 사용하는 카메라로 촬영했을 때 카메라 코덱과 동일한 프리셋을 선택하여 사용할 수 있습니다.

기능 꼼꼼 익히기 🎤 **[Settings] 탭의 옵션 알아보기**

[Settings] 탭에는 원하는 형식의 시퀀스를 만들 수 있는 다양한 옵션이 있습니다. [Editing Mode]를 [Custom]으로 설정한 후 [Frame Size]를 수동으로 조정해 시퀀스 크기를 변경할 수도 있습니다. 옵션 항목을 더 알아보겠습니다.

01 [Video] 항목

❶ **Pixel Aspect Ratio** | 화면을 구성하는 픽셀 한 개의 크기(비율)로, 디지털 작업은 대부분 기본 설정값인 [Square Pixels (1.0)]으로 지정합니다.

❷ **Fields** | 화면에 주사하는 방식에 따라 구분하는 설정입니다. 과거에는 브라운관에 주사하는 방식에 따라 구분을 지었으나 현재는 [No Fields (Progressive Scan)]을 기본으로 지정합니다.

❸ **Display Format** | [New Project] 대화상자에서 [Video] 항목의 [Display Format]과 동일한 항목으로, 타임라인에 표시되는 시간 정보를 선택할 수 있습니다.

02 [Color] 항목

❹ **Working Color Space** | 색상 작업 영역을 설정합니다. 일반적으로 [Rec. 709]가 표준이나 기술이 발전하여 더 심화된 색보정 시 [Rec. 2100]을 사용하기도 합니다.

03 [Audio] 항목

❺ **Sample Rate** | 오디오의 주파수(Hz)를 설정합니다.

❻ **Display Format** | [New Project] 대화상자에서 [Audio] 항목의 [Display Format]과 동일한 항목으로, 오디오 시간 정보를 보여주는 방식을 지정합니다.

04 [Video Previews] 항목

❼ 프리미어 프로에서 비디오를 미리 보기할 때 사용하는 포맷과 코덱, 크기를 지정합니다. [Width]와 [Height]를 시퀀스 설정과 동일하게 변경하고 기본 설정을 유지하면 됩니다.

03 생성한 시퀀스는 [Project] 패널에서 확인할 수 있습니다. 프리미어 프로의 영상 편집은 시퀀스에서 진행합니다.

[Save Preset]으로 커스텀 설정 저장하기

[New Sequence] 대화상자에서 [Save Preset]을 클릭해 수동으로 조정한 옵션을 저장할 수 있습니다. [Save Sequence Preset] 대화상자에서 프리셋 이름과 정보를 입력한 후 [OK]를 클릭하면 이후 시퀀스를 생성할 때 [Custom] 항목에서 저장된 프리셋을 사용할 수 있습니다.

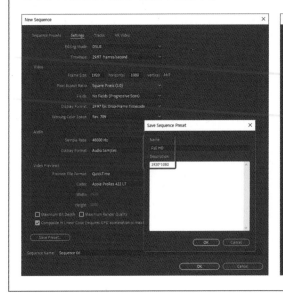

프로젝트 파일 저장하고 닫기

01 프로젝트 파일을 저장하려면 [File]-[Save] 메뉴를 선택합니다. 기본적으로 프로젝트 파일을 생성하면서 지정한 위치에 파일이 저장됩니다. `Ctrl` + `S` 를 눌러 저장할 수도 있습니다.

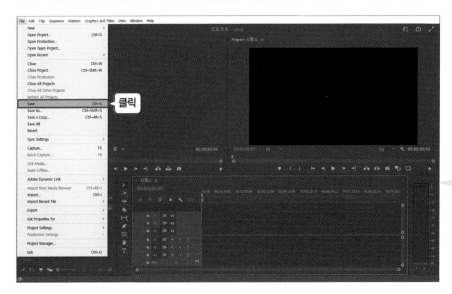

[Save As]는 프로젝트 파일을 다른 이름으로 저장한 후 해당 프로젝트 파일에서 계속 작업을 진행하는 기능이고, [Save a Copy]는 프로젝트의 사본을 저장하는 기능입니다.

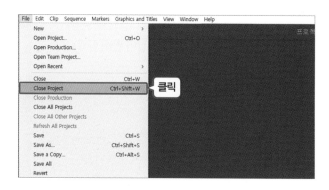

02 [File]-[Close Project] 메뉴를 선택하면 현재 활성화된 프로젝트가 닫힙니다.

간단 실습   프로젝트 파일 불러오기

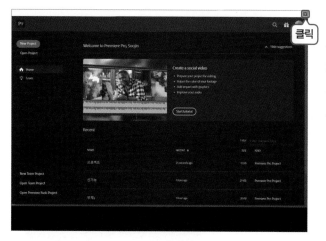

01 프로젝트 파일이 하나만 열린 상태에서 프로젝트 파일을 닫으면 [Home] 대화상자가 나타납니다. [Recent] 항목에서 가장 최근에 작업한 프로젝트 파일을 불러올 수도 있습니다. 오른쪽 위의 닫기 ▣를 클릭합니다.

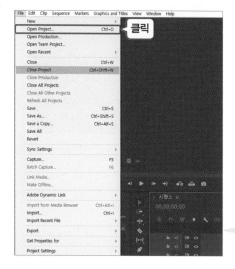

02 [File]-[Open Project] 메뉴를 선택합니다.

> 프로젝트 파일이 저장된 윈도우 탐색기에서 문서 파일을 여는 것처럼 더블클릭해 불러올 수도 있습니다. [File]-[Open Recent] 메뉴에는 가장 최근에 작업한 순서대로 프로젝트 파일의 목록이 표시되며, 바로 선택해 프로젝트 파일을 불러올 수도 있습니다.

영상 편집 기초

시작하기

편집 시작하기

자막 만들기

색보정

사운드 편집

영상 출력

03 ❶ [Open Project] 대화상자가 나타나면 앞서 저장했던 **프로젝트.prproj** 파일을 찾아 선택하고 ❷
[열기]를 클릭합니다. ❸ 프로젝트 파일이 열리고 가장 최근에 편집한 시퀀스의 편집이 활성화됩니다.

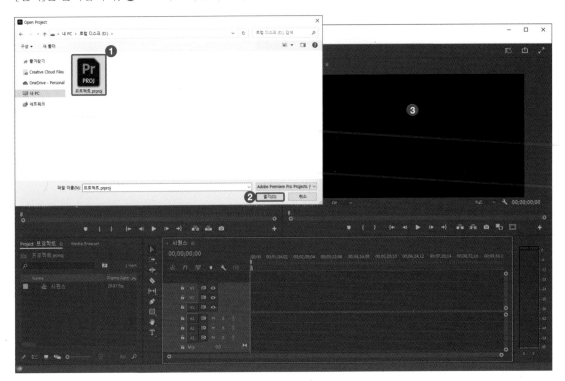

기능 꼼꼼 익히기 🎤　　**두 개 이상의 프로젝트 파일을 열었을 때**

두 개 이상의 프로젝트 파일을 열면 **Project: 프로젝트** 형식으로 패널이 추
가됩니다. 각각의 프로젝트를 선택해 프로젝트에 삽입된 미디어 파일 혹은 시
퀀스를 편집할 수 있습니다. 만약 프로젝트 파일을 열었을 때 시퀀스가 활성
화되지 않는다면 [Project] 패널에서 █이 표시된 시퀀스를 더블클릭합니다.

영상 편집 과정 초단기 코스

영상 편집 과정 한번에 따라 하기

영상 편집 기초

시작하기

편집 시작하기

자막 만들기

색보정

사운드 편집

영상 출력

많은 사람이 영상을 제작하는 일은 매우 어렵고 복잡할 것이라고 생각합니다. 물론 영화, CF 등 전문 영상은 사전 준비 과정도 복잡하고 촬영 규모도 큰 것이 사실입니다. 하지만 이 책에서 소개하는 것처럼 카메라나 스마트폰으로 촬영한 영상을 프리미어 프로로 개성 있게 만드는 작업은 생각보다 어렵지 않습니다.

이번에는 간단한 소스 영상으로 영상 편집 과정을 따라 해보며 최종 영상 결과물을 만들어보겠습니다. 프리미어 프로를 다루고 영상물을 만들어내는 것이 생각보다 어렵지 않다는 것을 알고 나도 영상을 만들 수 있다는 자신감을 가질 수 있을 것입니다.

STEP ① 프로젝트 만들기

프리미어 프로에서 새로운 프로젝트를 만들고 간단한 영상 편집을 진행해보겠습니다.

01 프리미어 프로를 실행하고 [Home] 대화상자에서 [New Project]를 클릭합니다.

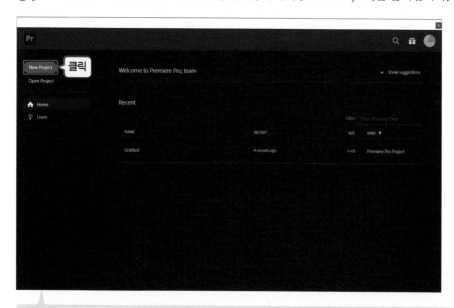

영상 편집 과정 초단기 코스에서 사용하는 영상과 사운드 파일은 예제 파일의 **Chapter 02/[함께해요 프리미어 프로]** 폴더에서 확인할 수 있으며 023쪽에서 영상과 사운드를 무료로 다운로드하는 방법을 확인할 수 있습니다.

02 ❶ [Project name]에 **함께해요 프리미어 프로**를 입력하고 ❷ [Project location] 항목의 [Choose Location]을 클릭합니다.

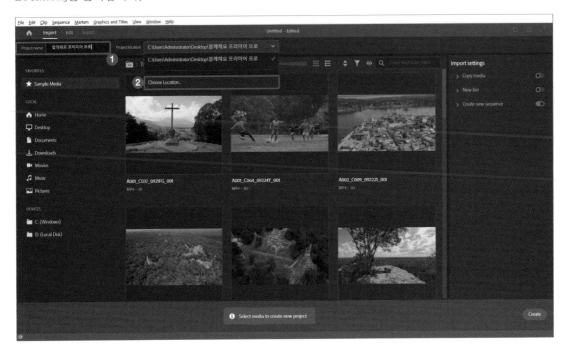

03 ❶ 예제 폴더에서 [함께해요 프리미어 프로] 폴더를 찾아 클릭하고 ❷ [폴더 선택]을 클릭합니다. ❸ [Create]를 클릭해 프로젝트를 생성합니다.

STEP ② 영상 편집하기

04 ❶ [함께해요 프리미어 프로] 폴더에 저장된 영상과 사운드 파일을 모두 선택하고 ❷ [Project] 패널로 드래그합니다.

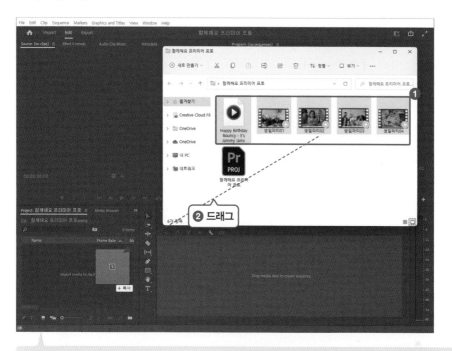

[Project] 패널의 기본 보기 형식은 리스트 뷰(List View)▦로 되어 있습니다. [Project] 패널 왼쪽 아래의 아이콘 뷰(Icon View)▣를 클릭하면 미디어 파일을 미리 보기 형식으로 바꿀 수 있습니다.

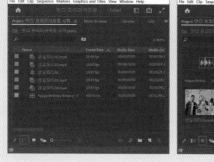

05 ❶ [Project] 패널에 삽입한 파일 중 **생일파티01.mp4** 파일을 선택합니다. ❷ 마우스 오른쪽 버튼을 클릭하고 ❸ [New Sequence From Clip]을 클릭하면 소스 파일에 맞는 새 시퀀스가 생성됩니다.

06 **생일파티01.mp4** 파일이 [Timeline] 패널에 클립으로 삽입되며 [Program] 패널에 나타납니다. 영상을 편집할 수 있는 기본적인 준비가 완료되었습니다.

07 ❶ [Timeline] 패널 탭을 마우스 오른쪽 버튼으로 클릭하고 ❷ [Work Area Bar]를 클릭합니다. ❸ 작업 영역바에서 시퀀스의 전체 편집 길이를 조절할 수 있습니다. 작업 영역바가 활성화되면 [Timeline] 패널의 시간 표시 아래에 범위 표시가 나타납니다.

만약 [Timeline] 패널에 삽입된 클립이 제대로 보이지 않는다면 타임라인을 확대해서 작업합니다. [Timeline] 패널이 선택된 상태에서 키보드 Backspace 왼쪽의 - , + 를 누르면 타임라인을 확대/축소할 수 있습니다. 영상을 편집하기 편한 상태로 타임라인을 조절합니다. 이번 실습에서는 위 그림과 같은 정도로 보이게 조정합니다.

08 ① [Project] 패널에서 **생일파티02.mp4** 파일을 선택하고 ② [Timeline] 패널로 드래그해 [생일파티 01.mp4] 클립 끝에 연결되도록 배치합니다. ③ **생일파티03.mp4, 생일파티04.mp4** 파일도 이어서 배치합니다. 총 네 개의 클립이 비디오 1번 트랙(V1)에 나란히 배치되었습니다.

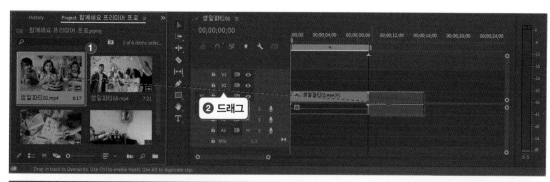

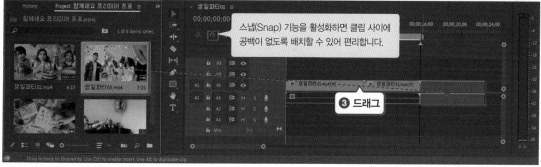

09 ① [Timeline] 패널에서 편집 기준선을 **00;00;10;12** 지점에 위치합니다. ② **C**를 누르면 마우스 포인터가 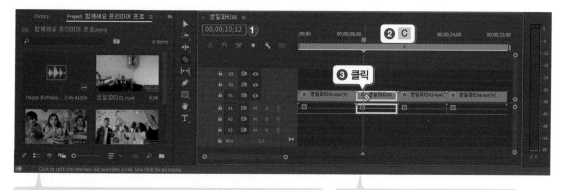 모양으로 바뀝니다. ③ 이 상태에서 편집 기준선에 위치한 클립을 클릭합니다.

C는 자르기 도구의 단축키입니다. 편집 기준선은 타임라인의 시간 표시자 부분을 클릭해도 되고 [Timeline] 패널 왼쪽 위의 [00:00:00:00] 형식으로 된 타임코드 영역을 클릭해 직접 입력해도 됩니다. 타임코드는 '시:분:초:프레임' 형식입니다. [Timeline] 패널이 선택된 상태에서 ←, → 를 누르면 1프레임 단위로 이동할 수 있습니다.

클립이 너무 길어서 편집 기준선을 이동하기 어렵다면 [Timeline] 패널 아래쪽에 있는 타임라인 영역바(Timeline Area Bar) 슬라이더의 오른쪽 끝을 잡고 드래그해서 길이를 늘여봅니다.

영상 편집 기초

시작하기

편집 시작하기

자막 만들기

색보정

사운드 편집

영상 출력

10 ① V 를 눌러 선택 도구 ▶ 를 선택한 후 ② 편집 기준선을 00;00;18;25 지점에 위치합니다. ③ 다시
C 를 누른 후 ④ 편집 기준선 위치의 클립을 클릭합니다.

V 는 소스를 선택하거나 편집 기준선을 선택하는 선택 도구 ▶ 의 단축키입니다.

11 ① 자르기가 끝나면 선택 도구 ▶ 로 두 번째 클립을 선택하고 ② Shift 를 누른 상태에서 네 번째 클립을
같이 선택합니다. ③ Delete 를 눌러 선택한 클립을 삭제합니다. ④ 삭제된 부분은 공백이 됩니다.

12 ❶ 앞의 공백을 마우스 오른쪽 버튼으로 클릭합니다. ❷ [Ripple Delete]를 클릭해 클립 사이의 공백을 지워줍니다.

13 같은 방법으로 뒤의 공백도 지웁니다. 기본적인 영상 컷 편집이 완료되었습니다.

STEP ③ 기본 자막과 효과 넣기

14 도구 패널에서 타이프 도구 █ 를 클릭합니다. 타이프 도구는 [Program] 패널에서 바로 수정할 수 있는 기본 자막을 삽입하는 도구입니다.

타이프 도구 █ 는 [Program] 패널에서 자막(텍스트)을 입력할 때 씁니다. 단축키는 T 입니다.

15 [Program] 패널에 마우스 포인터를 가져가면 🔲 모양으로 바뀐 것을 알 수 있습니다. 자막을 삽입할 위치를 클릭하고 **맛있는 디자인과 함께하는 생일파티**를 입력합니다.

> 타이프 도구를 이용해 [Program] 패널에서 텍스트를 입력할 때는 원하는 위치를 클릭하거나 텍스트의 범위를 드래그해 지정할 수 있습니다.

16 [Effect Controls] 패널을 확인합니다. [Text] 항목에서 삽입한 자막의 텍스트 서식을 지정할 수 있습니다. ❶ 원하는 폰트로 선택하고 ❷ [Stroke]와 [Shadow]에 각각 체크합니다. ❸ [Stroke] 항목 오른쪽의 [Stroke Width]를 **15**로 설정합니다. ❹ 각각의 항목 및 그림자 설정은 아래 표와 같이 지정합니다.

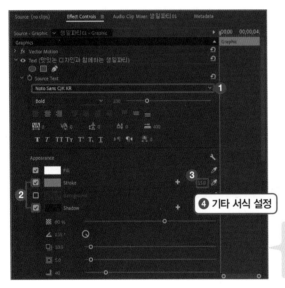

항목	설정값
Fill	색 : FFFFFF
Stroke	두께 : 15 색 : AC91EF
Shadow	색 : 000E73
Opacity	60%
Distance	10
Size	5.0
Blur	40

> [Fill], [Stroke], [Shadow] 항목의 색 부분을 클릭하면 [Color Picker] 대화상자가 나타납니다. 이때 색을 직접 보면서 선택하거나 [#] 입력란에 코드를 입력해 색을 지정할 수도 있습니다.

기능 꼼꼼 익히기 🎙 색상에 그레이디언트 적용하기

[Color Picker] 대화상자에서 그레이디언트를 적용할 수 있습니다. 좌측 상단의 [Solid]로 선택된 [Fill Options]를 클릭하고 [Linear Gradient], [Radial Gradient] 중 하나로 그레이디언트 색상을 설정할 수 있습니다.

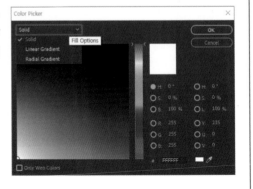

17 서식을 모두 지정하면 그림처럼 자막이 완성됩니다.

18 ❶ [Timeline] 패널을 선택하고 ❷ V 를 눌러 선택 도구▶로 변경합니다. ❸ 자막 클립의 오른쪽 모서리를 드래그해 전체 영상 길이에 맞도록 조절합니다.

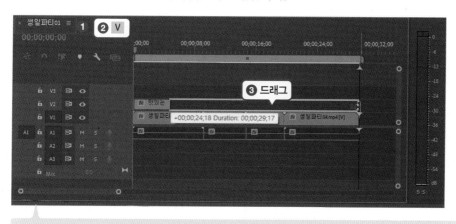

[Program] 패널에서 자막을 입력하는 도중 V 를 누르면 자막에 'V'가 입력됩니다. 자막 작업이 끝나면 도구 패널의 선택 도구▶를 클릭하거나, [Timeline] 패널을 선택한 후 V 를 눌러 자막 작업이 완료된 상태로 변경해야 합니다.

기능 꼼꼼 익히기 🎤   지속(Duration) 시간 조정하기

각각의 영상 소스는 원본 영상 파일의 재생 시간만큼 지속 시간이 따로 있으나 자막, 이미지와 같이 지속 시간이 따로 없는 클립은 원하는 만큼 지속 시간을 조절할 수 있습니다. 1분짜리 영상의 지속 시간을 20, 30초로 줄일 수는 있지만, 반대로 1분 10초, 2분으로 늘일 수는 없습니다. 지속 시간은 앞뒤 따로 조정할 수 있습니다. 영상 소스의 길이를 조정해 필요 없는 부분을 보이지 않게 하는 것은 컷 편집과 기본적으로 동일하게 구현됩니다.

19 [Project] 패널에서 Happy Birthday Bouncy- E's Jammy Jams.mp3 소스를 드래그해 오디오 2번 트랙(A2)에 배치합니다.

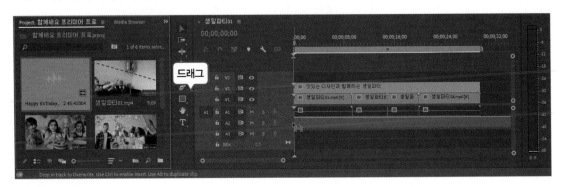

20 ❶ 편집 기준선을 동영상의 끝부분인 **00;00;29;17** 지점에 위치시킨 후 ❷ **C** 를 눌러 자르기 도구 로 변경합니다. ❸ 오디오 2번 트랙(A2)에 있는 클립의 남은 부분을 자릅니다.

21 ❶ 오른쪽의 불필요한 오디오 클립을 선택하고 ❷ **Delete** 를 눌러 삭제합니다.

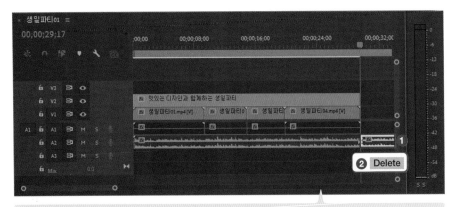

클립을 선택할 때는 항상 **V** 를 눌러 선택 도구가 선택된 상태인지 확인합니다. 만약 **V** 를 눌러도 선택 도구로 전환되지 않는다면 **한/영** 을 눌러 영문 입력 상태에서 **V** 를 누릅니다.

22 오디오 1번 트랙(A1)의 오른쪽에 있는 Mute Track 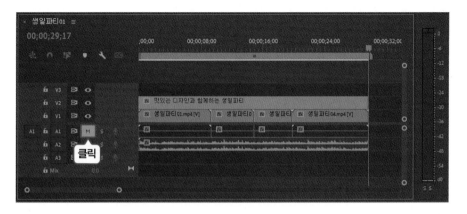을 클릭합니다. 샘플 영상의 오디오가 음소거되었습니다.

23 Spacebar 를 눌러 미리 보기를 재생하고 사운드를 확인합니다. 배경음악(BGM)만 깔끔하게 들리는 것을 확인할 수 있습니다.

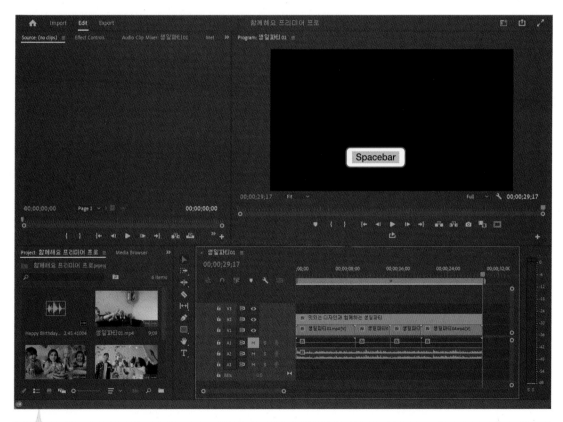

Solo Track S을 클릭하면 선택된 오디오 트랙의 소리만 들을 수 있습니다. 원본 영상 소스, 효과음, 음악 등 다양한 오디오가 삽입되었을 때 나머지 오디오 트랙을 음소거할 필요 없이 듣고 싶은 트랙만 선택해 들을 수 있습니다.

STEP ⑤ MP4 파일로 출력해서 완성하기

24 ❶[Sequence]-[Render Entire Work Area] 메뉴를 선택하면 ❷[Rendering] 대화상자가 나타나며 렌더링이 진행됩니다. 렌더링은 출력 전 작업물을 최종 확인하기 위한 작업이며 출력 속도를 높여줍니다.

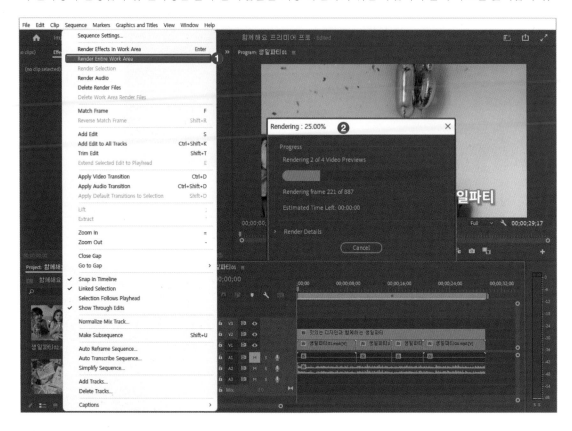

25 렌더링이 완료되면 아래 그림처럼 작업 영역바 하단이 초록색으로 변합니다.

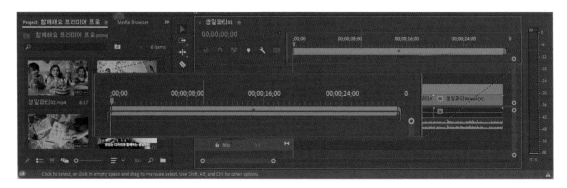

26 왼쪽 상단의 [Export]를 클릭하면 영상 출력을 위한 내보내기 설정을 할 수 있습니다.

[File]-[Export]-[Media] 메뉴를 선택해도 내보내기 설정을 할 수 있습니다.

27 ❶ [Format] 항목을 클릭하고 ❷ [H.264]를 클릭합니다.

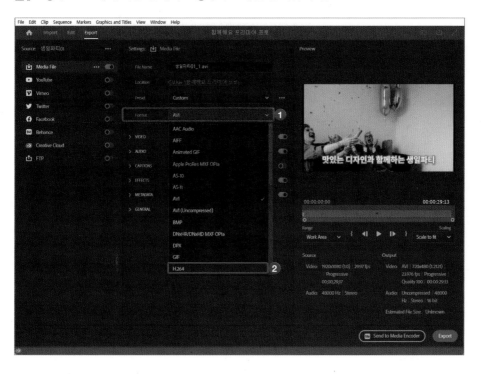

28 ❶ [Preset] 항목을 클릭하면 다양한 설정이 나타납니다. ❷ 유튜브용 영상에 적합한 설정을 찾으려면 [More presets]를 클릭합니다.

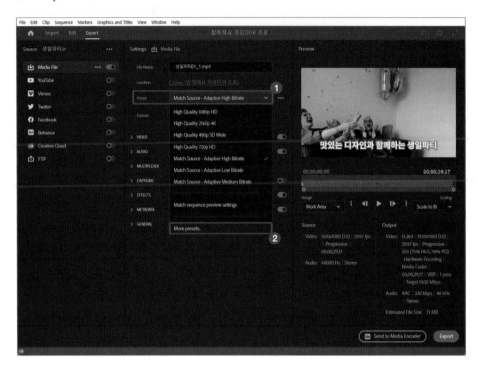

29 ❶ [Preset Manager] 대화상자가 나타나면 YouTube 1080p Full HD를 입력하여 프리셋을 검색하고 ❷ 검색된 프리셋을 클릭한 후 ❸ [OK]를 클릭합니다.

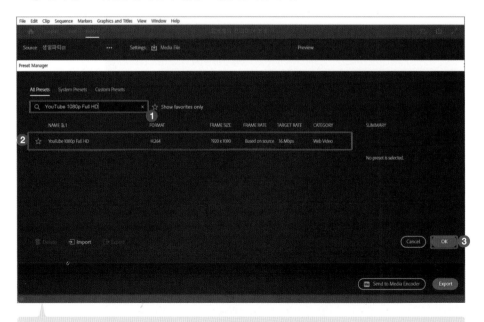

YouTube 1080p Full HD 프리셋은 유튜브에 최적화된 설정을 미리 제공하는 프리셋입니다. 480p부터 2160p까지 다양한 해상도의 유튜브용 프리셋을 선택할 수 있습니다.

30 ❶ [File Name]에 **오프닝 완성**을 입력하고 ❷ [Location]의 경로를 클릭합니다. ❸ [함께해요 프리미어 프로] 폴더로 경로를 설정하고 [저장]을 클릭합니다. ❹ [Export]를 클릭해 출력을 시작합니다.

31 출력이 완료되면 [함께해요 프리미어 프로] 폴더에서 완성 파일을 더블클릭하여 잘 재생되는지 확인합니다.

프리미어 프로와 친해지기

프리미어 프로의 다양한 패널, 도구, 기본 기능 익히기

프리미어 프로 인터페이스

작업을 진행하려는 패널을 클릭하면 해당 패널에 파란색 테두리가 나타나면서 활성화됩니다. 프리미어 프로의 인터페이스를 통해 각 패널의 기능을 살펴보겠습니다.

① **메뉴바(Menu Bar)** | 프리미어 프로의 명령이 모여 있습니다. 작업 환경과 클립, 시퀀스 설정을 변경할 수 있고 도움말 등을 확인할 수 있습니다.

② **[Home]** | Home 🏠 을 클릭해서 [Home] 대화상자를 열고 새로운 프로젝트 파일을 생성하거나 기존에 작업한 프로젝트 파일을 빠르게 불러올 수 있습니다.

③ **[Import], [Edit], [Export]** | 각각의 탭을 클릭하여 미디어 소스를 불러오거나 새 프로젝트를 생성할 수 있는 [Import] 화면, 영상 편집 환경인 [Edit] 화면, 영상을 내보내기 위한 [Export] 화면으로 변경할 수 있습니다.

④ **빠른 기능 탭** | 프리미어 프로의 일부 기능을 빠르게 실행할 수 있습니다. Quick Export ⬆를 클릭하여 저장 경로와 프리셋을 설정할 수 있고, 현재 작업 중인 프로젝트 파일을 영상으로 빠르게 내보낼 수 있습니다. Workspaces ▣를 클릭하면 작업에 따라 필요한 패널을 최적화된 레이아웃으로 변경할 수 있습니다. Maximize video output ⤢을 클릭하면 선택한 패널의 비디오 아웃풋을 최대 사이즈로 보여줍니다. Open Progress Dashboard ▤를 클릭하면 프리미어 프로에서 실행 중인 백그라운드 프로세스를 표시합니다. 작업이 진행 중인 경우 진행률이 표시되며 작업을 취소할 수 있는 옵션과 작업 모듈의 상태가 표시됩니다.

⑤ **[Source] 패널** Shift + 2 | 선택한 클립의 영상 소스를 편집하는 패널입니다. 영상 소스를 원하는 길이로 편집하여 타임라인에 삽입하거나 덮어쓸 수 있습니다. 영상 편집을 진행하면서 적용한 이펙트나 트랜지션(전환 효과)을 포함하지 않은 원본 영상을 표시하며 타임라인 편집에 영향을 주지 않는 별도의 타임라인이 있습니다.

⑥ **[Program] 패널** Shift + 4 | 현재 타임라인에서 편집 기준선이 위치해 있는 지점의 미리 보기를 표시하는 패널입니다. 편집 과정에서 사용한 이펙트나 트랜지션 효과를 모두 보여줍니다.

⑦ **[Project] 패널** Shift + 1 | 프리미어 프로에서 작업 중인 프로젝트의 모든 소스를 표시하는 패널입니다. [Project] 패널에서 파일을 삭제하면 작업 중인 프로젝트(또는 시퀀스)에 영향을 주게 되므로 패널 사용에 주의합니다.

⑧ **[Tool] 패널, 도구 패널** | 타임라인에서 영상 클립을 편집하는 데 필요한 도구가 모여 있는 패널입니다.

⑨ **[Timeline] 패널** Shift + 3 | 영상을 편집할 때 영상 소스와 사운드 소스를 클립으로 표시하는 패널입니다. 영상/사운드 소스를 탐색하고 제어/편집할 수 있습니다.

⑩ **[Audio Meters] 패널** | 재생하는 오디오 전체의 레벨(음량)을 표시하는 패널입니다.

소스 패널 그룹(Source Panel Group)

[Effect Controls] 패널 Shift + 5 | 클립의 기본 속성이나 클립에 적용된 이펙트의 속성값을 설정, 변경하고 세밀하게 조정할 수 있는 패널입니다.

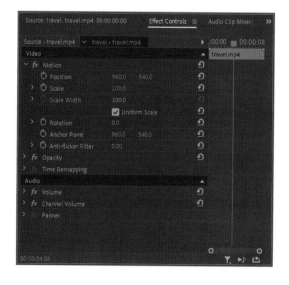

[Audio Clip Mixer] 패널 Shift + 9 | 클립별 오디오 레벨을 표시합니다. 볼륨(Volume), 밸런스(Balance) 등 오디오 믹싱을 제어하는 패널입니다.

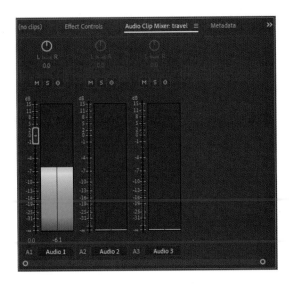

[Metadata] 패널 | 영상의 파일 이름, 작성자, 저작권, 속성 등을 기록하는 패널입니다. 정보는 xmp 형식으로 저장되어 프리미어 프로뿐만 아니라 온로케이션, 애프터 이펙트 등에서도 다양하게 사용됩니다.

[Text] 패널 | [Text] 패널은 영상에 자막을 생성하고 적용할 때 편리하게 작업할 수 있는 패널입니다. 패널의 [Captions] 작업 영역에서는 음성 파일을 인식하여 자막(캡션)을 자동으로 생성하고 영상에 적용할 수 있습니다. 자막을 추가하면 [Timeline] 패널에 자막 영역이 새롭게 생성됩니다. 자막을 많이 필요로 하는 영상에서 유용하게 사용할 수 있습니다.

프로젝트 패널 그룹(Project Panel Group)

[Media Browser] 패널 `Shift` + `8` | 원하는 파일을 검색할 수 있는 패널입니다. 검색한 파일을 [Project] 패널, [Timeline] 패널로 드래그하여 바로 작업할 수 있습니다. [New Media Browser Panel]을 선택하면 여러 곳에 나누어져 있는 소스를 편리하게 검색하거나 삽입할 수 있습니다.

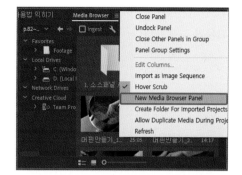

[Libraries] 패널 | 내 라이브러리에 저장되어 있는 이미지나 에셋 또는 어도비 스톡(Adobe Stock)에서 필요한 소스를 내 라이브러리에 저장하여 사용할 수 있는 기능을 제공합니다.

[Info] 패널 | 선택한 클립이나 시퀀스와 관련된 정보를 표시하는 패널입니다. 소스의 타입, 인 점과 아웃 점의 시간 정보, 재생 시간, 트랙 정보 등을 확인할 수 있습니다.

[Effects] 패널 `Shift` + `7` | 프리미어 프로에서 제공하는 다양한 이펙트(효과)가 모여 있는 패널입니다. 비디오(오디오) 이펙트와 트랜지션을 포함한 프리셋을 지원합니다. 루메트리 프리셋(Lumetri Presets)에서 제공하는 다양한 프리셋을 활용하여 색보정 작업을 거친 듯한 영상을 손쉽게 만들 수 있습니다.

[Markers] 패널 | 작업 중에 표시한 마커의 정보를 나타내는 패널입니다. 마커의 인 점과 아웃 점의 타임코드를 확인하고 수정할 수 있으며 이름과 코멘트(Comment) 등 간단한 정보도 기록할 수 있습니다. 마커를 클릭하면 해당 마커의 위치로 [Timeline] 패널의 편집 기준선이 이동합니다.

영상 편집 기초

시작하기

편집 시작하기

자막 만들기

색보정

사운드 편집

영상 출력

[History] 패널 | 작업 중에 실행한 명령을 차례대로 기록하여 보여주는 패널입니다. 작업 목록을 선택하여 이전 명령으로 되돌릴 수 있습니다.

[Source] 패널 사용법 익히기

편집할 영상을 [Source] 패널에 불러오는 기본 사용법부터 불러온 영상을 삭제하거나 화면 크기를 조정하는 방법까지 익혀보겠습니다.

간단 실습 | **[Source] 패널에 영상 불러오고 닫기**

준비 파일 기본/Chapter 02/인터페이스_익히기1.prproj

[File]-[Open Project] 메뉴를 선택하고 **인터페이스_익히기1.prproj** 준비 파일을 불러옵니다. [Source] 패널에 원하는 영상 소스 파일을 불러오겠습니다.

01 ❶ [Project] 패널에서 **머핀만들기_1.mp4** 파일 또는 ❷ [Timeline] 패널에 삽입된 영상 클립에서 편집이 필요한 소스를 더블클릭합니다.

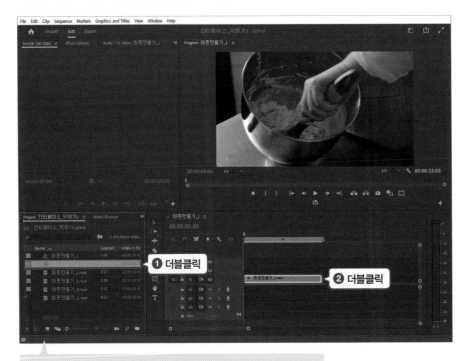

> 영상 소스나 비디오 클립을 [Source] 패널로 드래그해도 영상을 불러올 수 있습니다.

02 [머핀만들기_1.mp4] 영상 소스가 [Source] 패널에 활성화됩니다.

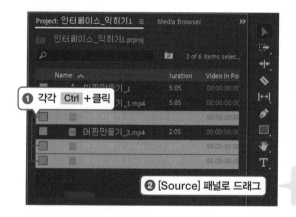

① 각각 Ctrl +클릭

② [Source] 패널로 드래그

03 여러 개의 소스 파일을 동시에 불러올 수도 있습니다. Ctrl 을 누른 상태로 소스 파일을 클릭하면 여러 개의 파일을 선택할 수 있습니다. **①** Ctrl 을 누른 상태에서 원하는 파일을 선택하고 **②** [Source] 패널로 드래그해 영상을 불러옵니다.

한 개의 파일을 선택한 후 Shift 를 누른 상태에서 다른 파일을 선택하면 두 파일 사이의 모든 파일을 선택할 수 있습니다.

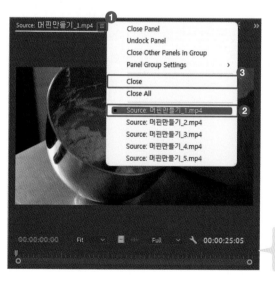

04 [Source] 패널에 영상을 잘못 불러왔다면 해당 파일을 선택하여 닫을 수 있습니다. **①** [Source] 패널 탭의 옵션 ▤을 클릭하면 불러온 영상 소스의 목록이 차례대로 나타납니다. **②** 미리 보기를 닫고 싶은 파일을 선택한 후 **③** 다시 [Close]를 클릭하면 해당 파일을 닫을 수 있습니다.

[Close All]을 클릭하면 앞서 [Source] 패널에 불러온 모든 소스 파일을 닫습니다.

영상 편집의 기초

시작하기

편집 시작하기

자막 만들기

색보정

사운드 편집

영상 출력

[Source] 패널 화면 크기 조정하고 플레이백 해상도 설정하기

준비 파일 기본/Chapter 02/인터페이스_익히기1.prproj

[Source] 패널의 화면 크기는 패널의 크기에 맞춰지도록 기본으로 설정되어 있습니다. 필요에 따라 화면을 확대/축소할 수 있습니다. **인터페이스_익히기1.prproj** 준비 파일에서 계속 진행합니다.

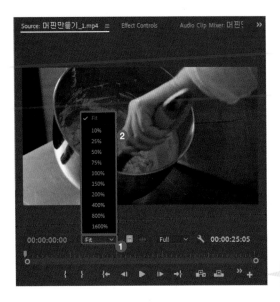

01 ❶ [Source] 패널 왼쪽 아래에 있는 [Select Zoom Level]을 클릭합니다. ❷ 그런 다음 원하는 크기(Fit, 10~1600%)를 선택해 변경합니다. [Source] 패널의 화면 크기가 크다면 도구 패널의 핸드 도구 🖑를 이용하여 화면을 이동해도 됩니다.

핸드 도구의 단축키는 H 입니다.

02 작업하는 컴퓨터의 사양이 낮거나 영상 자체의 용량이 커서 플레이백이 원활하게 실행되지 않을 수 있습니다. 이런 경우에는 플레이백 해상도(Resolution)를 변경하여 작업 진행에 지장이 없도록 해야 합니다.

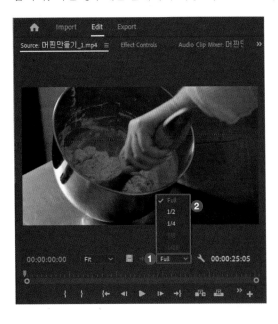

❶ [Source] 패널 오른쪽 아래의 [Select Playback Resolution]을 클릭합니다. ❷ 작업에 지장이 되지 않을 정도로 해상도를 낮춥니다. 플레이백 해상도를 낮추는 것은 프리미어 프로 작업상에서 미리 보기의 품질만 낮추는 것이므로 최종 결과물에는 아무런 영향을 미치지 않습니다.

[Source] 패널에서 영상 편집하기

영상을 편집할 때 소스로 사용하는 영상을 필요에 따라 잘라내어 사용합니다. [Source] 패널에서는 각 영상 소스를 편집한 후 현재 작업 중인 시퀀스(혹은 타임라인)에 인서트(Insert, 끼워 넣기) 또는 오버라이트 (Overwrite, 덮어쓰기)로 삽입할 수 있습니다.

간단 실습 **영상 인서트하고 오버라이트하기**

준비 파일 기본/Chapter 02/인터페이스_익히기2.prproj

[File]-[Open Project] 메뉴를 선택하고 **인터페이스_익히기2.prproj** 준비 파일을 불러옵니다. 편집 기준선 위치에 영상을 끼워 넣거나 덮어쓰겠습니다.

01 ❶ [Project] 패널에서 **머핀만들기_2.mp4** 파일을 선택하고 [Source] 패널로 드래그합니다. ❷ [Timeline] 패널에서 영상을 삽입할 위치에 편집 기준선을 위치하고 ❸ [Source] 패널 아래쪽의 Insert 🔁 를 클릭합니다. ❹ 편집 기준선이 위치한 곳을 기준으로 기존 영상 클립 사이에 소스 영상이 삽입됩니다.

▲ 인서트(영상 중간에 삽입되어 기존 영상+삽입된 영상+기존 영상의 형태)한 영상 시퀀스

인서트의 단축키는 **,** 입니다.

02 ❶ 영상 인서트와 같은 방식으로 편집 기준선을 영상을 삽입할 위치로 이동합니다. ❷ [Source] 패널 아래쪽의 Overwrite █를 클릭합니다. ❸ 영상이 기존 영상 위에 덮어쓰기로 삽입됩니다.

▲ 오버라이트(기존 영상 위에 덮어쓰기하여 기존 영상+덮어쓴 영상 형태)한 영상 시퀀스

간단실습 인 점, 아웃 점 지정하고 시퀀스 삽입하기

준비 파일 기본/Chapter 02/인터페이스_익히기2.prproj

[Source] 패널에서는 영상 소스의 인 점(Mark In, 시작 표시)과 아웃 점(Mark Out, 종료 표시)을 설정할 수 있습니다. 인 점은 영상 클립이 시작하는 부분을, 아웃 점은 영상 클립이 끝나는 부분을 말합니다. [Source] 패널에서 설정한 인 점과 아웃 점은 원본 소스에 영향을 미치지 않습니다. 하지만 인 점과 아웃 점을 설정하면 설정된 범위만 [Timeline] 패널에 불러오므로 인 점과 아웃 점의 개념을 확실히 숙지해야 편집이 수월해집니다. **인터페이스_익히기2.prproj** 준비 파일에서 계속 진행합니다.

▲ 00:00:29:20 지점에 인 점을 설정하고 00:00:30:08 지점에 아웃 점을 설정한 영상 소스

01 ❶ [Source] 패널의 편집 기준선을 영상의 시작 위치를 설정할 부분으로 이동합니다. ❷ Mark In █ █을 클릭하면 ❸ 타임라인에 인 점이 표시됩니다. ❹ 영상의 끝 위치로 편집 기준선을 이동한 후 ❺ Mark Out █ █을 클릭하면 ❻ 타임라인에 아웃 점이 표시됩니다. 인 점과 아웃 점 사이는 하이라이트로 표시되어 영상이 설정된 범위를 알 수 있습니다.

[Source] 패널에서는 영상이 재생 중일 때도 인 점과 아웃 점을 설정할 수 있습니다. 영상 소스를 플레이하고 확인하면서 동시에 작업할 수 있는 편리한 기능으로 가편집 단계에서 매우 유용하게 사용할 수 있습니다.

02 적당한 길이로 자른 영상 소스를 시퀀스에 삽입할 수 있습니다. ❶ [Timeline] 패널의 편집 기준선을 삽입하려는 위치로 이동한 후 ❷ Insert █ █ ,나 Overwrite █ █ 를 클릭하여 편집 방향에 맞게 삽입합니다.

❶ [Timeline] 패널에서 편집 기준선 위치 지정

기능 꼼꼼 익히기 🎤 **[Source] 패널에서 [Program] 패널로 드래그해 영상 삽입하기**

아이콘을 클릭해 삽입하는 방법 외에도 [Source] 패널의 영상을 [Program] 패널로 드래그해 삽입할 수도 있습니다. 패널 화면에 나타나는 총 여섯 가지의 형식 중 원하는 위치에 드래그하여 영상을 삽입합니다.

❶ **Insert Before** | 삽입하는 클립이 기존 클립의 앞쪽에 위치합니다. 이 방법은 편집 기준선의 위치에 영향을 받지 않습니다.

❷ **Overlay** | 삽입하는 클립이 편집 기준선을 시작점으로 기존 클립 상위 트랙에 위치합니다.

❸ **Insert** | 삽입하는 클립이 편집 기준선을 시작점으로 기존 클립 사이에 위치합니다.

❹ **Replace** | 기존 클립을 삽입하는 클립으로 교체합니다. 기존 클립은 삭제됩니다.

❺ **Overwrite** | 삽입하는 클립이 편집 기준선을 시작점으로 기존 클립에 덮어쓰기합니다.

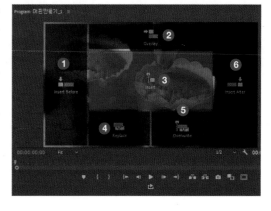

❻ **Insert After** | 삽입하는 클립이 기존 클립의 뒤쪽에 위치합니다. 이 방법은 편집 기준선의 위치에 영향을 받지 않습니다.

영상의 인 점과 아웃 점 조정하기

영상의 인 점, 아웃 점은 반드시 한 개씩만 설정합니다. 따라서 편집 작업 처음에 인 점과 아웃 점을 지정한 후 수정할 때는 변경하려는 위치로 편집 기준선을 이동한 후 인 점 또는 아웃 점을 다시 지정합니다. 그러면 앞서 지정된 인 점과 아웃 점이 삭제되고, 새로 지정한 위치가 새로운 인 점과 아웃 점이 됩니다.

❶ 영상의 인 점으로 이동할 때는 Go to In `←` `Shift` + `I` 을 클릭하고, ❷ 아웃 점으로 이동할 때는 Go to Out `→` `Shift` + `O` 을 클릭합니다. ❸ 인 점과 아웃 점이 설정된 영상 소스에서 Clear In `↑` `Ctrl` + `Shift` + `I` 을 클릭하면 인 점이 삭제되고 ❹ Clear Out `↓` `Ctrl` + `Shift` + `O` 을 클릭하면 아웃 점이 삭제됩니다. 참고로 [Source] 패널의 기본 설정에서는 아래쪽 버튼 영역에 [Clear In], [Clear Out]이 보이지 않습니다. ❺ 패널 오른쪽 아래에 있는 Button Editor `+` 를 클릭하여 숨겨진 버튼을 확인한 후 버튼 영역에 드래그하여 자유롭게 변경할 수 있습니다.

기능 꼼꼼 익히기 🎤 　[Source] 패널의 플레이백 컨트롤

[Source] 패널 아래에 있는 메뉴 버튼의 기능을 알아보겠습니다.

❶ **Play-Stop Toggle** `▶` `Spacebar` │ 영상 소스를 재생합니다. `L` (재생), `K` (정지), `J` (역재생)를 사용하여 플레이백을 컨트롤할 수도 있습니다.

❷ ❸ **Step Back 1 Frame** `◀` `←` /**Step Forward 1 Frame** `▶` /`→` │ 앞뒤로 한 프레임씩 이동합니다. `↑` 는 소스 클립의 시작 지점, `↓` 는 소스 클립의 끝 지점으로 이동합니다.

`Spacebar` 를 눌러도 [Source] 패널의 영상이 재생되지 않을 수 있습니다. 해당 패널이 활성화되어 있지 않은 상태라 단축키가 실행되지 않는 것이며, 이는 프리미어 프로의 모든 패널에 해당되는 사항입니다. 단축키를 사용할 때는 현재 작업 패널이 활성화되어 있는지 확인한 후 사용합니다.

[Program] 패널에서 영상 소스 삭제하고 추출하기

[Program] 패널의 기본 작업 기능은 [Source] 패널과 같지만 편집 기능은 조금 다릅니다. 이번에는 리프트 (Lift, 삭제하기)와 익스트랙트(Extract, 삭제 후 추출하기)를 이용해 영상 소스를 삭제, 추출해보겠습니다.

간단 실습 리프트, 익스트랙트 사용하기

준비 파일 기본/Chapter 02/인터페이스_익히기3.prproj

[Program] 패널에서 영상 소스를 삭제하거나 추출해보기 위해 **인터페이스_익히기3.prproj** 준비 파일을 불러옵니다.

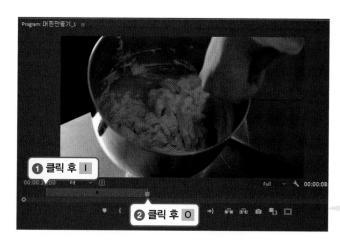

01 [Source] 패널에서 영상의 범위를 지정한 것처럼 [Program] 패널에서 삭제하려는 ❶ 인 점 **I**과 ❷ 아웃 점 **O**을 지정합니다.

> 영상 소스를 삭제/추출하는 기능을 익히기 위한 실습이므로 임의로 영역을 설정해도 됩니다.

02 ❶ Lift ⬛ **;** 를 클릭합니다. ❷ 인 점과 아웃 점을 지정해 선택한 영역이 삭제됩니다. [Timeline] 패널을 확인하면 영상 클립의 중간이 비었습니다.

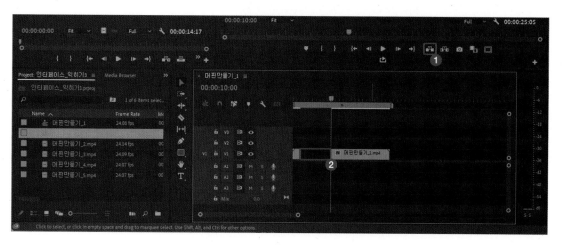

03 영상 소스 삭제와 동시에 앞뒤 클립의 공백을 없앨 수도 있습니다. Extract 를 클릭하면 지정한 영역이 삭제되면서 뒤에 있는 클립을 앞의 클립에 바로 연결합니다.

[Program] 패널 역시 [Source] 패널과 동일하게 오른쪽 아래에 있는 Button Editor ➕를 클릭하여 추가 기능 및 메뉴의 레이아웃을 변경할 수 있습니다.

[Project] 패널의 기본 사용법 익히기

[Project] 패널에서 파일을 삭제하면 작업 중인 프로젝트(또는 시퀀스)에 영향을 줄 수 있으므로 패널 사용에 주의해야 합니다.

간단 실습 **아이콘 뷰와 리스트 뷰로 소스 내용 확인하기**

준비 파일 기본/Chapter 02/인터페이스_익히기3.prproj

인터페이스_익히기3.prproj 준비 파일에서 계속 진행합니다.

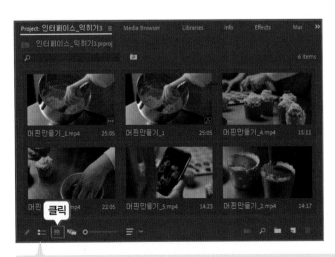

01 [Project] 패널의 기본 설정은 아이콘 뷰 ■ Ctrl + Page Down 입니다. 아이콘 뷰는 소스 섬네일을 표시하여 소스 내용을 쉽게 확인할 수 있습니다.

영상 소스를 선택한 후 L 을 누르면 재생되고 K 를 누르면 정지됩니다. J 를 누르면 역재생합니다.

02 아이콘 뷰는 소스 내용을 바로 확인할 수 있는 장점이 있지만, 소스 개수가 많아지면 한눈에 확인하고 선택하기가 불편합니다. 이때 리스트 뷰 ☷ Ctrl + Page Up 를 클릭하면 [Project] 패널의 소스를 목록 형태로 볼 수 있습니다. 리스트 뷰는 소스 개수가 많을 때 소스를 쉽게 확인할 수 있어 편리합니다.

03 리스트 뷰에서도 선택한 영상 소스의 내용을 바로 확인할 수 있습니다. ❶ 패널 오른쪽 위에 있는 옵션☰을 클릭하고 ❷ [Preview Area]를 클릭하면 프리뷰 영역이 나타나고 리스트 뷰에서도 해당 소스의 내용을 확인할 수 있습니다.

04 프리뷰는 소스 미디어의 시작 프레임을 표시하지만 간혹 그렇지 않은 파일도 있습니다. ❶ 이때는 프리뷰 영역의 Play-Stop Toggle ▶ Spacebar 을 클릭해 플레이하거나 ❷ 섬네일 하단의 슬라이더를 조정한 후 ❸ 소스를 대표할 수 있는 이미지가 나타나면 Poster Frame ▣ 을 클릭합니다. 해당 장면을 소스의 대표 섬네일로 사용할 수 있습니다.

05 리스트 뷰 상태에서도 소스의 섬네일을 확인할 수 있습니다. ❶ [Project] 패널 오른쪽 위에 있는 옵션 ▦을 클릭한 후 ❷ [Thumbnails]를 체크 또는 해제하여 자유롭게 소스의 섬네일을 보거나 숨길 수 있습니다.

기능 꼼꼼 익히기 🎤 **리스트 뷰 섬네일 확대/축소하기**

[Project] 패널 아래에 있는 줌 슬라이더를 이용하여 [Project] 패널의 소스 미리 보기 크기를 확대/축소할 수 있습니다. 알맞은 크기가 될 때까지 조절하여 설정합니다. 아이콘 뷰▣ 상태에서 줌 슬라이더를 조정해도 소스 미리 보기의 크기를 동일하게 확대/축소할 수 있습니다.

기능 꼼꼼 익히기 🎤 **프리폼 뷰(Freeform View) 보기 방식**

기존 리스트 뷰, 아이콘 뷰 보기 방식 외 새로운 보기 방식으로 [Project] 패널 하단의 프리폼 뷰▦를 클릭하여 적용할 수 있습니다. 패널 안에서 삽입된 클립을 자유롭게 배치하여 정리할 수 있는 장점이 있습니다.

[Project] 패널에서 파일 검색하고 정리하기

[Project] 패널에는 소스로 사용하는 영상과 이미지 외에도 사운드, 시퀀스, 빈(Bin) 등 다양한 형식의 파일이 배치됩니다. 이렇게 [Project] 패널에 파일이 쌓이면 원하는 소스 파일을 찾는 데 많은 시간을 소비하여 작업 효율이 떨어집니다. 이때 [Project] 패널의 파인드 박스(Filter Bin Content) 🔍에 소스 이름 또는 파일 확장자를 입력해 원하는 소스를 쉽게 검색할 수 있습니다.

원하는 소스만 검색하기

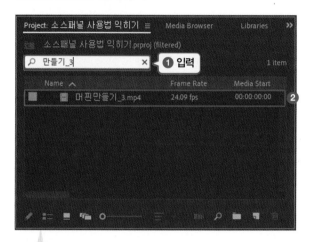

❶ [Project] 패널의 파인드 박스🔍 입력란에 검색어를 입력하면 ❷ 입력한 단어를 포함하는 소스만 [Project] 패널에 나타납니다.

잠긴 프로젝트 만들기 | [Project] 패널 왼쪽 아래의 The Project is writable🔓을 클릭하면 해당 프로젝트를 읽기 전용 파일로 설정하거나 해제합니다.

상세 검색하기

❶ [Project] 패널 아래에 있는 Find🔍 `Ctrl` + `F` 를 클릭하면 라벨 색상, 파일 이름, 미디어 타입 등 다양한 검색 설정을 지원하는 [Find] 대화상자가 나타납니다. 검색 설정을 모두 포함하거나 일부를 포함하는 등 세부 옵션을 설정할 수 있어 파인드 박스보다 한층 상세한 검색 결과를 확인할 수 있습니다. [Find] 대화상자에서 검색한 파일은 [Project] 패널에 하이라이트로 표시됩니다. ❷ 여기서는 [Column]과 [Match]의 설정을 아래 그림과 같이 변경하고 ❸ [Find What]에 **머핀만들기_3**을 입력해 파일을 검색하겠습니다. ❹ [Find]를 클릭하면 ❺ 검색 설정의 조건을 만족하는 파일에 하이라이트 표시가 나타납니다.

[Project] 패널 소스의 라벨 색상 변경하기

준비 파일 없음
핵심 기능 Label, 라벨 색상 변경

[Project] 패널에 삽입한 소스는 파일 종류에 따라 고유한 라벨 색상으로 표현됩니다. 라벨의 속성별 색상 설정은 [Edit]-[Preferences]-[Label] 메뉴를 선택하고 [Preferences] 대화상자에서 변경할 수 있습니다.

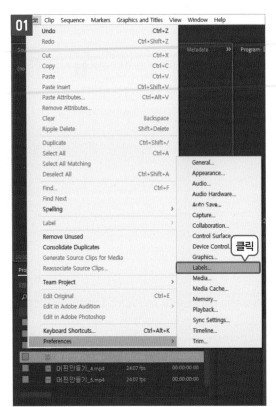

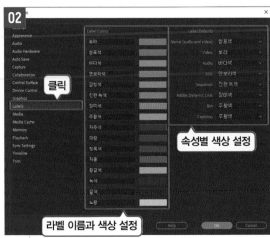

라벨 색상과 속성을 커스터마이징할 수 있으며 기본값으로 사용해도 무방합니다.

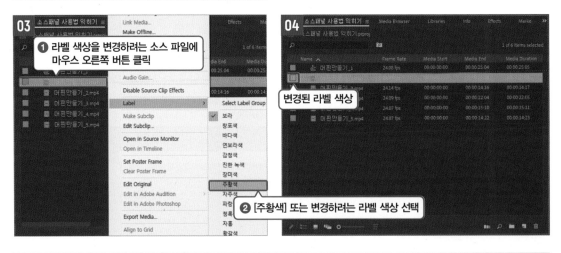

많은 양의 소스를 사용하여 편집 작업을 진행할 때 소스를 카테고리별로 나누어 정리하면 소스를 좀 더 수월하게 관리/활용할 수 있습니다. 여기서 소개할 빈은 흔히 사용하는 폴더와 비슷한 개념입니다.

[Project] 패널 오른쪽 아래에 있는 New Bin▣ Ctrl + B 을 클릭하면 새로운 빈이 생성됩니다. 생성한 빈을 선택하고 Enter 를 누르면 빈의 이름을 수정할 수 있습니다. 빈에 포함할 소스 파일은 드래그해 정리할 수 있습니다. 소스 파일을 체계적으로 정리하는 것은 개인 작업은 물론, 실무에서 협업할 때 큰 도움이 됩니다. 따라서 평소에 [Project] 패널을 정리하는 습관을 기르는 것이 좋습니다.

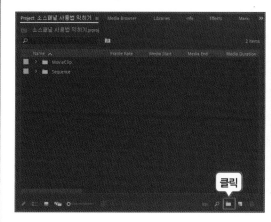

빈의 내용을 확인하는 방법은 라벨 오른쪽의 화살표를 클릭하여 빈을 펼치는 방법과 빈을 더블클릭하여 새로운 [Bin] 패널을 여는 방법이 있습니다. 빈을 더블클릭하여 패널로 열 때 Ctrl 을 누른 상태로 더블클릭하면 [Project] 패널이 [Bin] 패널로 변경되면서 내용이 표시됩니다.

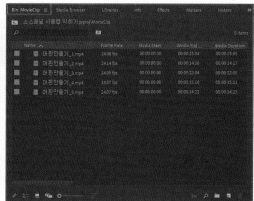

▲ 더블클릭해 열었을 때   ▲ Ctrl +더블클릭해 열었을 때

[Project] 패널 그룹 탭의 패널 이름 부분을 비교해보면 더블클릭으로 [Bin] 패널을 여는 두 가지 방식의 차이를 확인할 수 있습니다. 파인드 박스(Filter Bin Content)🔎 위에 있는 ▣를 클릭하면 다시 [Project] 패널로 돌아갑니다.

[Timeline] 패널의 기본 사용법 익히기

[Timeline] 패널은 편집 작업을 위해 소스 파일을 배치하고 생성된 클립을 수정하는 곳입니다. 소스 클립과 키프레임을 조절하여 영상을 탐색하고 제어, 편집할 수 있습니다.

[Timeline] 패널에 클립 배치하기

[Timeline] 패널에 클립을 배치하는 여러 가지 방법을 알아보겠습니다. ❶ [Project] 패널에서 영상 소스를 [Timeline] 패널로 드래그, ❷ [Source] 패널에서 작업한 영상을 [Timeline] 패널로 드래그, ❸ [Source] 패널에서 작업한 영상을 [Program] 패널로 드래그, ❹ [Media Browser] 패널에서 검색한 영상 소스를 [Timeline] 패널로 드래그, ❺ 소스가 저장되어 있는 폴더에서 [Timeline] 패널로 드래그하는 방법이 있습니다.

이처럼 다양한 방법으로 [Timeline] 패널에 클립을 배치할 수 있으며 편집하는 상황에 맞춰 편리한 방법을 적용합니다. 대부분의 영상 편집은 [Timeline] 패널에서 작업하며 소스 클립 외에도 각종 효과 및 키프레임이 적용된 부분을 확인하고 편집할 수 있습니다. [Timeline] 패널에서 Spacebar 를 누르면 타임라인의 클립이 재생되고 결과는 [Program] 패널에 표시됩니다.

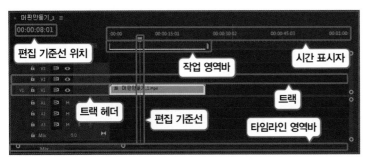

◀ [Timeline] 패널에 영상 클립이 삽입된 모습

기능 꼼꼼 익히기 🎙 **작업 영역바 다루기**

[Timeline] 패널의 작업 영역바(Work Area Bar)는 작업한 시퀀스를 렌더링할 때 최종 렌더링 결과물의 범위를 설정하는 중요한 역할을 합니다. 프리미어 프로를 처음 설치하고 실행했다면 작업 영역바가 활성화되어 있지 않을 수 있습니다. ❶ 작업 영역바가 설정되어 있지 않다면 [Timeline] 패널 오른쪽 위의 옵션 ▤을 클릭하고 ❷ [Work Area Bar]를 클릭합니다.

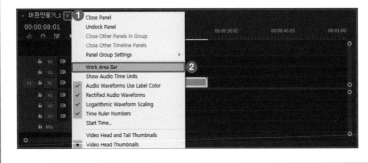

한눈에 실습 [Timeline] 패널 확대하고 축소하기

준비 파일 기본/Chapter 02/인터페이스_익히기4.prproj
핵심 기능 줌 도구, [Timeline] 패널 확대/축소

세밀하게 영상을 편집하기 위해 한 프레임 단위까지 볼 수 있도록 [Timeline] 패널을 확대하거나 혹은 전체적인 흐름을 파악하기 위해 모든 클립이 한눈에 보이도록 축소할 때가 있습니다. 이때 도구 패널의 줌 도구 🔍 Z 를 사용합니다. **인터페이스_익히기4.prproj** 준비 파일을 불러옵니다.

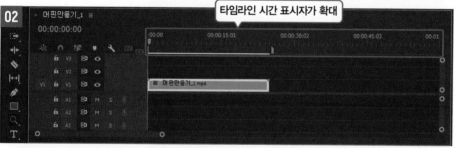

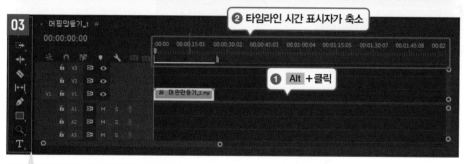

> 줌 도구가 안 보일 때 손 모양의 핸드 도구 ✋를 길게 클릭하면 줌 도구를 찾을 수 있습니다.

기능 꼼꼼 익히기 🎤 다양한 방법으로 패널 확대하고 축소하기

❶ [Timeline] 패널 아래쪽에 있는 타임라인 영역바(Timeline Area Bar) 슬라이더를 마우스로 드래그하여 확대/축소합니다. ❷ 키보드의 ➕ 를 누르면 편집 기준선을 중심으로 확대되고, ➖ 를 누르면 편집 기준선을 중심으로 축소됩니다. ❸ Alt 를 누른 상태로 타임라인 위에서 마우스 휠 버튼을 스크롤하면 마우스 포인터 위치를 기준으로 확대/축소됩니다.

Add Track 기능으로 트랙 추가하기

준비 파일 기본/Chapter 02/인터페이스_익히기4.prproj
핵심 기능 Add Tracks, 트랙 추가하기

[Timeline] 패널에서 작업할 때 가장 중요한 것은 트랙(Track)의 구조와 원리를 이해하는 것입니다. 트랙은 비디오나 오디오 클립을 배치하는 공간으로, 최대 99개까지 생성할 수 있습니다. **인터페이스_익히기4.prproj** 준비 파일을 불러옵니다.

마우스 오른쪽 버튼을 클릭한 위치를 기준으로 비디오나 오디오 트랙 한 개가 추가됩니다. [Add Tracks]를 선택하면 [Add Tracks] 대화상자가 나타나고, 각 항목을 지정하여 필요한 만큼 트랙을 추가할 수 있습니다.

① 트랙 헤더에서 마우스 오른쪽 버튼 클릭

비디오 4번 트랙(V4) 추가

클립을 트랙의 빈 곳으로 옮겨 간단하게 트랙을 추가할 수도 있습니다. 컷 편집 작업을 진행할 때 편리하게 이용할 수 있는 방법입니다.

드래그해서 비디오 5번 트랙(V5) 추가

기능 꼼꼼 익히기 🎙️ **[Add Tracks] 대화상자 살펴보기**

❶ **Video Tracks** | 비디오 트랙을 추가하는 옵션입니다. [Add]에서 값을 지정하여 추가할 트랙의 개수를 설정합니다. [Placement]에서는 트랙이 추가될 위치를 선택합니다. 비디오 트랙에서는 맨 위에 배치된 클립이 최종 결과물로 표시되기 때문에 트랙의 배치에 신경 써야 합니다.

❷ **Audio Tracks** | 오디오 트랙을 추가하는 옵션입니다. 비디오 트랙은 새로 추가하는 트랙이 위로 추가되지만 오디오 트랙은 아래로 추가되며 트랙의 위치가 최종 결과에 영향을 주지 않습니다.

❸ **Audio Submix Tracks** | 오디오 서브믹스 트랙 관련 옵션입니다. 세부 옵션 내용은 [Audio Tracks]와 동일합니다.

❹ **Track Type** | 오디오 트랙 옵션에만 있는 항목으로 [Stereo], [5.1], [Adaptive] 등 오디오 트랙 속성을 선택합니다.

시작하기

편집 시작하기

자막 만들기

색보정

사운드 편집

영상 출력

한눈에 실습 **Delete Track 기능으로 트랙 삭제하기**

> **준비 파일** 기본/Chapter 02/인터페이스_익히기4.prproj
> **핵심 기능** Delete Tracks, 트랙 삭제하기

[Timeline] 패널에서 트랙을 삭제해보겠습니다. 트랙을 삭제하면 트랙에서 작업한 결과물도 함께 지워지니 실무에서 트랙을 삭제할 때는 주의를 기울여야 합니다.

❶ 트랙 헤더에서 마우스 오른쪽 버튼 클릭

[Delete Tracks]를 선택하면 여러 개의 트랙을 선택적으로 삭제할 수 있습니다.

비디오 5번 트랙(V5) 삭제

트랙을 추가/삭제할 때 트랙 헤더를 클릭하는 위치에 따라 비디오 트랙과 오디오 트랙을 추가/삭제할 수 있습니다. 이때 [Add Tracks], [Delete Tracks] 기능을 이용하면 비디오와 오디오 트랙을 동시에 조작할 수 있습니다.

기능 꼼꼼 익히기 🎙 **[Delete Tracks] 대화상자 살펴보기**

❶ **Video Tracks** | 비디오 트랙을 삭제하는 옵션입니다. [Delete Video Tracks]에 체크하면 비디오 트랙을 삭제할 수 있습니다. 옵션을 [All Empty Tracks]로 설정하면 비어 있는 모든 트랙을 삭제합니다. 옵션 메뉴에서 삭제하려는 트랙을 선택할 수 있습니다.

❷ **Audio Tracks** | 오디오 트랙을 삭제하는 옵션입니다. 선택 항목 내용은 [Video Tracks] 항목과 동일합니다.

❸ **Audio Submix Tracks** | 오디오 서브믹스 트랙과 관련된 옵션입니다. 선택 항목은 [Video Tracks] 항목과 동일합니다. [Audio Submix Tracks]는 [All Empty Tracks]가 아닌 [All Unassigned Tracks]로 선택되어 있습니다.

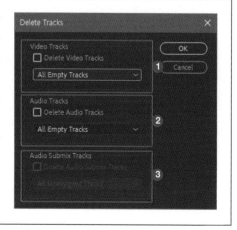

영상 편집이 쉬워지는 클립 배치하기

타임라인에서 클립의 배치는 매우 중요합니다. 영상 편집은 클립 하나만으로 작업하기 힘들기 때문에 여러 개의 클립이 필요하고 여기에 이펙트와 타이틀, 자막, 로고 등 다양한 효과가 들어갑니다. 따라서 클립을 트랙에 어떻게 배치하는가에 따라 결과물의 완성도가 달라집니다. 비디오 트랙에 배치된 클립은 맨 위(높은 번호)에 위치한 것이 최종 화면에서 가장 앞에 보여집니다. 이런 특징을 이용하여 상위 트랙의 클립에 블렌딩 효과를 적용하거나 레이어를 사용한 자막, 워터마크 등 다양한 연출을 적용할 수 있습니다.

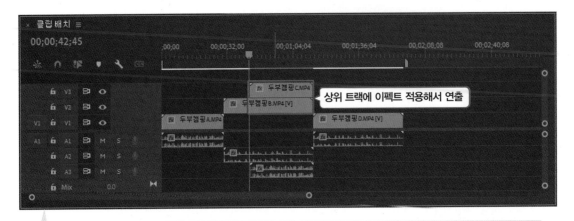

오디오 트랙은 트랙의 위치에 따른 출력 결과에 영향을 미치지 않으므로 트랙별로 다양한 소리를 믹싱하여 더욱 효과적인 음향을 연출할 수 있습니다.

▲ 하위 트랙(V1~V2)의 클립

▲ 이펙트가 적용되어 겹쳐 전환되는 연출

▲ 상위 트랙(V3)의 클립

트랙 높이 변경하기

트랙의 기본 높이는 비디오 클립의 섬네일을 확인하거나 오디오 클립의 웨이브폼 레벨(파형)을 확인하기에는 어려우므로 마우스 휠 버튼을 이용해 트랙의 높이를 변경합니다. 높이를 변경하려는 트랙의 헤더에 마우스 포인터를 옮기고 Alt 를 누른 상태로 마우스 휠 버튼을 스크롤하면 해당 트랙의 높이를 자유롭게 변경할 수 있습니다. Shift 를 누른 상태로 스크롤하면 비디오나 오디오 트랙 전체의 높이를 조정할 수 있습니다. 트랙 헤더에서 트랙의 경계 부분을 드래그하여 트랙 높이를 좀 더 세밀하게 조정할 수도 있습니다.

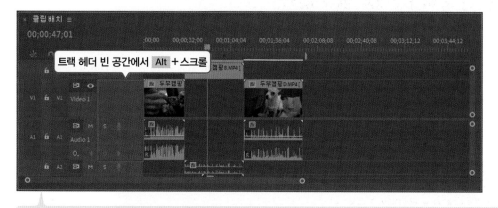

트랙의 수가 많아 [Timeline] 패널에서 한눈에 보이지 않을 때는 패널의 작업 영역에서 Ctrl 을 누른 상태로 마우스 휠 버튼을 스크롤하면 트랙의 화면이 위아래로 이동하여 상위 또는 하위에 있는 트랙을 확인할 수 있습니다. 트랙의 오른쪽 끝에 있는 스크롤바를 사용해도 화면을 이동할 수 있습니다.

트랙 헤더 알아보기

트랙 헤더는 트랙 타기팅(Track Targeting)과 같은 트랙과 관련된 기능이 모여 있는 영역입니다. 트랙 타기팅 옵션은 단축키를 사용하여 영상 소스를 추가하고 방향기를 사용하여 타임라인의 편집 기준선을 이동할 때 중요한 역할을 합니다.

① **소스 패칭(Source Patching)** | [Source] 패널에서 작업한 영상 소스를 [Timeline] 패널로 직접 드래그하지 않고 버튼이나 단축키(, 또는 .)로 추가하거나 [Program] 패널로 드래그하여 추가할 때 클립이 배치될 트랙을 설정합니다. [Source Patching] 옵션은 [Source] 패널에 영상이 있는 경우에만 활성화됩니다.

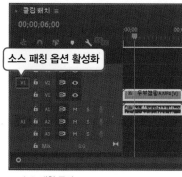
▲ 소스 패칭 준비

▲ 인서트 삽입

▲ 오버라이트 삽입

② **트랙 잠금(Track Lock)** | 트랙을 편집 불가능한 상태로 잠금 설정합니다. 트랙을 잠금 상태로 설정하면 해당 트랙에 빗금이 표시되면서 작업을 할 수 없습니다.

③ **트랙 타기팅(Track Targeting)** | ↑, ↓를 눌러 클립의 인 점, 아웃 점으로 편집 기준선을 이동할 때, 포함하거나 제외할 트랙을 설정합니다. 트랙 타기팅이 비활성화된 트랙은 방향키를 이용해 인 점과 아웃 점으로 이동할 수 없습니다. 아래 그림을 보면 비디오 1번 트랙(V1)과 3번 트랙(V3)의 [Track Targeting] 옵션이 활성화되어 있습니다. 비활성화된 비디오 2번 트랙(V2)은 편집 기준선의 타기팅이 적용되지 않습니다.

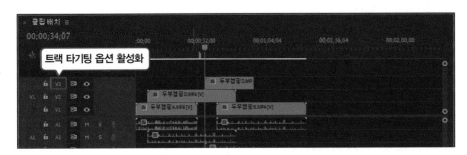

④ **토글 싱크 잠금(Toggle Sync Lock)** | [Ripple Delete], [Trim] 등 편집 과정에서 다른 트랙과의 동기화 움직임을 설정합니다. 아래 그림을 보면 비디오 1번 트랙(V1) 클립의 가운데 공간을 없애기 위해 마우스 오른쪽 버튼을 클릭한 후 [Ripple Delete]를 클릭하면 클립의 가운데 공간이 삭제되고 모든 트랙의 클립이 동일하게 이동합니다. 하지만 아래 그림의 비디오 2번 트랙(V2)과 오디오 2번 트랙(A2)의 [Toggle Sync Lock] 옵션을 비활성화해 동기화 설정을 잠그면 해당 트랙은 트랙 간의 동기화 움직임에 영향을 받지 않습니다.

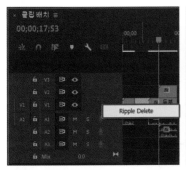
▲ 클립 가운데 공간 삭제

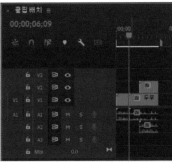
▲ 모든 트랙이 동일하게 이동

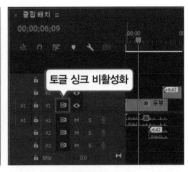
▲ 비디오 1번 트랙만 이동

⑤ **트랙 아웃풋(Toggle Track Output)** | 해당 트랙의 결과물을 표시하거나 숨깁니다.

⑥ **메뉴 커스터마이징하기** | 트랙 헤더의 메뉴를 추가/삭제합니다. ❶ 헤더의 오른쪽 공간을 마우스 오른쪽
버튼으로 클릭하고 ❷ [Customize]를 클릭합니다.

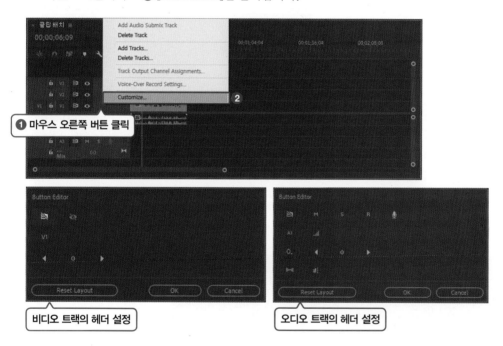

비디오 트랙의 헤더 설정

오디오 트랙의 헤더 설정

⑦ **Mute Track, Solo Track** | 오디오 트랙 헤더의 Mute Track M 은 해당 트랙의 오디오를 음소거하고,
Solo Track S 은 해당 트랙의 오디오만 재생합니다. Solo Track S 을 활성화하면 다른 트랙은 자동으로
음소거됩니다.

기본 작업 영역 구성 외 패널 알아보기

기본 작업 영역에는 나타나지 않지만 프리미어 프로에는 작업에 필요한 여러 가지 패널이 있습니다. 메뉴바에서 [Window] 메뉴를 클릭하면 실행 가능한 패널의 목록이 나타납니다.

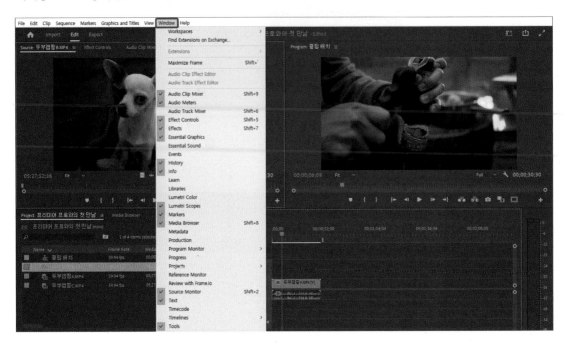

01 [Audio Track Mixer] 패널 | 영상 전체의 볼륨 혹은 트랙별 마스터 볼륨(Master Volume) 레벨을 표시합니다. 팬(Pan), 밸런스(Balance) 등 오디오 믹싱을 제어하며 트랙에 오디오 이펙트를 적용할 수 있습니다.

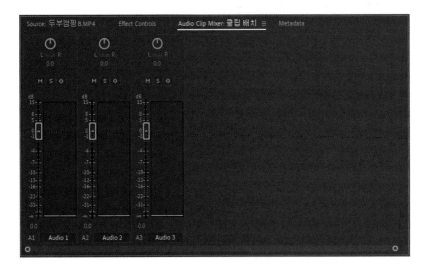

02 **[Essential Graphics] 패널** | 모션 그래픽 템플릿(.mogrt)을 적용하고 수정할 수 있는 패널입니다. 자체 제작한 템플릿 파일을 불러오거나 어도비 스톡(Adobe Stock)에서 제공하는 템플릿을 사용할 수 있습니다.

03 **[Essential Sound] 패널** | 오디오 파일의 믹싱 작업을 간편하게 진행할 수 있는 패널입니다. 믹싱 작업이 필요한 클립을 유형에 따라 Dialogue(대화), Music(음악), SFX(효과음), Ambience(환경음) 중에서 선택하여 사운드 믹싱 작업을 진행합니다. [Browse] 탭을 활용하면 어도비 스톡(Adobe Stock)에서 여러 가지 오디오 소스를 불러올 수도 있습니다.

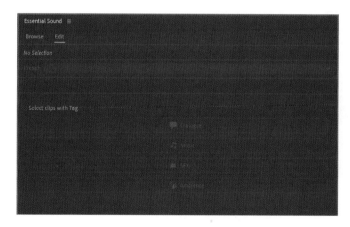

04 **[Events] 패널** | 작업 중 발생하는 경고, 오류 메시지의 내용 정보를 표시하는 패널입니다.

05 [Learn] 패널 | 프리미어 프로를 처음 시작할 때 필요한 기본적인 튜토리얼을 제공합니다.

06 [Lumetri Color] 패널 | 영상에 색보정 이펙트를 적용할 수 있는 [Lumetri Color]를 직관적으로 컨트롤합니다. 개별 클립과 마스터 클립 모두 조정이 가능합니다.

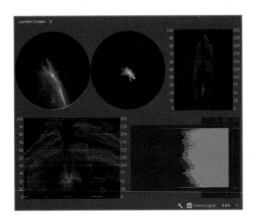

07 [Lumetri Scopes] 패널 | 컬러 그레이딩(색보정) 작업 시 장면의 채널별 색상과 루마 정보를 다양한 스코프(Scope) 형태로 보여주어 세밀한 색보정 작업을 도와줍니다.

08 [Progress] 패널 | Auto Reframe, Proxy 파일 생성 등의 작업 진행 상태나 진행률을 표시합니다.

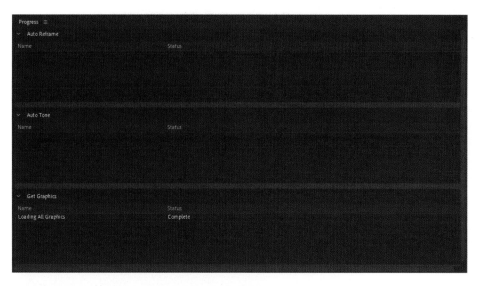

09 [Reference Monitor] 패널 | [Program] 패널과 연동하여 영상의 흐름과 톤을 조정하는 데 도움을 주는 패널입니다. Gang to Program Monitor 를 클릭해 편집 기준선의 움직임 동기화를 해제할 수 있습니다.

10 [Timecode] 패널 | 현재 편집 기준선의 타임코드와 시퀀스의 길이 정보 등을 별도로 표시하는 패널입니다. 외부 모니터를 사용하여 다른 사람들과 타임코드 정보를 손쉽게 공유할 수 있습니다.

영상 편집 기초

시작하기

편집 시작하기

자막 만들기

색보정

사운드 편집

영상 출력

클립을 재생할 때 Spacebar 와 Enter 의 차이

[Timeline] 패널에서 영상 클립을 재생할 때는 Spacebar 나 Enter 를 누릅니다. 두 단축키의 차이점을 이해하려면 작업 영역바 아래에 표시되는 색의 의미를 먼저 알아야 합니다. [Timeline] 패널에 클립을 배치하면 작업 영역바 아래에 노란색 또는 빨간색으로 재생 영역이 표시됩니다.

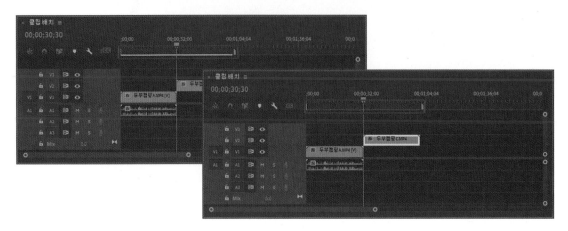

작업 영역바의 아래 영역이 노란색으로 표시될 때는 Spacebar 를 눌러 미리 보기를 재생하는 데 아무런 문제가 없습니다. 하지만 작업 영역바 아래가 빨간색으로 표시될 때는 영상 자체의 용량이 매우 크거나 클립에 이펙트가 적용된 것입니다. 이 표시는 '원활하게 재생하려면 렌더링 작업이 필요하다'라는 의미입니다. 이때는 Enter 를 사용해 렌더링 작업을 진행해야 합니다. Enter 는 [Sequence]-[Render Effects in Work Area] 메뉴의 단축키입니다.

렌더링 작업이 완료된 후에는 작업 영역바 아래가 초록색으로 변하며, Spacebar 를 눌러 [Timeline] 패널의 미리 보기를 원활하게 재생할 수 있습니다. 간혹 빨간색으로 표시되었더라도 클립에 적용된 이펙트가 간단하거나 컴퓨터 하드웨어가 고사양일 때는 굳이 렌더링 과정을 거치지 않아도 원활하게 재생할 수 있습니다. 작업을 진행하면서 상황에 맞게 두 단축키를 사용합니다.

04

편리한 작업을 위한 인터페이스 다루기

내 마음대로 패널과 작업 영역 조정하기

내 마음대로 패널 바꾸기

프리미어 프로에서 작업 영역의 패널(패널 그룹)은 사용자가 원하는 대로 추가하거나 삭제할 수 있으며 위치와 크기 또한 작업 스타일에 맞게 변경할 수 있습니다.

간단 실습 | 패널 추가/제거하기

준비 파일 기본/Chapter 02/작업모드.prproj

작업모드.prproj 준비 파일을 불러옵니다. 색보정에 필요한 패널을 추가해보겠습니다.

01 ❶ [Window] 메뉴를 클릭하면 현재 활성화된 모든 패널을 확인할 수 있습니다. 이름에 체크된 패널이 현재 활성화된 패널입니다. ❷ 패널을 추가하기 위해 [Lumetri Color]를 클릭합니다.

02 색보정 작업을 위한 [Lumetri Color] 패널이 작업 영역에 추가됩니다. 이처럼 작업 중 필요한 패널을 자유롭게 추가하며 작업 영역을 구성할 수 있습니다.

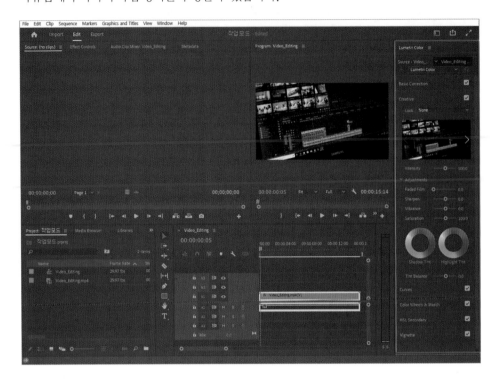

03 ❶ 필요 없는 패널을 제거할 때는 패널 이름 탭의 옵션▇을 클릭하고 ❷ [Close Panel]을 클릭합니다.

간단 실습 　패널 크기 조정하기

준비 파일 기본/Chapter 02/작업모드.prproj

패널과 패널 혹은 패널 그룹 사이에 마우스 포인터를 가져가면 이중 화살표 모양으로 변합니다. 이 상태에서 패널 경계를 드래그하면 패널(패널 그룹)의 크기를 자유롭게 조정할 수 있습니다. **작업모드.prproj** 준비 파일에서 계속 진행합니다.

01 [Source] 패널과 [Program] 패널 사이에 마우스 포인터를 가져가면 이중 화살표 모양으로 변합니다. 이 상태에서 좌우로 드래그하여 패널 크기를 변경합니다.

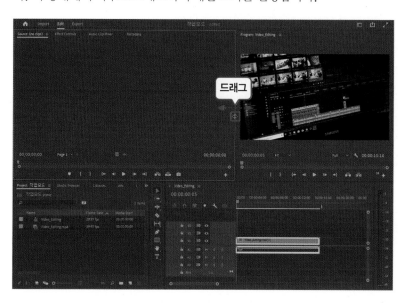

02 세 개 이상의 패널이 교차하는 지점에 마우스 포인터를 가져가면 십자형 화살표 모양으로 변합니다. 이 상태에서도 패널(패널 그룹)의 크기를 조정할 수 있습니다.

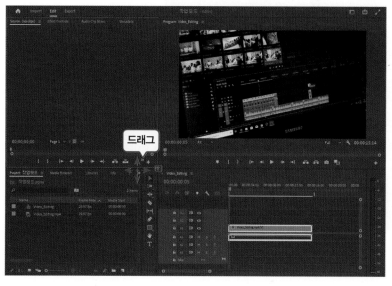

패널 위치 이동하기

준비 파일 기본/Chapter 02/작업모드.prproj

패널의 위치를 이동할 때는 패널 상단의 패널 이름 탭을 드래그하여 이동합니다. **작업모드.prproj** 준비 파일에서 계속 진행합니다.

01 [Source] 패널의 이름 탭을 클릭한 채 [Program] 패널에서 보라색으로 표시되는 영역으로 드래그합니다.

상하좌우의 보라색 영역은 패널의 영역을 분할해서 배치할 위치입니다.

02 [Source] 패널의 위치가 이동하였습니다.

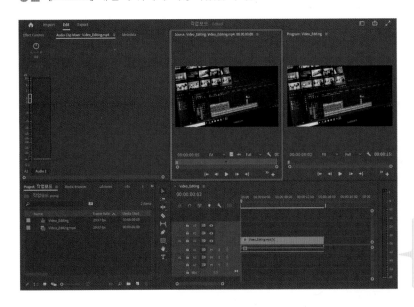

[Window]-[Workspaces]-[Reset to Saved Layout] 메뉴를 선택하거나 Alt + Shift + 0 을 누르면 패널 위치가 초기화됩니다.

영상 편집 기초

시작하기

편집 시작하기

자막 만들기

색보정

사운드 편집

영상 출력

간단 실습 | 패널 그룹 만들기, 해제(분리)하기

준비 파일 기본/Chapter 02/작업모드.prproj

패널의 위치를 이동할 때 패널의 중앙 또는 패널 이름 영역으로 옮기면 해당 패널들이 패널 그룹으로 형성됩니다. **작업모드.prproj** 준비 파일에서 계속 진행합니다.

01 ❶ [Source] 패널의 이름 탭을 드래그하여 [Program] 패널의 중앙으로 이동합니다. ❷ 또는 패널 위의 이름 영역으로 드래그해 이동합니다.

02 [Source] 패널과 [Program] 패널이 패널 그룹으로 형성됩니다.

03 패널 그룹에서 분리하려는 패널을 다른 패널과 겹치지 않는 영역(파란색 표시가 나오지 않는 곳)으로 드래그하면 해당 패널을 분리하여 독립적인 패널 창으로 배치할 수 있습니다.

프리미어 프로를 전체 화면으로 작업할 경우 다른 패널과 겹치지 않는 부분을 찾거나 프리미어 프로 영역 밖으로 패널을 이동하는 작업이 쉽지 않습니다. 이때는 패널의 옵션 █을 클릭하고 [Undock Panel]을 선택하면 패널을 쉽게 분리할 수 있습니다.

기능 꼼꼼 익히기 🎤 패널(패널 그룹) 보기 방법 설정하기

패널 이름 탭의 옵션█을 클릭해 패널 혹은 패널 그룹의 보기 설정을 변경할 수 있습니다.

01 패널 메뉴

❶ Close Panel
❷ Undock Panel
❸ Close Other Panels in Group
❹ Panel Group Settings

❶ **Close Panel** | 해당 패널을 닫습니다.

❷ **Undock Panel** | 해당 패널을 독립된 패널로 분리합니다.

❸ **Close Other Panels in Group** | 패널이 패널 그룹에 속해 있는 경우 해당 패널을 제외한 나머지 패널을 그룹에서 닫습니다.

❹ **Panel Group Settings** | 패널 그룹과 관련된 설정 메뉴입니다.

02 패널 그룹 설정(Panel Group Settings)

❶ Close Panel Group
❷ Undock Panel Group
❸ Maximize Panel Group
❹ Stacked Panel Group
❺ Solo Panels in Stack
✓❻ Small Tabs

❶ **Close Panel Group** | 해당 패널 그룹을 닫습니다.

❷ **Undock Panel Group** | 해당 패널 그룹을 독립된 패널 그룹으로 분리합니다.

❸ **Maximize Panel Group** | 해당 패널 그룹을 전체 화면으로 변경합니다. 전체 화면 상태에서는 해당 메뉴의 이름이 [Restore Panel Group Size]로 변경되며 패널 그룹의 크기를 원상태로 복구합니다. 단축키 █를 사용하여 편리하게 해당 기능을 활용할 수 있습니다. 다시 돌아올 때도 █를 눌러줍니다.

❹ **Stacked Panel Group** | 해당 패널 그룹을 층 구조로 배열합니다.

❺ **Solo Panels in Stack** | [Stacked Panel Group]을 실행하여 패널 그룹을 층 구조로 변경하였을 때 해당 옵션의 체크를 해제하면 패널의 열림과 닫힘이 다른 패널에 영향을 주지 않습니다.

❻ **Small Tabs** | 패널의 이름 영역 크기를 변경합니다.

패널 그룹의 이름 탭 영역에서 원하는 패널을 클릭하거나 마우스 휠을 스크롤하여 다른 패널로 이동할 수 있습니다.

패널 그룹에 여러 개의 패널이 있어 이름 영역에 모두 표시되지 않을 경우에는 확장■을 클릭해 그룹에 포함된 패널의 목록을 확인할 수 있습니다.

패널 그룹 안에서 패널 이름 탭을 클릭하고 드래그하면 그룹 내에서 패널의 순서를 변경할 수 있습니다.

작업 영역 모드 다루기

프리미어 프로를 실행하면 기본적으로 [Editing] 모드 `Alt` + `Shift` + `6` 로 설정된 작업 영역이 나타납니다. [Editing] 모드는 기본적인 편집 작업에 편리한 구성으로 [Source] 패널 그룹, [Program] 패널, [Project] 패널 그룹, [Timeline] 패널, [Audio Meters] 패널과 도구 패널로 구성되어 있습니다.

◀ [Editing] 모드의
기본 구성 화면

작업 영역 모드를 변경하려면 [Window]-[Workspaces] 메뉴에서 원하는 작업 모드를 선택합니다.

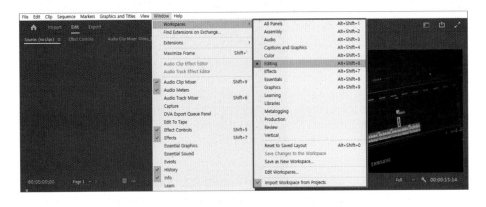

또는 빠른 기능 탭에서 Workspaces
▣를 클릭한 후 원하는 모드로 변경할
수 있습니다.

Workspaces □ 를 클릭한 후 [Show workspace label]에 체크하면 현재 작업 영역 모드의 이름이 표시됩니다.

Workspaces □ 를 클릭한 후 [Show workspace tabs]에 체크하면 작업 영역 모드 탭이 표시됩니다. 드래그하거나 클릭해 빠르게 변경할 수 있습니다.

[Edit Workspaces]를 클릭하면 원하는 작업 영역 모드만 표시되도록 설정할 수 있습니다.

기능 꼼꼼 익히기 🎤 ▶ 작업 영역 모드 상세히 알아보기

❶ **Essentials** | 편집 작업에 필요한 필수 패널로 구성된 작업 영역 모드입니다.

❷ **Vertical** | 세로형 영상 편집에 적합한 형태의 작업 영역 모드입니다.

❸ **Learning** | [Learn] 패널에서 튜토리얼을 확인할 수 있는 작업 영역 모드입니다.

❹ **Assembly** | 많은 양의 리소스를 활용하여 가편집을 진행하기에 적합한 작업 영역 모드입니다.

❺ **Editing** | 컷 편집 작업에 적합한 작업 모드. 프리미어 프로의 기본 작업 영역 모드입니다.

❻ **Color** | 색 보정 작업에 최적화된 작업 영역 모드입니다.

❼ **Effects** | 이펙트 작업을 손쉽게 진행할 수 있는 작업 영역 모드입니다.

❽ **Audio** | 사운드 작업에 필요한 패널들이 활성화된 작업 영역 모드입니다.

❾ **Captions and Graphics** | 자막 작업 및 모션 템플릿, 그래픽 파일 작업에 적합한 작업 영역 모드입니다.

❿ **Review** | Frame.io와 연동하여 소스의 가편집을 빠르게 진행할 수 있는 작업 영역 모드입니다. 촬영 리소스를 옮기는 추가적인 작업, 장소의 제약이 없어집니다.

⑪ **Libraries** | [Libraries] 패널에서 소스 검색 및 추가 등의 작업을 진행할 수 있는 작업 영역 모드입니다.

⑫ **Text-Based Editing** | 영상의 오디오(대사, 내레이션)를 기반으로 하는 텍스트를 자동으로 생성하고 편집하는 작업에 적합한 작업 영역 모드입니다.

⑬ **All Panels** | 프리미어 프로의 모든 패널을 표시하는 작업 영역 모드입니다.

⑭ **Metalogging** | 소스의 메타데이터를 확인하기 편리한 작업 영역 모드입니다.

⑮ **Production** | 팀 작업 등의 대규모 작업에서 프로젝트를 체계적으로 관리하기 좋은 구성의 작업 영역 모드입니다.

변경한 작업 영역 저장하고 원래대로 되돌리기

변경한 작업 영역을 저장하고 싶다면 [Window]-[Workspace]-[Save as New Workspace] 메뉴를 선택하여 해당 작업 구성을 저장한 후 필요에 따라 자유롭게 사용할 수 있습니다. [Save Change to this Workspace] 메뉴로 저장할 경우 현재 적용되어 있는 작업 영역 설정에 쓰이게 되므로 주의합니다. 기본 프리셋 작업 영역에 덮어쓰기가 적용되지 않았다면 [Reset to Saved Layout] Alt + Shift + 0 을 선택해 기본 작업 영역으로 복구할 수 있습니다.

▲ 기본 작업 영역으로 복구

영상 소스와 프로젝트 파일 관리하기

작업이 쉬워지는 파일 관리하기

프로젝트 파일과 소스가 저장된 위치

프리미어 프로는 프로젝트 파일에 소스 파일을 저장하는 것이 아니라 원본 소스 파일의 경로를 저장합니다.
따라서 프로젝트에 삽입된 소스 파일의 저장 위치가 작업 중간에 달라져서는 안 됩니다.

소스 파일의 저장 위치가 중간에 달라진 경우 연결이 유실되며 프로젝트 파일에서 소스가 출력되지 않습니다. 014쪽을 참고하여 연결 유실된 미디어 파일을 찾을 수 있습니다.

소스가 저장된 위치 찾기

준비 파일 기본/Chapter 02/프로젝트파일관리하기.prproj

작업 중 필요하다면 언제든지 원본 소스의 파일 위치를 찾아볼 수 있습니다. **프로젝트파일관리하기.prproj** 준
비 파일을 불러옵니다.

01 ❶ [Project] 패널에서 위치를 찾을 영상 소스를 마우스 오른쪽 버튼으로 클릭하고 ❷ [Reveal in
Explorer]를 클릭합니다

02 해당 영상 소스가 저장된 폴
더가 새 창으로 열리면서 영상 소
스의 파일 위치를 확인할 수 있습
니다.

영상 편집 기초

시작하기

편집 시작하기

자막 만들기

색보정

사운드 편집

영상 출력

간단실습 프로젝트 파일이 저장된 위치 찾기

준비 파일 기본/Chapter 02/프로젝트파일관리하기.prproj

영상 소스가 저장된 위치를 찾을 수 있듯이 작업하고 있는 프로젝트의 저장 위치를 찾을 수도 있습니다. 여러 개의 프로젝트를 동시에 작업할 경우에도 프로젝트의 저장 위치를 찾는 방법은 동일합니다. **프로젝트파일관리하기.prproj** 준비 파일에서 계속 진행합니다.

01 ❶ 프로젝트 이름 옆의 옵션■을 클릭하고 ❷ [Reveal Project in Explorer]를 클릭합니다

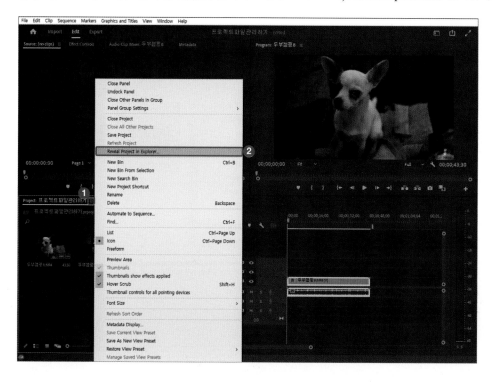

02 새 창이 열리면서 프로젝트가 저장된 위치를 확인할 수 있습니다.

소스 파일 교체하기

준비 파일 기본/Chapter 02/프로젝트파일관리하기.prproj
핵심 기능 작업 소스 교체, Replace Footage

작업을 진행하다 보면 소스 파일을 교체해야 하는 상황이 발생합니다. 사용 중인 소스 클립을 변경하거나 수정된 디자인 소스 등을 적용하는 상황입니다. 물론 다른 이름으로 저장한 후 [Project] 패널로 불러와 작업을 진행해도 문제없지만, 교체가 필요한 소스 파일을 더 이상 사용하지 않거나 [Project] 패널에 있는 소스 파일의 양이 많아 패널이 복잡하다면 작업이 번거로울 수 있으므로 필요한 소스 파일만 간단하게 교체해봅니다.

소스의 교체는 영상 클립뿐만 아니라 오디오 파일, 이미지 파일 등 [Project] 패널에 불러올 수 있는 모든 소스 파일에 동일한 방법으로 적용할 수 있습니다.

[Project] 패널에서 소스 섬네일의 오른쪽 하단에 표시된 아이콘이 무엇을 뜻하는지 각각 알아보겠습니다.

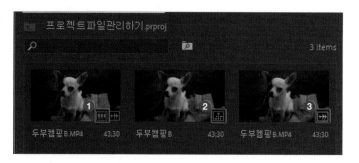

❶ 필름 모양 아이콘으로 [Timeline] 패널에 해당 리소스가 삽입되어 있음을 의미하며 웨이브폼 아이콘으로 오디오가 포함
되었음을 의미합니다.

❷ 시퀀스임을 의미합니다.

❸ 오디오가 포함되어 있으나 사용하지 않고 있음을 의미합니다.

프로젝트 파일 공유로 협업하기

영상을 편집할 때 다른 작업자와 협업으로 진행하는 경우가 많습니다. 다른 사람과의 협업을 위해 프리미어
프로 프로젝트를 공유하는 방법을 알아보겠습니다.

① **프리미어 프로 프로젝트만 공유** | 작업에 사용된 소스(영상, 이미지, 오디오 파일 등)를 상대방도 보유하고 있
다면 프리미어 프로 프로젝트만 공유하여 작업을 진행할 수 있습니다. 단, 소스 위치는 다시 설정해야 합니다.

② **프로젝트와 리소스 폴더를 공유** | 상대방이 소스를 가지고 있지 않을 때 프로젝트 파일과 사용된 소스 파
일이 같은 폴더에 저장되어 있다면 해당 폴더 채로 공유하여 작업을 진행합니다.

③ **Project Manager 기능을 활용하여 공유** | 사용된 소스가 여러 경로에 분산되어 있어 하나의 폴더에 모
으기 어려운 상황이라면 [File]-[Project Manager] 메뉴를 선택하여 프로젝트와 소스 파일을 취합하는
과정을 거친 후 해당 폴더를 공유합니다.

영상 파일은 용량이 큽니다. 고사양의 카메라로 촬영한 영상 원본 소스의 경우 몇 기가바이트(GB)를 훌쩍 넘기기도 하지만
프리미어 프로에서 저장한 프로젝트 파일 용량은 생각보다 작습니다. 프리미어 프로의 작업 방식 때문입니다. 프리미어 프
로는 원본 소스가 위치한 경로를 프로젝트 파일에 연결하여 작업을 진행합니다. 프리미어 프로에서 편집 또는 효과가 적용
된 영상 소스들의 원본을 확인해보면 원본 영상 자체에는 아무런 변화가 없는데, 이 역시 같은 이유입니다.

한눈에 실습 **프로젝트 매니저 사용하기**

준비 파일 기본/Chapter 02/프로젝트파일관리하기.prproj
핵심 기능 프로젝트 매니저

프로젝트 매니저 기능을 활용하면 여러 폴더에 흩어진 원본 소스 파일을 하나의 폴더에 모을 수 있습니다. 다른 사람과 프로젝트를 공유할 때 누락되는 소스 파일 없이 온전하게 공유하거나, 편집 작업이 끝난 프로젝트 파일을 완전한 상태로 구성하고 보관할 때 사용하면 유용한 기능입니다.

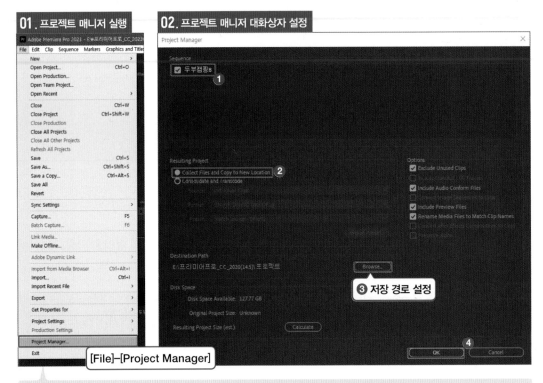

01. 프로젝트 매니저 실행

02. 프로젝트 매니저 대화상자 설정

❸ 저장 경로 설정

[File]–[Project Manager]

[Resulting Project] 항목에서 [Collect Files and Copy to New Location]을 선택하면 지정한 저장 경로에 원본 소스 파일을 모아 복사하게 됩니다.

03. 프로젝트, 소스 파일 통합 폴더 확인

시퀀스에 사용된 모든 소스를 복사해 저장

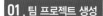 **팀 프로젝트 만들기**

준비 파일 기본/Chapter 02/프로젝트파일관리하기.prproj
핵심 기능 공동 작업 시작하기

[New]-[Team Project] 메뉴를 선택하여 새로운 팀 프로젝트를 만들고 공동으로 작업을 진행할 사용자를 추가하거나 제거하여 프로젝트에 참여할 구성원을 설정합니다. 팀 프로젝트는 실시간으로 프로젝트가 진행되는 과정을 확인할 수 있습니다.

01. 팀 프로젝트 생성

02. 팀 프로젝트 설정

03. 협업 사용자 표시

프리미어 프로에서는 영상 소스를 자르고 옮기는 컷 편집뿐만 아니라

영상 소스의 크기나 위치를 조절하고 회전하는 등

키프레임을 이용한 애니메이션을 적용할 수 있습니다.

실습을 통해 영상을 좀 더 다채롭게 만들어주는

각종 기능과 이펙트의 활용법을 익히면

보다 감각적인 영상을 연출할 수 있습니다.

이번 CHAPTER에서는 남들보다 좀 더 멋진 영상을

만드는 방법에 대해 알아보겠습니다.

CHAPTER 03

프리미어 프로로
영상 편집하기

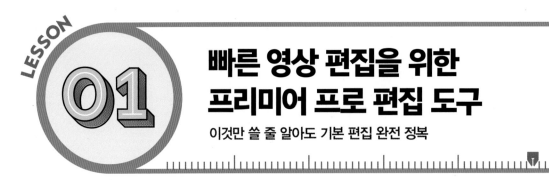

빠른 영상 편집을 위한 프리미어 프로 편집 도구

이것만 쓸 줄 알아도 기본 편집 완전 정복

도구 패널 기본 기능 알아보기

도구 패널은 편집 작업을 진행할 때 사용되는 도구들이 모여 있는 패널입니다. 대부분 [Timeline] 패널에서 사용하지만 일부 도구는 [Program] 패널에서 사용되기도 합니다. 편집 작업에 유용하게 사용되는 도구들인 만큼 각 도구의 기능을 충분히 이해하고 숙지해야 합니다.

도구 패널 한눈에 살펴보기

도구 패널에 있는 각 도구의 기능을 알아보겠습니다. 표시되어 있는 도구가 많은 양은 아니지만 영상을 다루는 프로그램의 특성상 도구의 기능을 정확하게 이해하고 익숙해져야 편집 작업이 빠르고 쉬워집니다.

이동, 선택

① **선택 도구(Selection Tool)** V | 클립을 선택, 이동하거나 키프레임 조정하기 ★중요

② **트랙 셀렉트 포워드 도구(Track Select Forward Tool)** A | 선택한 클립을 포함하여 맨 뒤쪽 클립까지 모두 선택하기 ★중요

자르기, 편집

③ **리플 에디트 도구(Ripple Edit Tool)** B | 인접한 클립에 영향을 주지 않으면서 선택한 클립의 길이를 자유롭게 조절하기

④ **자르기 도구(Razor Tool)** C | 원하는 부분을 클릭하여 클립 자르기 ★중요

편집점 조정

⑤ **슬립 도구(Slip Tool)** Y | 인접한 클립에 영향을 주지 않고 선택한 클립의 인 점과 아웃 점을 조정하기

그리기 요소

⑥ **펜 도구(Pen Tool)** P | [Program] 패널에서 자유 곡선을 이용해 패스(Path)로 이루어진 그래픽 요소 생성하기

⑦ **사각형 도구(Rectangle Tool)** ┃ [Program] 패널에 사각형의 그래픽 요소 생성하기

| 화면 조작 | ⑧ **핸드 도구(Hand Tool)** H ┃ [Timeline] 패널의 전체 시퀀스 스크롤하기 |
| 텍스트 요소 | ⑨ **타이프 도구(Type Tool)** T ┃ [Program] 패널에 텍스트 그래픽 요소 생성하기 ★중요 |

이동, 선택 도구

① **선택 도구(Selection Tool)** V ┃ 편집 작업의 기본 도구입니다. [Timeline] 패널에서 클립을 선택하고 이동하거나 [Effect Controls] 패널에서 키프레임을 조정하는 등 가장 많은 작업에 사용합니다. ★중요

② **트랙 셀렉트 포워드 도구(Track Select Forward Tool)** A ┃ 선택한 클립을 포함해 맨 뒤쪽 클립까지 모두 선택합니다. Shift 를 누른 상태에서 클릭하면 해당 클립이 배치된 트랙의 클립만 선택합니다. ★중요

• **트랙 셀렉트 백워드 도구(Track Select Backward Tool)** Shift + A ┃ 선택한 클립을 포함하여 맨 앞쪽의 클립까지 모두 선택합니다.

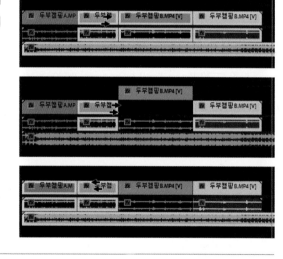

자르기, 편집 도구

③ **리플 에디트 도구(Ripple Edit Tool)** B ┃ 인접한 클립에 영향을 주지 않으면서 선택한 클립의 길이를 자유롭게 조절합니다. 시퀀스 전체 길이에 영향을 주며 빈 공간 없이 클립의 길이를 조절할 수 있습니다.

• **롤링 에디트 도구(Rolling Edit Tool)** N ┃ 인접한 클립에 영향을 주면서 선택한 클립의 길이를 자유롭게 조절합니다. 시퀀스 전체 길이에 영향을 주지 않습니다.
• **레이트 스트레치 도구(Rate Stretch Tool)** R ┃ 클립을 늘이거나(슬로우 모션) 줄여서(패스트 모션) 재생 속도를 자유롭게 조절합니다.

- **리믹스 도구(Remix Tool)** | 오디오 클립의 길이를 자유롭게 조절하고 길이에 맞도록 자동으로 리믹스를 진행합니다.

④ **자르기 도구(Razor)** C | 원하는 부분을 클릭하여 클립을 자릅니다. Shift 를 누른 상태에서 클릭하면 해당 위치의 모든 트랙에 있는 클립을 자릅니다. ★중요

편집점 조정 도구

⑤ **슬립 도구(Slip Tool)** Y | 인접한 클립에 영향을 주지 않고 선택한 클립의 인 점과 아웃 점을 조정합니다.

 • **슬라이드 도구(Slide Tool)** U | 선택한 클립의 길이를 유지한 상태로 클립의 위치를 조정합니다. 인접한 클립의 길이에 영향을 줍니다.

그리기 요소 도구

⑥ **펜 도구(Pen Tool)** P | [Program] 패널에서 자유 곡선을 이용하여, 수정 가능한 패스(Path)로 이루어진 그래픽 요소를 생성합니다.

- **사각형 도구(Rectangle Tool)** | [Program] 패널에 사각형의 그래픽 요소를 생성합니다.
- **타원 도구(Ellipse Tool)** | [Program] 패널에 원형의 그래픽 요소를 생성합니다.
- **다각형 도구(Polygon Tool)** | [Program] 패널에 다각형의 그래픽 요소를 생성합니다.

화면 조작 도구

⑦ **핸드 도구(Hand Tool)** H | [Timeline] 패널의 전체 시퀀스를 스크롤할 때 사용합니다. 왼쪽과 오른쪽으로 이동하면서 시퀀스의 내용을 확인합니다. 또한 [Source] 패널과 [Program] 패널의 화면 확대 상태에서 화면을 이동할 때 사용합니다.

 • **줌 도구(Zoom Tool)** Z | [Timeline] 패널의 작업 화면을 확대(클릭) 또는 축소(Alt +클릭)합니다. 화면의 일부분을 드래그하면 해당 부분을 자세히 볼 수 있습니다.

텍스트 요소 도구

⑧ **타이프 도구(Type Tool)** T | [Program] 패널에 텍스트 그래픽 요소를 생성합니다.

 • **세로 타이프 도구(Vertical Type Tool)** | [Program] 패널에 세로 형태 텍스트(세로 쓰기) 그래픽 요소를 생성합니다.

영상 편집 기초

시작하기

편집 시작하기

자막 만들기

색보정

사운드 편집

영상 출력

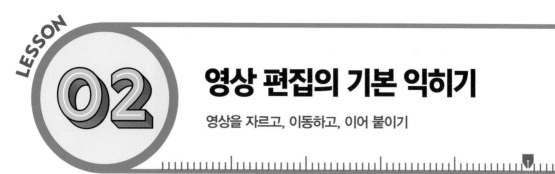

LESSON 02

영상 편집의 기본 익히기

영상을 자르고, 이동하고, 이어 붙이기

영상 자르기와 이동하기

프리미어 프로의 가장 기본적인 편집 작업인 영상 자르기와 자른 영상을 원하는 위치로 이동하여 편집하는 방법을 알아보겠습니다. 사용하는 도구는 선택 및 이동에 사용하는 선택 도구▶ V 와 영상을 자를 때 사용하는 자르기 도구◥ C 입니다.

간단 실습 **영상 자르고 옮기기**

준비 파일 기본/Chapter 03/영상편집기본익히기.prproj

여러 개의 영상 클립 중 원하는 영상을 자르고 이동하는 방법을 알아보겠습니다. **영상편집기본익히기.prproj** 준비 파일을 엽니다.

01 영상을 자를 위치를 지정합니다. 여기서는 **00:00:30:04** 지점으로 편집 기준선을 위치했습니다.

영상을 자를 위치의 타임코드를 알고 있다면 [Timeline] 패널의 타임코드 영역에 직접 입력하여 편집 기준선을 이동할 수 있습니다.

02 ❶ C를 눌러 자르기 도구 를 선택하고 ❷ 편집 기준선에서 클릭해 영상을 자릅니다.

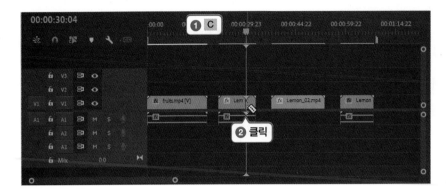

03 ❶ V를 눌러 선택 도구 를 선택합니다. ❷ 잘린 영상 클립의 뒷부분을 클릭한 후 Delete 를 눌러 삭제합니다.

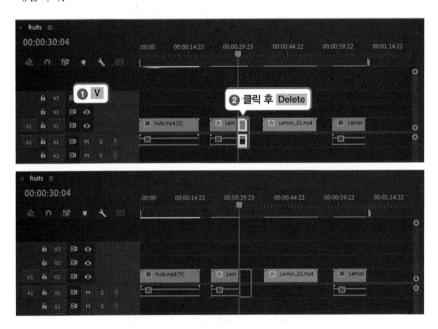

04 [Lemon_02.mp4] 클립을 드래그하여 앞의 클립에 연결되도록 이동합니다.

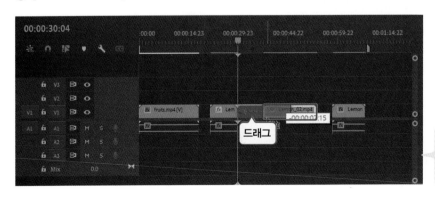

여러 개의 클립을 동시에 선택하고 싶을 때는 Shift 를 누른 상태로 클릭해 선택합니다.

기능 꼼꼼 익히기 🎙 **비디오 클립과 오디오 클립이 같이 움직이지 않는 문제 해결하기**

클립을 이동할 때 비디오 클립과 오디오 클립이 같이 움직이지 않는다면 링크드 셀렉션 (Linked Selection)  기능이 활성화되어 있는지 확인합니다. 링크드 셀렉션 기능이 활성 화되어 있지 않다면 비디오 클립과 오디오 클립이 함께 선택되지 않습니다. 또 링크드 셀렉 션이 활성화되어 있더라도 Alt 를 누른 상태로 클립을 선택하면 비디오(또는 오디오) 클립 을 개별적으로 선택할 수 있습니다.

기능 꼼꼼 익히기 🎙 **스냅(Snap) 기능 알아보기**

스냅(Snap) 🧲 S 은 자석처럼 붙는다는 의미입니다. 스냅 기능이 활성화된 상태에서 자르기 도구 🔪 로 편집 기준선의 가까운 곳을 클릭하면 편집 기준선과 마우스 포인터의 위치가 정확하게 일치하지 않 아도 자동으로 편집 기준선의 위치를 자릅니다. 클립을 이동할 때도 인접한 클립의 인 점(또는 아웃 점) 의 클립 사이에 공백 없이 연결되도록 검은색 가이드라인 표시와 함께 밀착되는 기능이 구현됩니다.

영상 이어 붙이기

영상 클립 사이의 공백을 지워주는 [Ripple Delete] 기능을 알아보겠습니다. 영상 클립을 개별적으로 이동 하는 번거로움 없이 간단하게 실행하는 기능으로, 두 가지 방법으로 실행할 수 있습니다. 리플 삭제 기능을 사용할 때는 영상 클립 간에 간섭이 생기지 않도록 트랙 정리에 유의하며 작업을 진행해야 합니다.

간단 실습 **클립 사이의 공백 없애기**

준비 파일 기본/Chapter 03/영상편집기본익히기.prproj

01 **영상편집기본익히기.prproj** 준비 파일에서 계속 진행합니다. 클립을 삭제하거나 이동한 후 생긴 클립 사 이의 빈 공간을 지우면서 뒤쪽 클립을 앞의 클립으로 붙여보겠습니다. 클립 사이의 공백 부분을 클릭합니다.

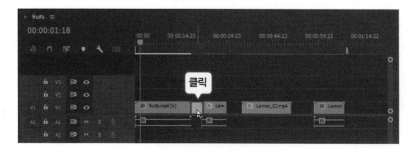

02 ❶ [Edit]−[Ripple Delete] 메뉴를 선택합니다. ❷ 공백이 삭제되고 뒤에 있던 클립이 바로 이어집니다.

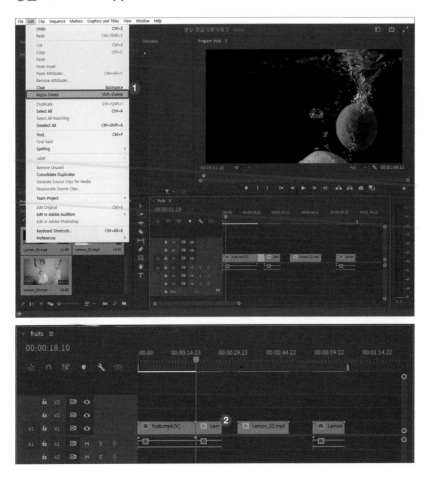

03 ❶ 또는 클립 사이의 공백을 마우스 오른쪽 버튼으로 클릭합니다. ❷ [Ripple Delete]를 클릭합니다.

여러 개의 공백 한번에 지우기

여러 개의 공백을 한번에 지우고 싶다면 [Timeline] 패널이 활성화된 상태에서 [Sequence]-[Close Gap] 메뉴를 선택합니다. 한번에 여러 개의 공백이 삭제됩니다. 이때 특정 클립이 선택되어 있지 않은 상태여야 한다는 점을 주의합니다.

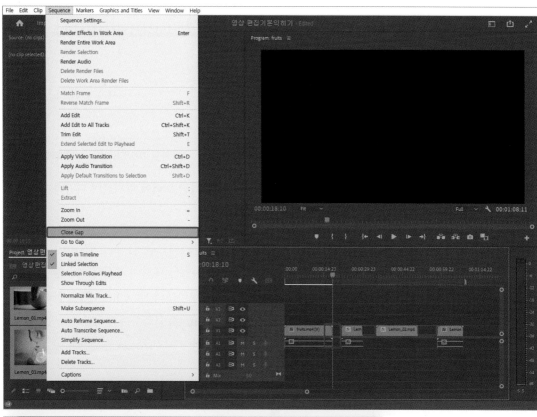

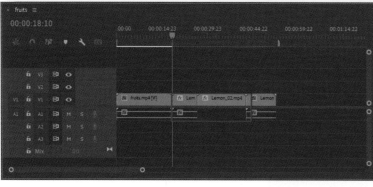

영상 트랙에 레이어 추가하기

트랙에 컬러매트 레이어 배치하기

간단 실습 | 컬러매트 레이어 만들기

준비 파일 기본/Chapter 03/컬러매트.prproj

Color Matte(컬러매트) 레이어를 생성하고 영상 클립의 상단 또는 하단 트랙에 배치하여 다양하게 활용하는 방법을 알아보겠습니다. **컬러매트.prproj** 준비 파일을 불러옵니다.

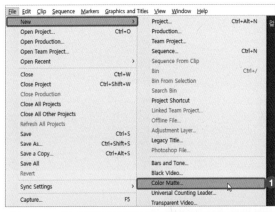

01 ❶ 컬러매트는 [Filc]-[New]-[Color Matte] 메뉴를 선택하여 생성하거나 ❷ [Project] 패널 오른쪽 아래의 New Item을 클릭하고 ❸ [Color Matte]를 클릭하여 생성할 수도 있습니다.

02 [Color Matte]를 실행하면 [New Color Matte] 대화상자가 나타납니다. 컬러매트의 기본 세팅은 현재 작업 중인 시퀀스의 세팅(해상도, 프레임 레이트, 픽셀 비율)과 동일한 값으로 설정되어 있습니다. 설정값을 확인한 후 [OK]를 클릭합니다.

03 [Color Picker] 대화상자가 나타납니다. ❶ 원하는 색을 선택하고 ❷ [OK]를 클릭해 색을 결정합니다. 예제에서는 컬러코드(#)에 **6363C5**를 입력해 색을 선택했습니다.

[Color Picker] 대화상자는 색을 선택하는 거의 모든 작업에 사용되는 대화상자입니다. 오른쪽의 슬라이더에서 색을 선택한 후 왼쪽의 팔레트에서 명도와 채도를 결정하거나 HSB, HSL, RGB, YUV 등 다양한 방식의 색 체계를 선택할 수도 있습니다. 디지털 영상 작업에서는 RGB가 가장 많이 쓰입니다. 원하는 색의 코드를 알고 있다면 [#] 입력란에 직접 코드를 입력해 색을 선택할 수도 있으며, 오른쪽의 █를 클릭하여 원하는 색상을 선택할 수도 있습니다.

04 ❶ [Choose Name] 대화상자가 나타나면 컬러매트의 이름을 입력합니다. 예제에서는 **Blue Color Matte**로 입력했습니다. ❷ [OK]를 클릭해 컬러매트를 생성합니다. ❸ [Project] 패널을 확인하면 동일한 이름의 컬러매트가 생성된 것을 확인할 수 있습니다.

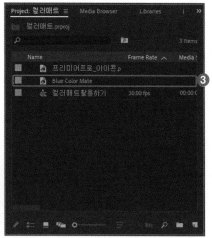

05 생성된 컬러매트는 [Project] 패널에서 해당 소스를 더블클릭한 후 [Color Picker] 대화상자에서 다른 색으로 변경할 수 있습니다.

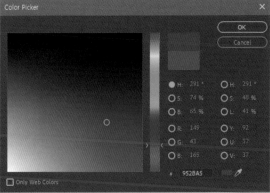

간단 실습 **컬러매트 레이어를 배경으로 사용하기**

배경이 투명한 영상이나 이미지 등을 이용하여 작업할 때 소스 트랙 아래의 트랙에 컬러매트를 배치하여 배경색으로 사용할 수 있습니다. 앞서 실습한 **컬러매트.prproj** 준비 파일에서 계속 진행합니다.

01 [Project] 패널에서 **프리미어프로_아이콘.png** 소스를 [Timeline] 패널의 비디오 2번 트랙(V2)으로 드래그합니다.

[Program] 패널의 배경을 투명하게 보기로 설정하려면 패널 오른쪽 아래의 Settings를 클릭해 [Transparency Grid] 항목에 체크합니다.

02 [Project] 패널에서 **Blue Color Matte** 컬러매트를 [Timeline] 비디오 1번 트랙(V1)에 배치합니다. 컬러매트가 적용된 배경은 [Program] 패널에서 프리미어 프로 아이콘 이미지 아래에 나타납니다.

영상편집기초

시작하기

편집 시작하기

자막 만들기

색보정

사운드 편집

영상출력

간단 실습 **컬러매트 레이어로 블랙 디졸브 효과 적용하기**

준비 파일 기본/Chapter 03/젤리커플.prproj

01 젤리커플.prproj 준비 파일을 열고 [Project] 패널에서 검은색 배경의 **Black Color Matte** 컬러매트를 생성합니다.

검은색의 컬러코드는 000000입니다.

02 ❶ 젤리커플.mp4 소스를 [Timeline] 패널의 비디오 1번 트랙(V1)에 배치하고 ❷ Black Color Matte 레이어 소스를 비디오 2번 트랙(V2)에 배치합니다. 이때 [Black Color Matte] 클립을 [젤리커플.mp4] 클립의 끝점과 일치하도록 배치합니다.

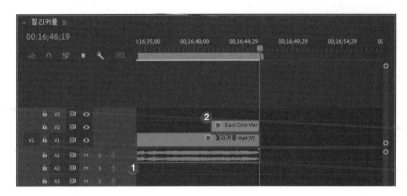

03 영상에서 블랙 디졸브가 시작할 지점을 설정합니다. 여기서는 인사가 마무리되는 00:16:35:04 지점을 블랙 디졸브가 시작될 지점으로 선택했습니다. [Black Color Matte] 클립을 드래그하여 00:16:35:04 지점으로 이동합니다.

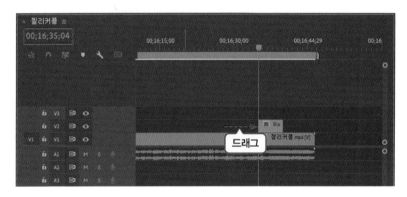

04 블랙 디졸브 효과가 시작되는 지점을 확인하기 위해 비디오 2번 트랙(v2)의 ◉를 클릭하여 보이지 않도록 설정합니다.

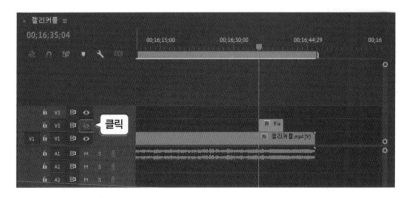

05 ❶ [Timeline] 패널에서 [Black Color Matte] 클립을 선택하고 ❷ [Effect Controls] 패널을 활성화합니다. ❸ [Opacity] 항목에서 클립의 인 점에 키프레임을 생성(￼을 클릭)하고 ❹ 수치를 **0%**로 설정합니다. ❺ 아웃 점에 키프레임을 생성하고 수치를 **100%**로 설정합니다.

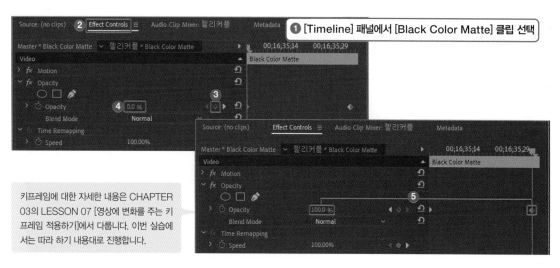

> 키프레임에 대한 자세한 내용은 CHAPTER 03의 LESSON 07 [영상에 변화를 주는 키프레임 적용하기]에서 다룹니다. 이번 실습에서는 따라 하기 내용대로 진행합니다.

06 ❶ 비디오 2번 트랙(V2)의 ￼을 클릭합니다. ❷ C를 눌러 자르기 도구 ￼를 선택합니다. ❸ [젤리커플.mp4] 클립을 **00:16:40:03** 지점에서 자른 후 ❹ 잘린 클립의 뒷부분은 Delete를 눌러 삭제합니다.

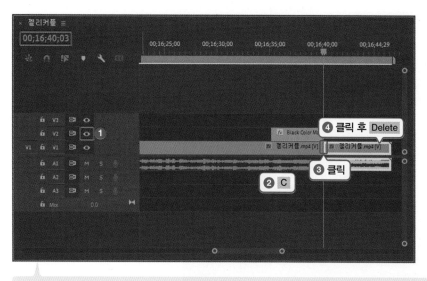

> 컬러매트를 이용한 블랙 디졸브 효과는 작업 시퀀스에 트랙이 많은 경우 모든 트랙에 효과를 한번에 적용할 때 유용합니다.

레이어 소스, 이미지 파일의 기본 삽입 길이(Duration)는 5초로 설정되어 있습니다. [Edit]–[Preferences]–[Timeline] 메뉴를 선택하고 [Preferences] 대화상자가 나타나면 [Still Image Default Duration] 항목에서 기본 길이 설정을 변경할 수 있습니다. 레이어 파일, 이미지 파일과 같은 이미지 클립은 정지되어 있으므로 영상 클립과 다르게 얼마든지 길이를 늘이고 줄일 수 있습니다.

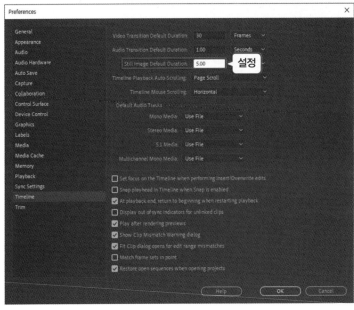

영상 편집 기초

시작하기

편집 시작하기

자막 만들기

색보정

사운드 편집

영상 출력

LESSON 04

멀티 트랙에서 영상 편집하기

여러 개의 영상 자르고 편집하기

멀티 트랙 사용하기

여러 개의 클립을 이용하여 영상 편집을 진행할 때 트랙을 효과적으로 활용하는 방법을 알아보겠습니다. [Timeline] 패널에서 클립을 이동하는 경우 클립이 겹칠 때 기존의 클립 위에 이동한 클립이 덮어씌워지는 현상이 발생합니다. 이때 멀티 트랙 편집 방법을 사용하면 이러한 현상을 방지하여 영상 편집을 수월하게 진행할 수 있습니다.

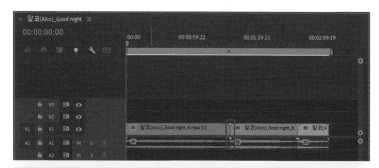

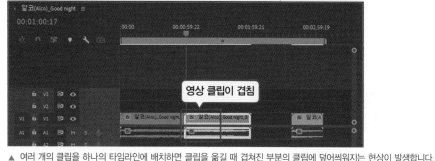

▲ 여러 개의 클립을 하나의 타임라인에 배치하면 클립을 옮길 때 겹쳐진 부분의 클립에 덮어씌워지는 현상이 발생합니다.

멀티 트랙으로 영상 배치하기

준비 파일 기본/Chapter 03/멀티트랙.prproj

01 **멀티트랙.prproj** 준비 파일을 불러옵니다. 영상 소스 클립을 [Timeline] 패널에 아래 그림과 같이 배치합니다.

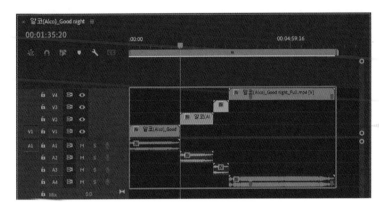

[Timeline] 패널에는 기본적으로 비디오, 오디오 각각 세 개의 트랙이 있습니다. [Source] 패널에서 영상 소스를 비디오 트랙 상단의 빈 공간에 드래그하면 새 트랙을 쉽게 추가할 수 있습니다.

트랙	영상 소스
비디오 1번 트랙(V1)	알코(Alco)_Goog nignt_A.mp4
비디오 2번 트랙(V2)	알코(Alco)_Goog nignt_B.mp4
비디오 3번 트랙(V3)	알코(Alco)_Goog nignt_C.mp4
비디오 4번 트랙(V4)	알코(Alco)_Goog nignt_Full.mp4

[Project] 패널에서 [Timeline] 패널의 트랙으로 직접 배치하는 경우에는 비디오 클립과 오디오 클립이 각각 선택하는 트랙에 배치됩니다. 다만 [Timeline] 패널에 이미 배치된 클립의 트랙을 변경할 때는 비디오 클립과 오디오 클립을 모두 다른 트랙으로 배치해야 합니다.

02 각 클립의 내용을 확인하면서 필요한 부분을 자르고 이동하여 편집을 진행합니다. 멀티 트랙을 이용하면 다른 트랙을 덮어쓰지 않으면서 영상을 중첩하여 작업할 수 있습니다. 또한 컷이 변하는 지점의 클립을 이동하면서 자유롭게 변경할 수도 있습니다. 트랙에 중첩된 클립들을 한번에 잘라야 하는 경우에는 C 를 눌러 자르기 도구 ◈를 선택한 후 Shift 를 누른 상태에서 클릭합니다.

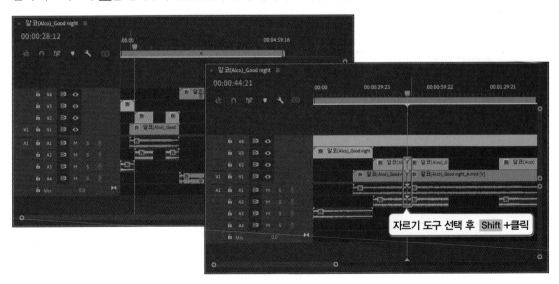

자르기 도구 선택 후 Shift +클릭

영상 편집 기초

시작하기

편집 시작하기

자막 만들기

색보정

사운드 편집

영상 출력

다양하게 영상 가공하기

위치, 크기, 회전, 불투명도 조정하기

영상을 가공하는 [Effect Controls] 패널 알아보기

모든 영상 클립, 소스, 시퀀스 등은 [Effect Controls] 패널에서 여러 가지 옵션을 활용해 다양하게 변형할 수 있습니다. 먼저 Position(위치), Scale(크기), Rotation(회전), Opacity(불투명도) 설정을 변경하여 영상을 가공해보겠습니다. [Effect Controls] 패널에서 변경된 옵션값은 Reset Effect 🔄를 클릭하면 언제든 기본값으로 되돌릴 수 있습니다.

간단 실습 영상 소스 크기 변경하기

준비 파일 기본/Chapter 03/영상 가공하기.prproj

먼저 화면에 표시되는 영상의 크기를 변경해보겠습니다. 영상 크기는 [Effect Controls] 패널-[Motion]-[Scale]에서 변경할 수 있습니다. **영상 가공하기.prproj** 예제 파일을 불러옵니다.

01 비디오 2번 트랙(V2)의 [travel.mp4] 클립을 클릭합니다.

02 [Effect Controls] 패널–[Scale]에 **89.3**을 입력합니다. 영상의 크기가 줄어듭니다.

기능 꼼꼼 익히기 🎙️ **가로세로 각각 다른 비율로 크기 조정하기**

가로세로를 각각 다른 비율로 조정하려면 [Uniform Scale]의 체크를 해제합니다. [Scale] 항목이 [Scale Height](높이)와 [Scale Width](넓이)로 나누어지며 각각 조정할 수 있습니다.

기능 꼼꼼 익히기 🎙️ **[Program] 패널에서 크기 변경하기**

[Program] 패널에서 영상 및 소스의 크기를 변경하고 싶을 때는 [Program] 패널에서 소스를 더블클릭하거나 [Effect Controls] 패널에서 속성 항목(여기서는 [Scale])을 클릭한 후 [Program] 패널에서 꼭짓점을 드래그해 변경할 수 있습니다.

---

03 크기를 변경한 비디오 2번 트랙(V2)의 [travel.mp4] 클립은 🔒를 클릭해서 잠궈🔒 줍니다.

영상 편집 기초
시작하기
편집 시작하기
자막 만들기
색보정
사운드 편집
영상 출력

영상 소스 위치 변경하기

준비 파일 기본/Chapter 03/영상 가공하기.prproj

이번에는 [Effect Controls] 패널-[Motion]-[Position]에서 값을 조정해 영상 위치를 변경해보겠습니다. **영상 가공하기.prproj** 준비 파일에서 계속 진행합니다.

01 ❶ [Timeline] 패널에서 비디오 3번 트랙(V3)의 [car.png] 클립을 잠금 해제하고 ❷ █를 클릭해 활성화합니다. ❸ [Effect Controls] 패널-[Position]의 값을 확인합니다.

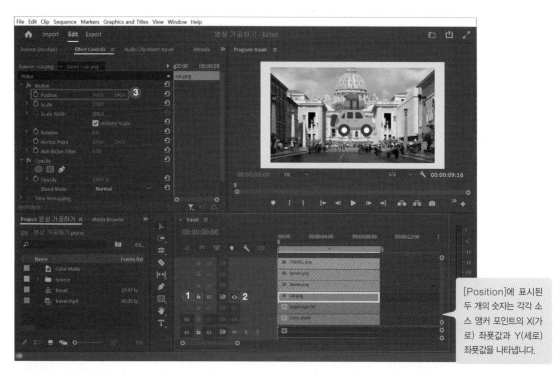

> [Position]에 표시된 두 개의 숫자는 각각 소스 앵커 포인트의 X(가로) 좌푯값과 Y(세로) 좌푯값을 나타냅니다.

02 화면의 왼쪽 하단으로 자동차를 옮겨보겠습니다. ❶ [Position]의 X(가로) 좌푯값을 **157.7**로 Y(세로) 좌푯값을 **911.3**으로 설정합니다. ❷ 좌측 하단에 자동차가 배치됩니다.

03 [Program] 패널을 확인하며 자동차의 크기를 조정해봅니다. 여기서는 [Scale] 값을 **68.5**로 설정했습니다.

[Position], [Scale], [Rotation], [Opacity] 값은 순서에 상관없이 자유롭게 수정할 수 있습니다.

[Program] 패널에서 [car.png] 소스를 더블클릭한 후 드래그해 디테일하게 위치를 조정할 수 있습니다.

04 작업이 완료된 비디오 3번 트랙(V3)의 [car.png] 클립은 🔒를 클릭해서 잠궈🔒줍니다.

영상편집기초

시작하기

편집 시작하기

자막 만들기

색보정

사운드 편집

영상출력

한눈에 실습 | 영상 소스 회전 변경하기

준비 파일 기본/Chapter 03/영상 가공하기.prproj
핵심 기능 드래그로 영상 소스 회전, Rotation

촬영된 원본 영상이나 소스를 회전하고 싶을 때는 [Program] 패널에서 소스를 직접 조정하거나 [Effect
Controls] 패널-[Motion]-[Rotation]의 값을 조정합니다. **영상 가공하기.prproj**에서 계속 진행합니다.

① 잠금 해제
② 활성화

드래그해 회전 및 배치

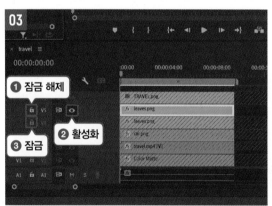

① 잠금 해제
② 활성화
③ 잠금

드래그해 회전 및 배치

[Effect Controls] 패널-[Motion]-[Rotation]의
값을 1.4로 설정해 약간 기울여주면 더 좋습니다.

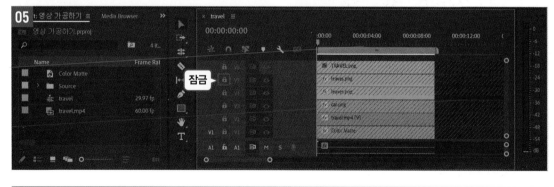

잠금

준비 파일 기본/Chapter 03/영상 가공하기.prproj
핵심 기능 불투명도, Opacity

[Effect Controls] 패널-[Opacity]-[Opacity]에서 영상 또는 소스의 불투명도를 변경할 수 있습니다. **영상 가공하기.prproj**에서 계속 진행합니다.

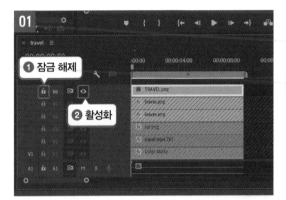

기능 꼼꼼 익히기 🎤 **불투명도에 따른 영상 소스 미리 보기**

[Opacity]는 소스의 불투명한 정도를 의미하므로 100%일 때 가장 선명하게 보입니다.

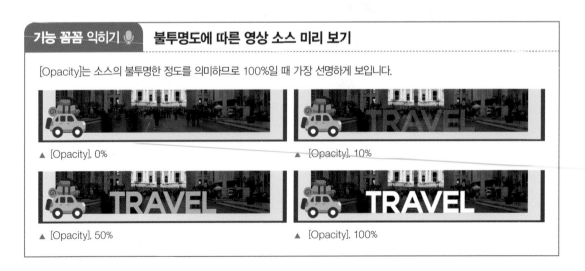

▲ [Opacity], 0%

▲ [Opacity], 10%

▲ [Opacity], 50%

▲ [Opacity], 100%

재미 있는 효과를 연출하는 마스크 다루기

마스크 활용해 합성하기

마스크의 기본 옵션 알아보기

마스크는 조절점과 조절점을 연결한 패스(Path)로 구성되어 있으며 원하는 형태를 만들 수 있는 세 가지 기본 형태(원형, 사각형, 자유 곡선)를 지원합니다. 마스크를 생성하면 생성된 패스 안쪽이 보이며 [Inverted] 옵션에 체크하여 노출되는 영역을 반전할 수 있습니다. 마스크의 크기와 모양은 다양하게 변경할 수 있으며 마스크의 크기가 변하는 애니메이션을 구성하거나 다른 소스와 합성하는 등 재미있는 효과를 연출할 수 있습니다.

① **Mask Path** | 마스크 패스를 제어하는 부분입니다. [Program] 패널에서 작업한 마스크에 키프레임을 적용하거나 트래킹(Tracking, 추적) 작업을 할 수 있습니다.

② **Mask Feather** | 마스크 패스 경계 부분의 부드러운 정도를 조절합니다.

③ **Mask Opacity** | 마스크 영역의 불투명도를 조절합니다.

④ **Mask Expansion** | 마스크 영역의 보이는 정도를 조절합니다. 0일 경우 마스크 패스와 1:1 비율로 노출되고, 0보다 커지면 패스 영역보다 노출 영역이 커집니다. 0보다 작아지면 패스 영역보다 노출 영역이 작아집니다.

⑤ **Inverted** | 마스크 패스의 노출 영역을 반전시킵니다.

[Program] 패널에서 마스크 조절하기

[Effect Controls] 패널에서 값을 조절하는 방법 외에도 [Program] 패널에서 마스크 옵션을 직관적으로 조절할 수 있습니다. [Effect Controls] 패널에서 [Mask] 항목을 선택하면 [Program] 패널에 해당 마스크의 패스와 조절점 📍이 표시됩니다.

 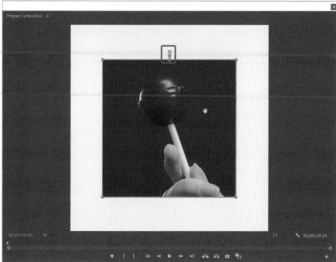

[Program] 패널에서 패스의 네 조절점 📍, 📍, 📍, 📍을 드래그해 마스크의 형태와 크기를 변경할 수 있습니다. 이때 가장 위의 원형 조절점 📍을 드래그하면 [Mask Feather]의 범위를 변경할 수 있고, 중간의 사각형 조절점 📍을 드래그하면 [Mask Expansion]의 범위를 조절할 수 있습니다. 마스크 영역 안쪽에 마우스 포인터를 위치하고 마우스 포인터가 손 모양 🖐으로 변하면 드래그해서 마스크 영역의 위치를 이동할 수도 있습니다.

간단 실습   마스크 기능으로 액자 연출하기

준비 파일 기본/Chapter 03/마스크활용하기.prproj

마스크 기능을 활용하여 액자 느낌의 디자인을 연출해보겠습니다. 마스크는 컬러매트, 동영상, 이미지 파일 등 다양하게 적용할 수 있습니다. **마스크활용하기.prproj** 준비 파일을 불러옵니다.

01 ❶ 비디오 2번 트랙(V2)의 [Color Matte] 레이어를 클릭한 후 ❷ [Effect Controls] 패널에서 [Opacity] 항목의 Create 4-point polygon mask■를 클릭합니다. [Program] 패널에 마스크 패스와 사각형 영역이 나타납니다.

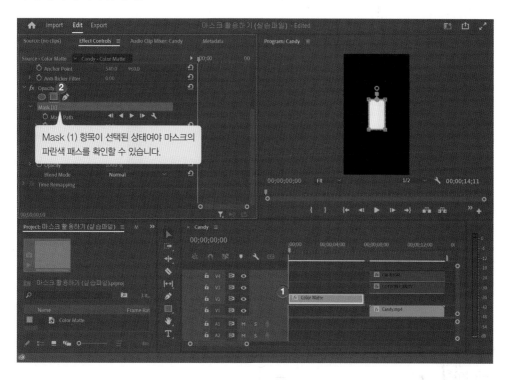

02 마스크 영역의 각 조절점을 드래그해서 크기를 키울 수도 있지만 모양이 어긋나기 쉽습니다. 반듯하게 조절하기 위해 조절점을 먼저 선택한 후 단축키를 사용합니다. ❶ 두 개의 조절점을 드래그해서 선택한 후 ❷ Shift + ↑ 를 눌러 마스크 영역의 크기를 넓혀줍니다. ❸ 아래쪽 조절점도 같은 방법으로 선택한 후 Shift + ↓ 를 눌러 영역을 넓혀줍니다.

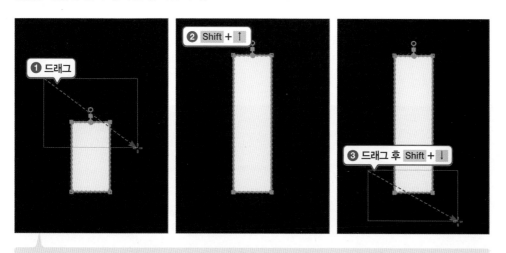

마스크 패스의 위치를 옮길 때 Shift 를 누른 상태에서 방향키를 누르면, 10px씩 반듯하게 이동하여 더 빠르게 작업할 수 있습니다. 방향키만 누르면 1px씩 이동합니다. Shift 를 누르지 않고도 패스를 이동할 수 있습니다.

03 ❶ 왼쪽 조절점도 같은 방법으로 선택한 후 Shift + ← 를 누르고 ❷ 오른쪽 조절점도 같은 방법으로 선택한 후 Shift + → 를 눌러 전체 영역을 넓힙니다.

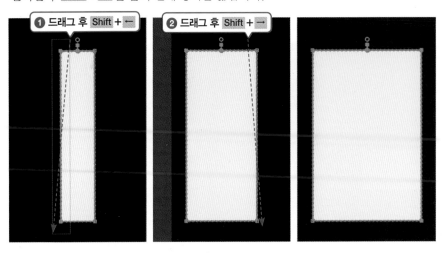

04 [Mask (1)]-[Inverted]에 체크하면 마스크 영역이 반전되어 나타납니다.

05 ❶ 비디오 2번 트랙(V2)을 잠그고 ❷ 비디오 1번 트랙(V1)에 미리 준비한 [Candy.mp4] 영상 클립을 시작 부분으로 드래그합니다.

06 [Effect Controls] 패널에서 [Candy.mp4] 영상 클립의 크기와 위치를 자유롭게 바꿔줍니다. 여기서는 [Scale]은 **122**, [Position]은 **466.5, 900**으로 설정했습니다.

07 비디오 3번 트랙(V3), 비디오 4번 트랙(V4)에 미리 준비한 레이어를 시작 부분으로 드래그해 마스크를 활용한 액자 형태의 연출을 완성합니다.

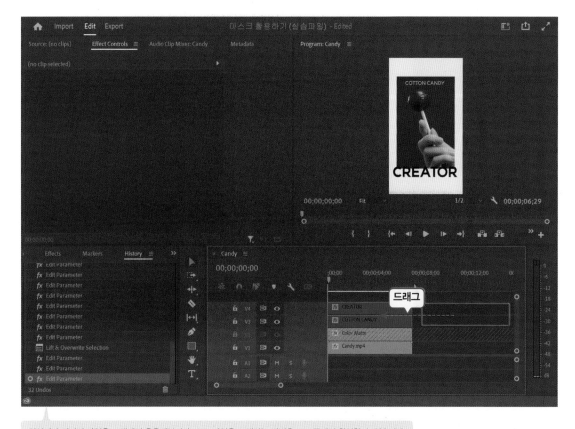

영상이나 이미지 파일을 교체해서 응용해봅니다. 소스 파일을 교체하는 방법은 118쪽에서 확인할 수 있습니다.

다양한 형태로 마스크 조정하기

준비 파일 기본/Chapter 03/마스크속성조절.prproj
핵심 기능 Mask Feather, Mask Opacity, Mask Expansion

마스크의 각 항목값을 자유롭게 설정해 마스크 형태를 조정합니다. 준비 파일을 열고 각 이미지의 값을 참고하여 [Effect Controls] 패널에서 조절해봅니다.

준비 파일 불러오기, 기본값

[Effect Controls] 패널-[Opacity]-[Mask]에서 마스크 속성 조정

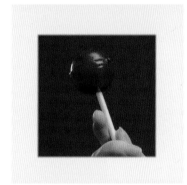

▲ [Mask Feather] 10

▲ [Mask Feather] 50

▲ [Mask Feather] 100

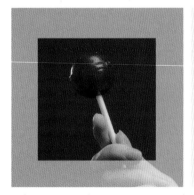

▲ [Mask Opacity] 50

▲ [Mask Expansion] 50

영상에 변화를 주는 키프레임 적용하기

키프레임 활용해 연출하기

키프레임 기본 익히기

키프레임(Keyframe)은 속성값의 변화가 있는 프레임을 말합니다. 효과가 시작되고 끝나는 기준점이나 이 펙트 중 변화가 있는 지점을 표시합니다. 키프레임은 영상에 효과를 적용할 때 반드시 필요한 기능이므로 잘 이해하고 숙지해야 합니다. 클립이나 효과의 속성값에 키프레임을 적용하면 더욱 다양하게 영상을 연출할 수 있습니다.

간단 실습 **키프레임 만들고 위치 이동하기**

준비 파일 기본/Chapter 03/키프레임적용하기.prproj

영상에 효과를 적용하는 키프레임을 만들고 위치를 이동해보면서 키프레임의 기본 사용 방법을 알아보겠습니다. **키프레임적용하기.prproj** 준비 파일을 불러옵니다.

01 ❶ 편집 기준선을 시퀀스의 시작 지점에 위치한 후 ❷ 비디오 2번 트랙(V2)의 [FOREST] 텍스트 클립을 클릭합니다. ❸ ❹ [Effect Controls] 패널에서 [Position]과 [Opacity]의 Toggle animation █ 을 각각 클릭해 현재 위치에 키프레임을 만듭니다.

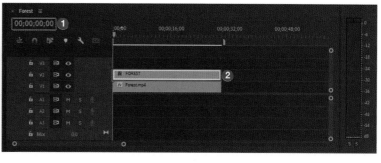

02 ❶ 편집 기준선을 00;00;02;00 지점에 위치한 후 ❷❸ [Position]과 [Opacity]의 Add/Remove Keyframe ◎을 클릭해 키프레임을 추가합니다.

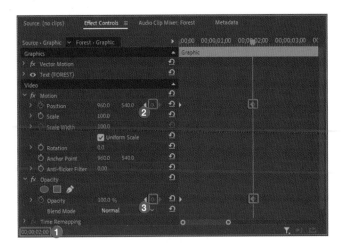

03 ❶ Go to Previous Keyframe ◀을 클릭해서 앞쪽 키프레임으로 이동합니다. ❷ [Position]의 Y값을 500으로 변경합니다. ❸ [Opacity]는 0%로 변경합니다.

뒤쪽 키프레임으로 이동할 때는 Go to Next Keyframe ▶을 클릭합니다.

04 Spacebar 를 눌러 텍스트가 등장하는 모션을 확인합니다.

05 ❶ 이어서 편집 기준선을 **00;00;06;00** 지점에 위치한 후 ❷ [Position]과 [Opacity]의 Add/
Remove Keyframe █️을 클릭해 키프레임을 추가합니다.

06 ❶ 편집 기준선을 **00;00;07;00** 지점에 위치한 후 ❷ [Position] Y값을 **580**으로 변경합니다. ❸
[Opacity]는 **0%**로 변경합니다.

키프레임이 생성된 상태에서 해당 속성값을 변경하면 편집
기준선 위치에 자동으로 키프레임이 생성됩니다.

07 텍스트 모션 시작과 끝의 길이가 같
도록 설정하겠습니다. ❶ 편집 기준선을
00;00;08;00 지점에 위치한 후 ❷ [Effect
Controls] 패널에서 마지막 키프레임을 드
래그해 모두 선택합니다. ❸ 선택된 키프레
임을 편집 기준선이 있는 **00;00;08;00** 지
점으로 드래그합니다.

클립에서 직접 키프레임 확인하기

키프레임은 [Timeline] 패널에서도 확인할 수 있습니다. 키프레임이 적용된 클립의 🔣를 마우스 오른쪽 버튼으로 클릭한 후 [Motion]에서 키프레임이 적용된 속성을 클릭하면 속성의 키프레임 정보가 클립에 표시됩니다.

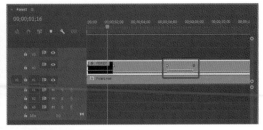

클립에 표시된 키프레임을 드래그해 위치나 값을 변경할 수 있습니다. 또한 일부 속성은 클립에 표시된 라인에서 Ctrl 을 누른 채 클릭해 직접 키프레임을 추가할 수도 있습니다.

간단 실습 **키프레임 보간하기** 🔧

준비 파일 기본/Chapter 03/키프레임적용하기.prproj

키프레임을 보간해서 움직임에 텐션을 주는 방식으로 조금 더 완성도 있는 모션 작업을 진행해보겠습니다. **키프레임적용하기.prproj** 준비 파일에서 계속 진행합니다.

01 ❶ [Effect Controls] 패널에서 [Position]에 적용된 키프레임을 모두 선택합니다. ❷ 마우스 오른쪽 버튼을 클릭한 후 ❸ [Temporal Interpolation]-[Bezier]를 클릭합니다.

02 ❶ [Position]을 확장합니다. ❷ 키프레임에 표시된 파란색 핸들을 드래그해 키프레임 그래프를 조정합니다.

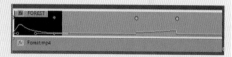

수치의 변동폭이 많지 않은 경우 그래프 곡선의 변화가 잘 보이지 않습니다. 이때는 [Timeline] 패널에서 클립에 직접 표시되는 키프레임을 함께 확인하며 진행합니다.

03 키프레임 그래프를 다양한 형태로 조정해보면서 변화하는 느낌을 확인합니다.

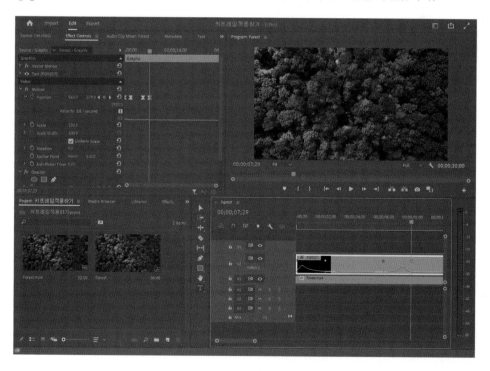

키프레임으로 지정한 속성값은 일정한 속도로 변화합니다. 이렇게 등속도로 움직이는 경우 움직임이 부자연스럽게 느껴집니다. 키프레임 보간은 두 키프레임 사이를 연결하는 그래프를 조정하여 가속도를 주거나 다양한 느낌을 연출할 수 있게 도와줍니다.

❶ **Linear** | 기프레임을 생성하면 기본으로 적용되는 보간 방법입니다. 키프레임 사이의 움직임이 일정한 속도로 표현됩니다. 키프레임은 다이아몬드 모양으로 표시됩니다.

❷ **Bezier** | 키프레임에 생성되는 핸들을 이용해 사용자가 임의로 그래프를 조정하면서 움직임 속도를 조절할 수 있습니다. 가장 많이 사용되는 보간 방법입니다. 키프레임은 모래 시계 모양으로 표시됩니다.

❸ **Auto Bezier** | 키프레임 사이의 그래프를 자동으로 조정하여 부드러운 움직임을 만들어줍니다. 키프레임은 원 모양으로 표시됩니다.

❹ **Continuous Bezier** | [Auto Bezier]와 비슷한 보간을 보여줍니다. 한쪽 키프레임의 그래프 모양을 변경하면 부드러운 전환이 유지되도록 다른 쪽 키프레임의 모양이 변경됩니다. 키프레임 모양은 [Bezier]와 동일한 모래 시계 모양으로 표시됩니다.

❺ Hold | 키프레임 사이의 움직임을 연속으로 보여주지 않고 키프레임이 적용된 위치에서만 해당 속성값을 변경합니다. 키프레임은 오각형 모양으로 표시됩니다.

❻ Ease In | 움직임이 시작하는 키프레임에 주로 사용합니다. 키프레임으로부터 멀어지면서 속도가 증가합니다.

❼ Ease Out | 움직임이 끝나는 키프레임에 주로 사용합니다. 키프레임으로 접근할수록 속도가 낮아집니다.

기능 꼼꼼 익히기 🎤 **시간을 이용한 보간과 공간을 이용한 보간**

[Position] 항목은 보간 설정 항목이 두 개의 방식으로 나누어져 있습니다.

❶ Temporal Interpolation(시간 보간) | 키프레임 사이의 시간 속성을 보간하는 방식입니다. 가장 기본적인 보간 방식입니다.

❷ Spatial Interpolation(공간 보간) | 키프레임 사이의 공간 속성을 보간하는 방식입니다. [Position] 항목과 같이 공간적인 움직임을 조정할 수 있는 이펙트에 사용합니다. [Program] 패널에 표시되는 궤적을 따라 작업합니다.

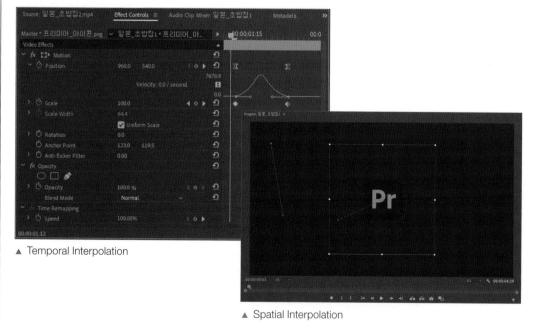

▲ Temporal Interpolation

▲ Spatial Interpolation

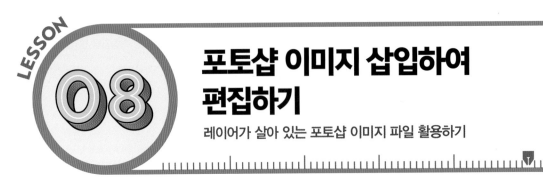

포토샵 이미지 삽입하여 편집하기

레이어가 살아 있는 포토샵 이미지 파일 활용하기

프리미어 프로는 포토샵이나 일러스트레이터에서 작업한 파일을 임포트(Import)하여 이미지 소스로 사용할 수 있습니다. 특히 이런 파일 형식은 한 장의 단독 이미지가 아닌 레이어를 그대로 사용할 수 있기 때문에 이미지 소스를 더욱 다양하게 활용할 수 있습니다.

간단 실습 포토샵 이미지 삽입하고 다양하게 꾸미기

준비 파일 기본/Chapter 03/PSD활용.prproj

프리미어 프로에서 포토샵 파일을 불러온 후 영상에 활용해보겠습니다. **PSD활용.prproj** 준비 파일을 엽니다.

01 예제 파일 폴더에서 **화면장식.psd** 파일을 드래그하여 [Project] 패널에 삽입합니다. psd 파일 형식은 어도비 포토샵 전용 파일 형식입니다.

02 레이어가 있는 psd 파일을 임포트하면 [Import Layered File] 대화상자가 나타납니다. ❶ [Import As]에서 [Individual Layers]를 클릭하고 ❷ [OK]를 클릭합니다. ❸ [Project] 패널에 임포트한 psd 파일 이름의 빈(Bin)이 생성되고 레이어 이미지가 각각 임포트됩니다.

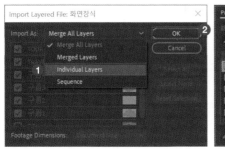 

03 [Timeline] 패널에 다음과 같은 순서로 클립을 배치합니다.

배치해야 하는 클립이 많을 때는 작업 영역 모드를 변경하거나 인터페이스 크기를 자유롭게 조절하며 작업합니다.

비디오 2번 트랙(V2)	구름1/화면장식.psd	비디오 5번 트랙(V5)	구름4/화면장식.psd
비디오 3번 트랙(V3)	구름2/화면장식.psd	비디오 6번 트랙(V6)	TOUR/화면장식.psd
비디오 4번 트랙(V4)	구름3/화면장식.psd	비디오 7번 트랙(V7)	TRAVEL/화면장식.psd

기능 꼼꼼 익히기 🎤 **[Import Layered File] 대화상자의 임포트 옵션**

[Import Layered File] 대화상자에서는 레이어가 있는 파일(특히 psd 파일 형식)을 어떤 방식으로 임포트할 것인지 지정할 수 있습니다. 이미지를 사용하려는 용도에 따라 옵션을 선택하고 [OK]를 클릭하면 이미지가 임포트됩니다.

❶ **Merge All Layers** | 모든 레이어를 한 장의 스틸 이미지(정지 사진)로 합친 후 임포트합니다.

❷ **Merged Layers** | 선택한 레이어를 합친 후 임포트합니다.

❸ individual Layers | 각 레이어를 살린 상태로 임포트합니다. 이때는 원본 소스에서 레이어별로 이름이 구분되어 있어야 합니다. 레이어 이름이 동일한 경우에는 최상위에 있는 이미지 한 장만 임포트합니다.

❹ Sequence | [Individual Layers] 옵션과 동일하게 개별 레이어로 이루어진 스틸 이미지로 시퀀스를 생성합니다. [Timeline] 패널의 트랙에 시퀀스 파일을 배치하고 시퀀스를 더블클릭하면 시퀀스의 구성을 확인할 수 있습니다. 이때 [Timeline] 패널의 Insert and overwrite sequences as nests or individual clips가 활성화되어 있는지 확인합니다. 기본값은 활성화된 상태이며, 비활성화된 상태에서는 클립이 각각의 트랙에 삽입되지 않습니다.

04 각 트랙의 클립에 다음과 같이 키프레임을 적용합니다.

키프레임을 적용할 때는 각각의 클립을 타임라인에서 선택한 후 [Effect Controls] 패널에서 설정합니다. [Position], [Scale]은 [Motion]의 하위 항목입니다.

클립 이름	속성	인 점 시간	인 점 속성값	아웃 점 시간	아웃 점 속성값
구름1/화면장식	Position	00:00:00:26	2850, 540	00:00:02:20	960, 540
구름2/화면장식	Position	00:00:01:01	2850, 540	00:00:03:02	960, 540
구름3/화면장식	Position	00:00:00:03	-960, 540	00:00:02:19	960, 540
구름4/화면장식	Position	00:00:00:18	-960, 540	00:00:02:19	960, 540

클립 이름	속성	인 점 시간	인 점 속성값	중간 점 시간	중간 점 속성값	아웃 점 시간	아웃 점 속성값
TOUR/화면장식	Scale	00:00:02:19	0	00:00:03:00	110	00:00:03:07	100
TRAVEL/화면장식	Scale	00:00:02:07	0	00:00:02:18	110	00:00:02:25	100

05 ❶ [Timeline] 패널에서 이미지 클립을 모두 선택한 후 ❷ 마우스 오른쪽 버튼을 클릭하고 ❸ [Nest]를 클릭합니다. ❹ [Nested Sequence Name] 대화상자가 나타나면 [Name]에 **타이틀모션**을 입력하고 ❺ [OK]를 클릭해 Nest 시퀀스를 만듭니다.

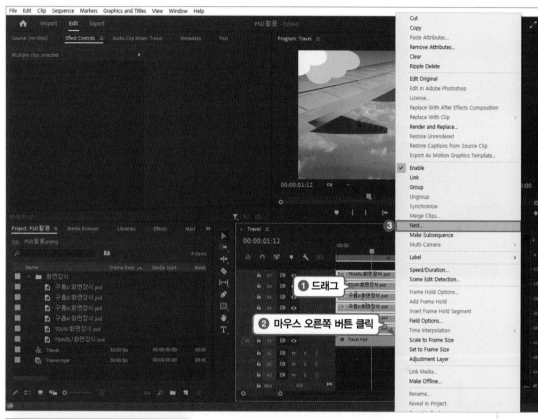

Nest는 여러 개의 클립을 하나의 시퀀스로 묶는 그룹화 기능입니다. [Nest]로 묶인 시퀀스를 더블클릭하면 Nest 시퀀스 안에 있는 각각의 클립을 편집할 수 있습니다. 이미 작업을 끝낸 트랙이나 동일한 종류를 통합하려는 트랙을 하나의 Nest 시퀀스로 묶으면 별도의 시퀀스처럼 관리할 수 있습니다.

06 [타이틀모션] 클립의 길이를 영상 클립의 길이에 맞도록 조정하여 [Timeline] 패널을 정리합니다.

07 Spacebar 를 눌러 미리 보기를 재생해봅니다.

영상 편집 기초

시작하기

편집 시작하기

자막 만들기

색보정

사운드 편집

영상 출력

비디오 트랜지션 알아보기

비디오 트랜지션 알아보고 적용하기

잘 편집된 여러 가지 영상을 살펴보면 다양한 효과가 적용되면서 장면이 전환되는 경우를 쉽게 확인할 수 있습니다. 이러한 장면 전환 효과를 트랜지션(Transition)이라고 합니다. 트랜지션은 크기나 위치, 불투명도 변화, 화면 교차 등 수많은 전환 효과로 만들 수 있으며, 영상 흐름이 자연스럽게 이어지도록 하거나 이야기에 설득력을 보완하는 등 다양한 목적으로 사용합니다.

비디오 트랜지션과 클립 핸들 다루기

비디오 트랜지션은 비디오 클립이 연결되는 부분에 적용하며 두 개의 클립을 이어주도록 사용합니다. 이때 트랜지션이 적용되는 구간만큼 비디오 클립의 인 점 앞부분과 아웃 점 뒷부분의 여유 길이가 필요한데, 이 구간을 클립 핸들이라고 합니다.

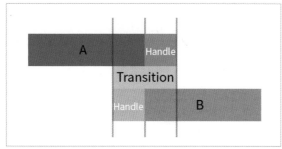

▲ 비디오 트랜지션의 기본 형태

만약 트랜지션 적용 구간에 핸들의 길이가 충분하지 않을 경우 오른쪽 그림과 같은 경고 메시지가 나타납니다.

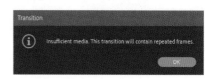

▲ 핸들 길이가 부족할 경우 나타나는 경고 메시지

비디오 트랜지션 종류 한번에 살펴보기

프리미어 프로에서 기본적으로 제공하는 비디오 트랜지션은 [Effects] 패널-[Video Transitions]에서 확인할 수 있습니다.

① **Disslove** ⏐ 두 개의 영상이 겹쳐지면서 장면 전환

② **Immersive Video** ⏐ VR 영상에 적용하는 트랜지션

③ **Iris** ⏐ 영상이 열리거나 닫히며 장면 전환

④ **Obsolete** ⏐ 별도의 카테고리에 편성되지 않은 트랜지션

⑤ **Page Peel** ⏐ 종이를 넘기듯이 장면 전환

⑥ **Slide** ⏐ 영상이 밀리면서 장면 전환

⑦ **Wipe** ⏐ 영상이 닦이는 느낌으로 장면 전환

⑧ **Zoom** ⏐ 영상을 확대/축소하며 장면 전환

장면을 겹쳐 전환하는 Dissolve 트랜지션

① **Additive Dissolve** ⏐ 두 영상의 밝은 부분이 더 밝게 겹쳐지면서 장면을 전환합니다. ★중요

② **Cross Dissolve** ⏐ 두 영상의 불투명도가 변하면서 장면을 전환합니다. 일반적으로 가장 많이 사용하는 트랜지션으로, 프리미어 프로의 기본 트랜지션으로 설정되어 있습니다. ★중요

③ **Dip to Black** ⏐ 화면이 점점 어두워졌다가 밝아지면서 장면을 전환합니다.

④ **Dip to White** ⏐ 화면이 점점 밝아졌다가 어두워지면서 장면을 전환합니다.

⑤ **Film Dissolve** ⏐ 필름이 교차되는 것처럼 장면을 전환합니다.

⑥ **Morph Cut** ⏐ 이어지는 두 장면의 대응점을 찾아 연산하여 자연스러운 모핑 효과로 전환합니다. 인터뷰 영상 등 배경이 고정된 영상에 적합합니다.

⑦ **Non-Additive Dissolve** ⏐ 불규칙한 디졸브 효과가 적용되면서 장면을 전환합니다.

영상 편집 기초

시작하기

편집 시작하기

자막 만들기

색보정

사운드 편집

영상 출력

Cross Dissolve 트랜지션으로 자연스러운 시간 흐름 연결하기

준비 파일 기본/Chapter 03/비디오트랜지션.prproj
핵심 기능 Cross Dissolve 트랜지션, 기본 트랜지션

01 준비 파일 불러오기

02 ① C
③ Delete
② 00:00:10:00 지점 클릭

03 ① 마우스 오른쪽 버튼 클릭
② Ripple Delete

04 드래그

Cross Dissolve 트랜지션의 효과로 일몰 시간을 빠르게 건너 뛰고 밤으로 전환됩니다. 이처럼 장면과 장면이 연결될 때의 부자연스러운 느낌을 줄이면서 장면을 전환하려면 Cross Dissolve 트랜지션을 사용하는 것이 좋습니다.

인터뷰 영상의 점프 컷을 자연스럽게 연결하기

준비 파일 기본/Chapter 03/비디오트랜지션.prproj
핵심 기능 Morph Cut 트랜지션

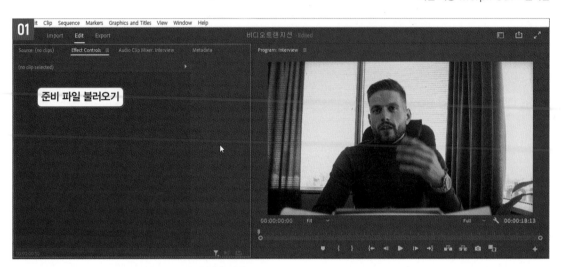

준비 파일 불러오기

① C
③ Delete
② 00:00:08:18 지점 클릭

① 마우스 오른쪽 버튼 클릭
② Ripple Delete

드래그

효과를 적용하기 위해 연산하는 시간이 필요하며 [Program] 패널에서 연산 중임을 확인할 수 있습니다. 트랜지션을 적용한 후에는 Enter 를 눌러 시퀀스를 렌더링해 효과 구간을 미리 볼 때 딜레이를 방지합니다.

영상 편집 기초

시작하기

편집 시작하기

자막 만들기

색보정

사운드 편집

영상 출력

기능 꼼꼼 익히기 🎤 **트랜지션 적용 구간이 느려지는 문제 해결하기**

영상 편집 작업을 하다 보면 트랜지션이 적용된 구간이 느려지는 현상이 발생할 수 있습니다. 이때는 먼저 ❶ 효과가 적용된 구간을 잘라 ❷ [Nest]로 묶은 후 ❸ [Speed/Duration] 기능을 활용하여 적절하게 속도를 조정한 후 트랙을 정리하면됩니다.

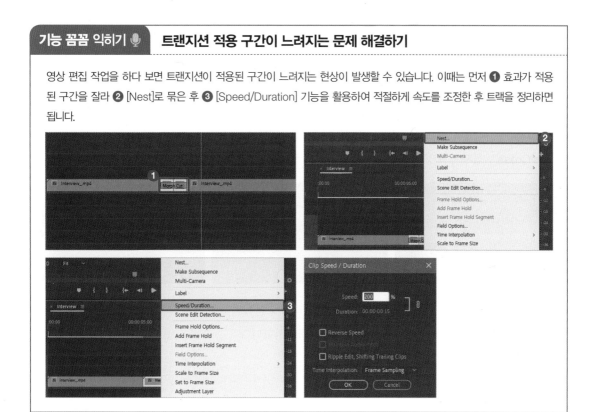

VR 영상에 사용하는 Immersive Video 트랜지션

① **VR ChromaLeaks** ㅣ 화면의 밝은 영역(Luma)을 기준으로 빛이 노출되는 효과가 적용되면서 장면을 전환합니다.

② **VR Gradient Wipe** ㅣ 그레이디언트 속성을 활용하여 자연스럽게 장면을 전환합니다. 그레이디언트 소스는 레이어를 지정하거나 특정 이미지를 선택할 수 있습니다.

③ **VR Iris Wipe** ㅣ 조리개가 열리듯이 원형 형태로 장면을 전환합니다.

④ **VR Light Leaks** ㅣ 빛이 새는 듯한 효과가 적용되면서 장면을 전환합니다.

⑤ **VR Light Rays** ㅣ 빛이 쏘아지는 효과가 적용되면서 장면을 전환합니다.

⑥ **VR Mobius Zoom** ㅣ 줌 효과가 적용되면서 장면을 전환합니다.

⑦ **VR Random Blocks** ㅣ 불규칙한 순서로 블록이 등장하면서 장면을 전환합니다.

⑧ **VR Spherical Blur** ㅣ 화면이 원형으로 회전하면서 장면을 전환합니다.

영상이 열리거나 닫히면서 전환되는 Iris 트랜지션

① **Iris box** ㅣ 사각형 모양으로 열리거나 닫히면서 장면을 전환합니다.

② **Iris Cross** ㅣ 십자가 모양으로 열리거나 닫히면서 장면을 전환합니다. ★중요

③ **Iris Diamond** ㅣ 마름모(다이아몬드) 모양으로 열리거나 닫히면서 장면을 전환합니다.

④ **Iris Round** ㅣ 원형으로 열리거나 닫히면서 장면을 전환합니다.

독특한 전환 효과를 주는 Obsolate 트랜지션

① **Cube Spin** ㅣ 정육면체가 회전하는 듯한 느낌으로 장면을 전환합니다.

② **Flip Over** ㅣ 화면이 180° 회전하면서 장면을 전환합니다.

③ **Gradient Wipe** ㅣ 화면을 대각선을 쓸면서 장면을 전환합니다.

종이를 넘기듯이 장면을 전환하는 Page Peel 트랜지션

① **Page Peel** ㅣ 얇은 껍질이 벗겨지듯이 휘어지며 장면을 전환합니다. ★중요

② **Page Turn** | 페이지가 접히는 느낌으로 장면을 전환합니다. 뒷면은 전환되는 화면이 반전되어 보입니다. ★중요

영상을 밀면서 장면을 전환하는 Slide 트랜지션

① **Band Slide** | 사각형의 밴드가 등장하면서 장면을 전환합니다. 밴드의 개수와 등장 방향, 테두리 두께와 색상을 자유롭게 설정할 수 있습니다. ★중요

 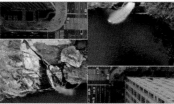 

② **Center Split** | 화면을 중앙을 기준으로 영상을 네 조각으로 나누고, 밀려나가거나 등장하면서 장면을 전환합니다.

③ **Push** | 한 영상으로 다른 영상을 밀어내면서 장면을 전환합니다. ★중요

④ **Slide** | 한 영상이 다른 영상 위로 미끄러지듯 덮이면서 장면을 전환합니다.

⑤ **Split** | 절반으로 나뉜 영상이 열리거나 닫히면서 장면을 전환합니다.

⑥ **Whip** | 영상이 오른쪽으로 쓸리듯 닦이면서 장면을 전환합니다.

영상 편집 기초

시작하기

편집 시작하기

자막 만들기

색보정

사운드 편집

영상 출력

영상을 닦아내며 장면을 전환하는 Wipe 트랜지션

① **Band Wipe** | 사각형의 밴드 모양으로 화면이 닦이면서 장면을 전환합니다. 밴드의 방향, 개수, 테두리 색상, 테두리 두께 등 옵션을 설정할 수 있습니다.

② **Barn Doors** | 화면이 좌우 또는 상하로 열리거나 닫히듯이 닦이면서 장면을 전환합니다.

③ **Checker Wipe** | 체크무늬 모양으로 화면이 닦이면서 장면을 전환합니다.

④ **CheckerBoard** | 체크무늬 모양으로 화면이 나타나면서 장면을 전환합니다.

⑤ **Clock Wipe** | 화면 중앙을 기준으로 시계 바늘이 돌아가듯 화면이 닦이면서 장면을 전환합니다.

⑥ **Insert** | 화면의 코너에서 다른 화면이 삽입되듯이 장면을 전환합니다.

⑦ **Paint Splatter** | 화면에 페인트가 뿌려지듯 장면을 전환합니다. ★중요

⑧ **Pinwheel** | 풍차가 돌아가듯 회전하면서 장면을 전환합니다.

⑨ **Radial Wipe** | 화면 코너를 중심으로 회전하듯 닦이면서 장면을 전환합니다.

⑩ **Random Blocks** | 체크무늬가 불규칙하게 나타나면서 장면을 전환합니다.

⑪ **Random Wipe** | 체크무늬가 설정한 방향을 채워지면서 장면을 전환합니다.

⑫ **Spiral Boxes** | 나선형으로 움직이는 사각형 형태로 화면이 닦이면서 장면을 전환합니다.

⑬ **Venetian Blinds** | 블라인드를 치듯 장면을 전환합니다.

⑭ **Wedge Wipe** | 화면의 중앙을 기준으로 부채꼴 모양으로 닦이면서 장면을 전환합니다.

⑮ **Wipe** | 화면이 직선 형태로 닦이면서 장면을 전환합니다.

⑯ **Zig-Zag Blocks** | 화면이 지그재그로 닦이면서 장면을 전환합니다.

영상을 확대/축소해 장면을 전환하는 Zoom 트랜지션

① **Cross Zoom** | 화면을 확대했다가 축소하면서 장면을 전환합니다. 확대/축소의 기준점을 설정할 수 있습니다. ★중요

적용된 트랜지션 설정 변경하기

트랜지션 클립을 선택한 후 [Effect Controls] 패널에서 트랜지션의 설정을 변경할 수 있습니다.

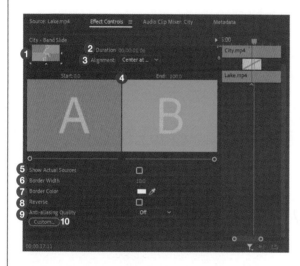

❶ 트랜지션이 등장하는 방향을 설정합니다.

❷ 트랜지션의 길이를 설정합니다.

❸ 트랜지션이 적용되는 위치를 설정합니다.

❹ 트랜지션의 인 점과 아웃 점을 설정합니다.

❺ 작업 중인 실제 소스의 화면을 확인합니다.

❻ 테두리 두께를 설정합니다.

❼ 테두리 색상을 설정합니다.

❽ 트랜지션 효과를 반전합니다.

❾ 안티 앨리어싱(계단 현상 감소)의 품질을 설정합니다.

❿ 밴드(바_Bar) 개수를 설정합니다.

트랜지션의 기본 길이 설정하기

비디오 트랜지션의 기본 길이는 30fps입니다. ❶ [Edit]–[Preferences]–[Timeline] 메뉴를 선택한 후 ❷ [Preferences] 대화상자의 [Video Transition Default Duration]에서 원하는 길이로 설정할 수 있습니다.

트랜지션 길이와 위치 변경하기

적용한 트랜지션은 [Timeline] 패널과 [Effect Controls] 패널에서 길이와 위치를 변경할 수 있습니다. [Timeline] 패널에서 트랜지션의 길이를 변경할 때는 클립을 선택한 후 트랜지션의 앞 또는 뒤쪽 부분을 드래그합니다. 이때는 트랜지션의 인 점과 아웃 점이 동시에 변경됩니다.

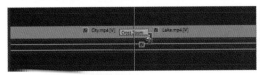 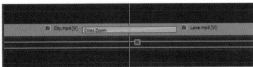

[Effect Controls] 패널에서는 트랜지션 클립의 길이가 드래그하는 방향에 따라 인 점 또는 아웃 점 한쪽으로만 길이를 변경할 수 있으며 [Duration]에 값을 입력하면 인 점과 아웃 점을 동시에 변경할 수 있습니다.

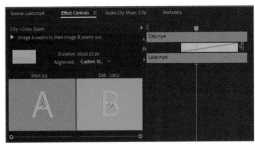 

[Timeline] 패널에서 트랜지션의 위치를 변경할 때는 트랜지션 클립을 클릭한 채 드래그합니다. [Effect Controls] 패널에서도 트랜지션 클립을 드래그해 위치를 변경할 수 있습니다.

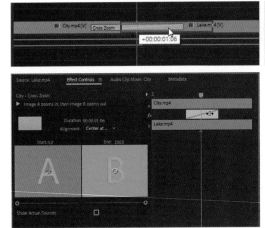 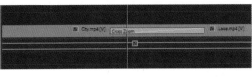

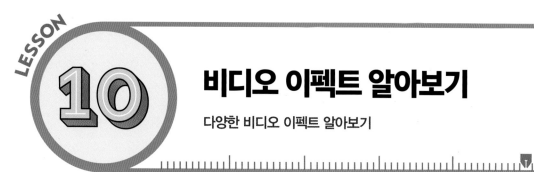

비디오 이펙트 알아보기

다양한 비디오 이펙트 알아보기

비디오 이펙트 활용하기

프리미어 프로에서 제공하는 이펙트는 그 종류와 개수가 매우 많습니다. 이번 레슨에서는 프리미어 프로의 수많은 이펙트 중에서 자주 사용되고 활용도가 높은 대표적인 이펙트를 몇 가지 소개하고 간단한 실습으로 이펙트를 적용해봅니다.

비디오 이펙트 한눈에 살펴보기

비디오 이펙트는 [Effects] 패널의 [Video Effects]에서 확인할 수 있으며 원하는 이펙트를 [Timeline] 패널의 클립으로 드래그하여 간단하게 적용할 수 있습니다.

① **Adjust(효과 보정)** | 클립의 색상, 콘트라스트, 레벨, 밝기 등을 보정하기

② **Blur & Sharpen(흐림 및 선명 효과)** | 화면을 흐리게 또는 선명하게 조정하여 이미지를 강조하기

③ **Channel(채널 효과)** | 색상에 있는 채널(Red, Green, Blue, Alpha)을 분리하여 채널 별로 색상을 보정하거나 다른 트랙과 합성하여 효과를 연출하기

④ **Color Correction(색상 교정 효과)** | 색상을 보정하기

⑤ **Distort(왜곡 효과)** | 이미지를 왜곡하여 다양한 효과를 연출

⑥ **Generate(생성 효과)** | 기존의 이미지를 사용하여 만드는 것이 아닌 새로운 효과 생성하기

⑦ **Image Control(이미지 제어 효과)** | 이미지 효과 조정하기

⑧ **Immersive Video** | VR 영상에 효과 적용하기

⑨ **Keying(키잉 효과)** | 크로마키 촬영 등 합성을 전제로 촬영한 영상에서 배경 화면이나 불필요 부분 제거하기

⑩ **Noise & Grain(노이즈, 그레인 효과)** | 이미지에 노이즈 추가 효과 적용하기

⑪ **Obsolete** | 활용도가 낮거나 별도의 카테고리에 편성되지 않은 효과 적용하기

⑫ **Perspective(원근 효과)** ㅣ 이미지에 원근 적용하기

⑬ **Stylize(스타일화 효과)** ㅣ 시각적 효과 적용하기

⑭ **Tim(시간 효과)** ㅣ 클립의 시간 조정하기

⑮ **Transform(변형 효과)** ㅣ 이미지 변형과 관련된 효과 적용하기

⑯ **Transition(전환 효과)** ㅣ 장면 전환과 관련된 효과, 영상 보다는 이미지에 적용하여 주로 사용함

⑰ **Utility** ㅣ 작업에 필요한 유틸리티 카테고리

⑱ **Video** ㅣ 비디오 정보를 표기함

실무에 주로 사용하는 Adjust 이펙트

- **Level** ㅣ 화면의 전체와 각 색상 채널(Red, Green, Blue)별 인풋/아웃풋 레벨과 감마(Gamma)의 값을 조절하여 밝고 어두운 부분을 보정합니다.

- **Lighting Effects** ㅣ 광원의 크기, 색상, 형태 등을 설정하여 조명을 비춘 효과를 표현합니다. 최대 다섯 개까지 조명을 추가할 수 있습니다.

실무에 주로 사용하는 Blur & Sarpen 이펙트

- **Camera Blur** ㅣ 카메라의 초점이 벗어난 효과를 표현합니다. 키프레임 애니메이션으로 포커스 인/아웃 효과를 연출할 수 있습니다.
- **Gaussian Blur** ㅣ 이미지 전반에 걸쳐 부드러운 흐림 효과를 표현하며 노이즈를 제거합니다.

실무에 주로 사용하는 Color Correction 이펙트

- **Brightness & Contrast** | 명도와 대비를 조정하여 이미지를 보정합니다. 이미지의 모든 픽셀값을 동시에 조정하며 간단한 이미지 색상을 보정할 때 간편하게 사용할 수 있습니다.

- **Lumetri Color** | 다양한 스타일로 색상을 보정합니다. 210쪽에서 더 자세히 알아볼 수 있습니다.

- **Tint** | 이미지의 블랙 영역과 화이트 영역을 설정한 색상의 혼합 결과로 나타냅니다.

실무에 주로 사용하는 Distort 이펙트

- **Corner Pin** | 이미지의 각 모서리에 생성되는 핀(Pin)으로 이미지를 비틀거나 확대/축소하며 자유롭게 변형합니다.
- **Magnify** | 이미지의 부분 또는 전체 영역을 원이나 사각형 형태로 확대합니다.

- **Warp Stabilizer** | 촬영할 때 발생한 카메라의 미세한 흔들림을 보정합니다.

실무에 주로 사용하는 Generate 이펙트

- **Lens flare** | 카메라 렌즈로 발행하는 빛의 굴절 효과인 플레어를 생성합니다.

[Generate] 이펙트는 대부분 새로운 이미지를 생성하므로 영상에 바로 적용하지 않고 새 레이어를 만들어 효과를 적용한 후 원본 레이어와 블렌딩 모드로 연출하는 것이 더욱 효율적입니다.

실무에 주로 사용하는 Keying 이펙트

- **Color Key** | 지정한 색상의 픽셀을 지웁니다. 녹색 혹은 파란색 배경에서 촬영되는 크로마키 영상의 배경색을 지우는 작업에 사용합니다.

- **Track Matte Key** | 매트로 사용하려는 클립이 있는 트랙을 지정하여 결과를 나타냅니다. 텍스트 영역에만 영상이 보이는 효과 등 다양한 연출에 많이 사용합니다.

실무에 주로 사용하는 Perspective 이펙트

- **Drop Shadow** | 이미지에 그림자를 추가합니다.

실무에 주로 사용하는 Stylize 이펙트

- **Mosaic** | 이미지를 모자이크 처리합니다.

영상 편집 기초

시작하기

편집 시작하기

자막 만들기

색보정

사운드 편집

영상 출력

기능 꼼꼼 익히기 🎤　**알파 매트(Alpha Matte), 루마 매트(Luma Matte)**

매트(Matte) | 레이어의 투명도를 결정하는 데 사용되는 소스입니다.

▲ 원본 이미지

알파(Alpha) | 일반적으로 화면은 빨간색(Red), 초록색(Green), 파란색(Blue) 세 개의 빛을 합성하여 이미지를 만듭니다. RGB 세 개의 채널 외에 흑백으로 구성된 네 번째 채널이 있습니다. 이를 알파(Alpha) 또는 알파 채널이라고 합니다. 알파 채널에서의 하얀색(White) 영역은 채널의 정보값이 있음(보이는)을 의미하고, 검은색(Black) 영역은 채널의 정보값이 없는 투명한 영역임을 의미합니다. 알파 채널을 가지고 있는 이미지는 RGB 세 개의 채널 외에 알파 채널의 정보를 가지고 있으므로 채널별로 8비트, 총 32비트 이미지가 됩니다. 흔히 쓰이는 .png, .tga, .tif 확장자의 파일 형식은 알파 채널을 포함하는 이미지 저장 방식입니다.

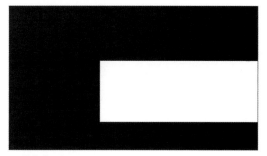

▲ 알파 매트 소스

▲ 알파 매트 적용

루마(Luma) | 흑백이나 색이 없는 부분의 밝기차에 대한 정보를 말합니다. 검은색 영역은 정보가 없는 것으로 처리하고 하얀색은 정보가 있는 것으로 처리하는 것은 알파 채널과 동일합니다. 그러나 루마 채널의 경우 흑과 백의 중간 단계인 회색(Gray) 영역까지 표현합니다. 이미지의 불투명도는 이 회색 영역의 명도에 따라 결정됩니다.

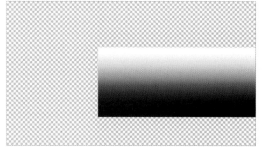

▲ 루마 매트 소스

▲ 루마 매트 적용

실무에 주로 사용하는 Transform 이펙트

· **Auto Reframe** | 영상 속에 움직이는 피사체를 자동으로 추적하여 영상 비율에 맞춰 중앙에 고정되도록 해줍니다.

기능 꼼꼼 익히기 🎤 피사체를 자동으로 추적하기

[Auto Reframe] 이펙트는 16:9 비율의 영상을 9:16 혹은 1:1 비율과 같이 조절할 때 피사체를 자동으로 인식하여 화면의 정중앙에 오도록 맞춰줍니다. 일반적으로 비율이 다른 영상을 사용할 때는 영상 상하에 검은 여백이 생기지만 [AutoReframe] 이펙트를 적용하면 분석을 진행하여 자동으로 영상 비율을 조정해줍니다. 분석이 완료된 후 [Effect Controls] 패널을 확인하면 [Motion] 항목이 비활성화되며 [Auto Refreme] 항목에서 영상의 크기나 위치, 회전을 조정할 수 있게 됩니다.

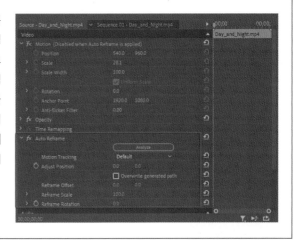

비디오 이펙트 자세히 알아보기

❶ [Effect Controls] 패널에서 비디오 이펙트 항목의 Set Up █을 클릭하면 해당 이펙트를 조정할 수 있는 별도의 대화상자가 나타납니다. 미리 보기 화면과 속성값 정보가 이미지나 히스토그램으로 표시되어 직관적으로 속성을 컨트롤할 수 있습니다. ❷ Reset █은 이펙트의 값을 기본값으로 되돌릴 때 사용합니다.

한눈에 실습 **포커스를 맞추며 시작되는 영상 인트로 만들기**

준비 파일 기본/Chapter 03/비디오이펙트.prproj
핵심 기능 Camera Blur

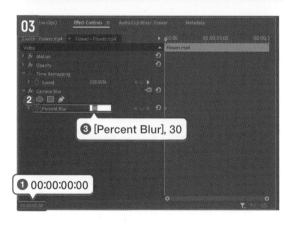

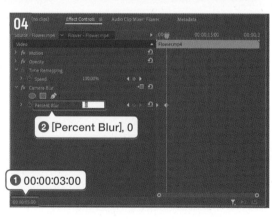

준비 파일 기본/Chapter 03/비디오이펙트.prproj
핵심 기능 Corner Pin

[Corner Pin] 이펙트를 사용할 때는 소스의 크기와 위치에 따라서 [Motion] 항목의 [Position], [Scale]을 함께 조정하여 적용합니다.

한눈에 실습 · 트랙매트 효과로 원하는 모양의 마스크 만들기

준비 파일 기본/Chapter 03/비디오이펙트.prproj
핵심 기능 Track Matte

준비 파일 불러오기

드래그

❶ [Matte], [Video 2]로 설정

❷ [Composite Using], [Matte Alpha]로 설정

유튜브 영상이나 TV 프로그램에서 빼놓을 수 없는 요소가 바로 자막입니다.

자막은 영상에 삽입된 음성을 눈으로 볼 수 있도록 하는 기능은 물론

부가적인 정보를 전달하거나, 영상 전체의 분위기를 좌우하는 등

자막만으로도 영상이 전달하는 정보와 분위기를 크게 바꿀 수 있습니다.

영상에 어울리는 적절한 자막을 만드는 방법과

자동 자막 기능을 활용하는 방법에 대해 알아보겠습니다.

CHAPTER 04

다양한 형태의
자막 만들기

01 다양한 유튜브 자막 만들기

타이프 도구로 자막 디자인하기

프리미어 프로에서는 여러 가지 형태의 다양한 자막을 영상에 추가할 수 있습니다. 일반적으로 타이프 도구를 활용해 직접 자막을 추가하거나 [Text] 패널의 기능을 활용해 생성합니다. 타이프 도구를 활용하면 [Program] 패널에서 실시간으로 자막을 입력하며 수정할 수 있어 빠르고 편리합니다. 자막을 자유롭게 디자인할 수도 있습니다. 이번에는 타이프 도구의 기본 활용 방법을 배워보겠습니다.

> 기존 자막 작업에 사용하던 레거시 타이틀 기능은 프리미어 프로 최신 버전에서 더 이상 사용할 수 없습니다.

간단실습　타이프 도구로 기본 자막 만들기

준비 파일 기본/Chapter 04/기본자막만들기.prproj

타이프 도구🔡를 이용하여 자막을 만들어보겠습니다. 해당 예제에는 발렌타인드림에서 제공하는 아임크리 수진체 폰트가 적용되어 있습니다. **기본자막만들기.prproj** 준비 파일을 불러옵니다.

01 ❶ Workspaces🔲를 클릭하고 ❷ 프리미어 프로 작업 영역 모드를 [Captions and Graphics]로 변경합니다.

02 ❶ T를 눌러 타이프 도구 T를 선택하면 마우스 포인터가 I 모양으로 변경됩니다. ❷ [Program] 패널에서 텍스트를 삽입할 위치에 클릭합니다. ❸ 예제에서는 캐주얼한 느낌의 '일상회화, 틀리기 쉬운 문법'이라는 자막을 만들어보겠습니다. 우선 **일상회화**를 입력합니다.

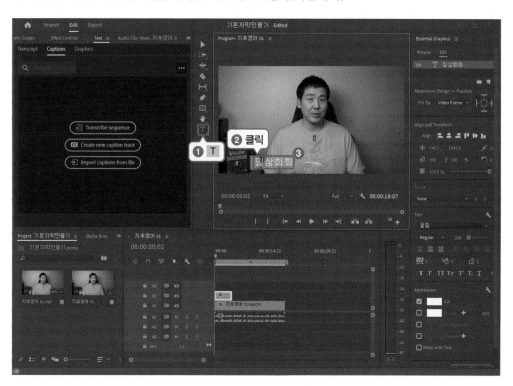

03 원하는 곳에 텍스트를 배치해도 되지만 예제에서는 화면 왼쪽 아래에 글자를 배치하겠습니다. 텍스트의 위치는 [Essential Graphics] 패널의 [Align and Transform]에서 정확하게 설정할 수 있습니다. 예를 들어 [Align Center Vertically]를 클릭하면 화면에서 세로를 기준으로 중앙에 정렬할 수 있습니다.

[Essential Graphics] 패널에서는 선택된 개체의 다양한 스타일 옵션을 설정할 수 있습니다. 이때 스타일을 조절할 개체는 [Program] 패널 혹은 [Essential Graphics] 패널의 [Edit] 탭에서 선택되어 있어야 합니다.

04 [Text] 항목에서 폰트와 크기를 조정해보겠습니다. ❶ 예제에서는 [아임크리수진]으로 폰트를 설정하고 ❷ 크기는 200으로 설정합니다.

예제에 사용된 폰트 외에도 원하는 폰트를 선택해 작업해도 됩니다. 'ImcreSoojin' 폰트는 아임크리수진체 다운로드 페이지(https://imcrefont.com)에 접속한 후 다운로드해 사용할 수 있습니다.

05 ❶ [Appearance] 항목에서 [Fill], [Stroke] 항목에 각각 체크하고 ❷ 원하는 색으로 변경합니다. ❸ [Stroke]의 굵기는 **40**으로 설정합니다.

[Color Picker] 대화상자가 나타나면 [#] 입력란에 컬러코드를 입력해 직접 선택할 수도 있습니다. 예제에서 [Fill] 항목의 색은 **00CAFC**로 입력하고, [Stroke] 항목의 색은 **000000**으로 입력합니다.

06 ❶ [Shadow] 항목에 체크한 후 색과 ❷ [Opacity], [Angle], [Distance], [Size], [Blur] 항목은 아래의 표를 참조해 각각 설정합니다. 텍스트 클립이 완성됩니다.

설정	값	설정	값
Shadow 색	000000	Distance	30
Opacity	100	Size	10
Angle	135	Blur	0

[Shadow]는 그림자를 설정하는 항목입니다. Opacity는 불투명도, Angle은 그림자의 각도, Distance는 그림자의 거리, Size는 크기, Blur는 흐림 정도를 의미합니다.

07 ❶ [Essential Graphics] 패널에서 [일상회화] 개체를 클릭하고 ❷ `Ctrl` + `C` , `Ctrl` + `V` 를 차례대로 눌러 복제합니다. ❸ 도구 패널에서 선택 도구 V 를 클릭한 후 ❹ [Program] 패널에서 복제한 자막을 옆으로 드래그합니다.

08 ❶ `T` 를 눌러 타이프 도구 T 를 선택한 후 ❷ 복제한 **일상회화** 텍스트를 **틀리기 쉬운** 텍스트로 수정합니다. ❸ 텍스트의 크기를 150으로 설정하고 ❹ [Fill] 항목에서 색을 FFFFFF로 설정합니다.

영상편집기초

시작하기

편집 시작하기

자막 만들기

색보정

사운드 편집

영상출력

09 ❶ **일상회화** 텍스트를 한 번 더 복제한 후 ❷ **문법** 텍스트로 수정합니다.

[Program] 패널에서 텍스트를 선택한 후 Ctrl + C , Ctrl + V 를 차례대로 눌러 간단하게 복사하고 붙여 넣을 수도 있습니다.

텍스트를 배치할 때 Ctrl 을 누른 상태에서 드래그하면 빨간색 가이드라인이 표시되어 다른 자막과 같은 높이로 위치를 맞출 수 있습니다.

반응형 디자인 자막 만들기

사각형 도형을 이용해 자막 박스를 만들어 텍스트 배경으로 배치하고 텍스트 길이에 따라 자막 박스의 너비도 같이 변하는 반응형 디자인 자막을 만들어보겠습니다.

01 앞선 실습에 이어서 계속 진행합니다. ❶ 다시 **일상회화** 텍스트를 복제하고 ❷ **유의하세요!** 텍스트로 수정합니다. ❸ [Stroke]와 [Shadow] 항목의 체크를 해제하고 ❹ [Fill]의 색상을 어두운 색 계열로 수정한 후 ❺ 글자 크기를 120으로 설정합니다. ❻ [Program] 패널에 있는 **일상회화** 텍스트 위에 배치하겠습니다.

02 ❶ **유의하세요!** 텍스트가 선택된 상태에서 도구 패널의 사각형 도구▣를 클릭합니다. ❷ [Program] 패널에서 **유의하세요!** 텍스트를 감싸도록 드래그해 사각형 개체를 그립니다.

03 [Appearance] 항목에서 [Fill]의 색을 수정해 자막 박스를 원하는 색으로 변경합니다.

04 [Essential Graphics] 패널의 [Edit]에는 현재 편집 기준선 위치에 삽입된 다양한 개체가 표시됩니다. 목록에서 가장 아래에 위치한 개체일수록 [Program] 패널에서 뒤쪽에 배치됩니다. [Essential Graphics] 패널의 [Edit] 탭에서 [Shape 01] 개체를 드래그해 [Text] 개체 아래로 위치합니다.

05 텍스트 길이가 늘어남에 따라 자막 박스의 너비가 자동으로 조절되도록 하겠습니다. ❶ [Edit] 탭에서 [Shape 01] 개체를 클릭합니다. ❷ [Responsive Design – Position] – [Pin To] 항목에서 [Shape 01]이 어떤 개체의 영향을 받을 것인지 선택합니다. 예제에서는 **유의하세요!** 텍스트의 영향을 받도록 지정하겠습니다. ❸ 자막 박스가 **유의하세요!** 텍스트의 가운데를 기준으로 늘어나게 설정하기 위해 ■를 클릭합니다. 텍스트를 수정하면 박스의 너비가 텍스트 길이에 따라 변형됩니다.

[Pin To]는 각각 선택한 항목의 어느 위치를 중심으로 할지 기준을 맞추는 기능입니다. 각각의 부분을 클릭해 기준이 될 위치를 설정할 수 있습니다. ■는 중심, ▬는 상단, ▌는 오른쪽, ▬는 하단, ▌는 왼쪽입니다.

06 자막의 스타일을 일부만 수정하여 영상의 뒷부분에 삽입해보겠습니다. ❶ [Timeline] 패널에서 텍스트 클립을 Alt 를 누른 채 드래그하여 복사한 후 ❷ 두 개의 텍스트 클립의 길이를 영상의 타이밍에 맞게 적절히 조절합니다.

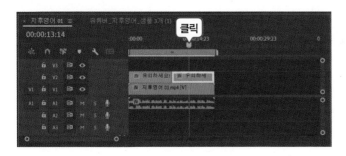

07 편집 기준선을 두 번째 자막 클립의 위치로 이동합니다.

08 ❶ **일상회화** 텍스트를 **절대**로, **틀리기 쉬운** 텍스트를 **영어는**으로 아래 그림과 같이 수정해줍니다. **어렵지 않아요.** 텍스트는 앞서 실습한 방법과 같은 방식으로 [Essential Graphics] 패널에서 텍스트를 복제한 후 수정합니다. ❷ 필요 없는 자막은 목록에서 삭제하거나 👁 를 클릭해 숨길 수 있습니다. **문법** 텍스트는 숨김 처리합니다.

09 **❶ 유의하세요!** 텍스트는 **So easy~** 텍스트로 수정한 후 **❷** 자막을 어울리는 위치에 배치합니다. 자막 박스인 [Shape 01] 개체는 **So easy~** 텍스트에 고정되어 있으므로 [Shape 01]이 아닌 **So easy~** 텍스트를 움직입니다. 완성된 영상을 재생해 자막이 어떻게 구현되었는지 확인해봅니다.

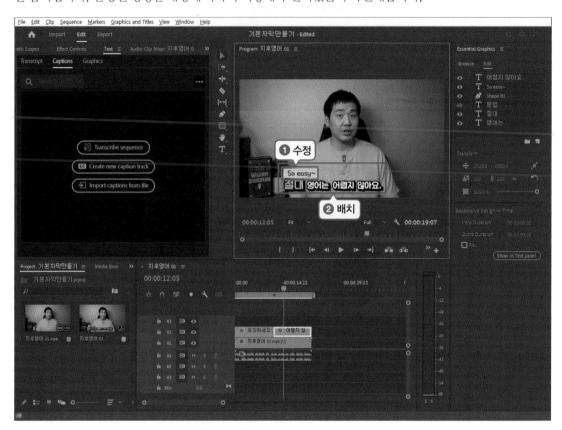

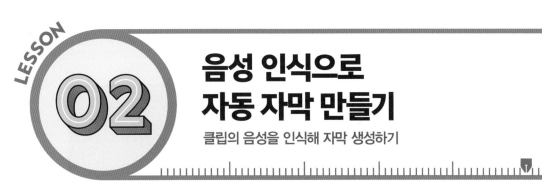

영상편집기초

시작하기

편집 시작하기

자막 만들기

색보정

사운드 편집

영상 출력

프리미어 프로의 [Captions and Graphics] 작업 영역 모드는 클립에 포함된 음성 파일을 인식하여 자막을 자동으로 생성하고 영상에 자막을 적용하기 편리한 설정으로 구성되어 있습니다. 자막의 생성 및 적용은 [Text] 패널에서 진행합니다.

간단 실습   **자동으로 자막 생성하기**

준비 파일 기본/Chapter 04/자동자막.prproj

01 **자동자막.prproj** 준비 파일을 불러옵니다. 작업 영역 모드가 [Captions and Graphics]가 아니라면 112쪽을 참고해 작업 영역 모드를 설정합니다.

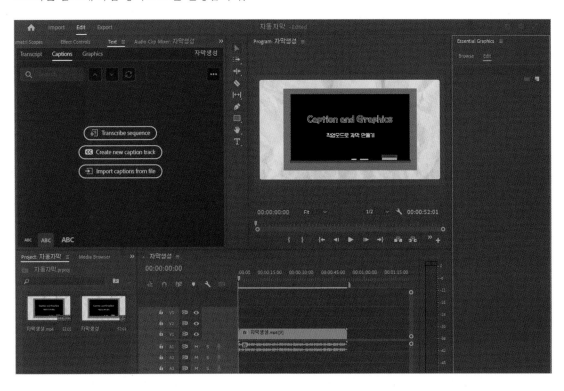

02 ❶ 자막을 생성하려는 클립을 모두 선택한 후 ❷ [Text] 패널에서 [Transcribe sequence]를 클릭합니다.

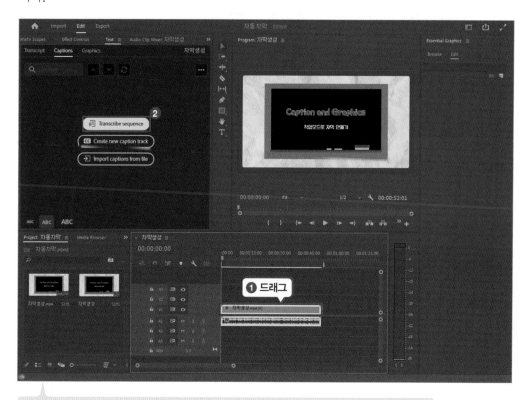

선택된 클립의 오디오 트랙을 기준으로 자막을 생성합니다. 따라서 자동 자막 생성 전에 영상의 편집이 완료되어야 합니다.

03 ❶ [Create transcript] 대화상자가 나타나면 [Language]에서 자막 언어를 [Korean]으로 설정한 후 ❷ 자막을 생성하려는 오디오 트랙을 선택합니다. ❸ [Transcribe]를 클릭하여 자막을 생성합니다.

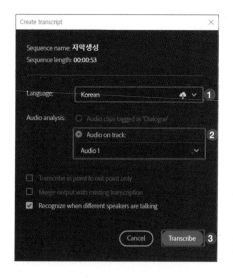

04 클립의 오디오를 기준으로 자막이 생성됩니다. 완성된 자막을 확인해보면 결과가 조금 미흡합니다. 현재는 한국어와 영어가 섞여 있거나 발음이 부정확한 부분까지 보완하여 완벽한 결과물을 만들어주지 못하므로 사용자가 확인하고 수정하는 작업이 필요합니다.

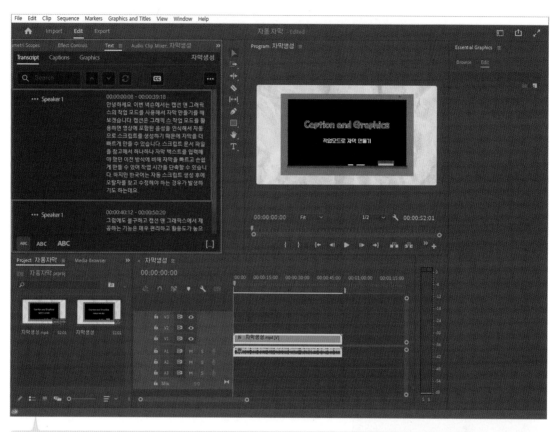

[Timeline] 패널에서 시퀀스를 재생하거나 편집 기준선을 이동하면 [Text] 패널에서 해당 위치의 자막이 선택됩니다. 반대로 [Text] 패널에서 자막을 클릭하면 편집 기준선의 위치가 자막의 위치로 이동되어 편하게 수정할 수 있습니다.

05 자동으로 생성된 자막에서 실제 음성과 다른 부분을 수정합니다.

영상 편집 기초

시작하기

편집 시작하기

자막 만들기

색보정

사운드 편집

영상 출력

06 스크립트를 자막으로 적용하기 위해 **①** Create captions 를 클릭합니다. **②** [Create captions] 대화상자가 나타나면 화면에 적용할 옵션을 설정하고 [Create]를 클릭합니다.

기능 꼼꼼 익히기 🎤 **자동 자막 옵션 알아보기**

[Create captions] 대화상자에서 자동 자막의 옵션을 조절하여 다양한 형태로 활용할 수 있습니다.

① 자막을 어느 위치에 생성할지 선택합니다. [Create from sequence transcript](시퀀스 스크립트에서 만들기), [Create blank track](빈 트랙 만들기) 중에서 선택합니다.

② **Caption preset** | 자막 사전 설정을 선택합니다. 기본값을 유지합니다.

③ **Format** | 자막의 형식을 설정합니다. 기본값을 유지합니다.

④ **Style** | 자막의 스타일(디자인)을 설정합니다. 저장한 스타일이 있다면 적용할 수 있습니다.

⑤ **Maximum length in characters** | 자막에 노출되는 최대 글자 수를 설정합니다.

⑥ **Minimum duration in seconds** | 자막이 노출되는 최소 시간을 설정합니다.

⑦ **Gap between captions(frames)** | 자막 사이의 노출 간격을 설정합니다.

⑧ **Lines** | 자막의 줄 수를 설정합니다.

07 적용된 자막을 확인하면서 보완할 부분을 찾아 수정합니다. 여기서는 두 줄로 생성된 자막을 한 줄로 수정해보겠습니다. ❶ 2번 자막을 클릭해 자막을 나눌 부분으로 편집 기준선을 위치합니다. ❷ [Text] 패널 에서 Split caption⬍을 클릭하면 자막이 나눠집니다.

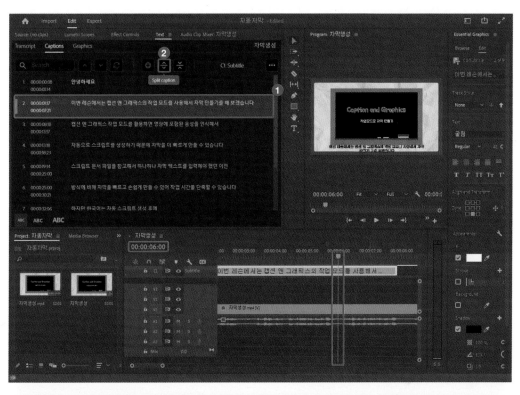

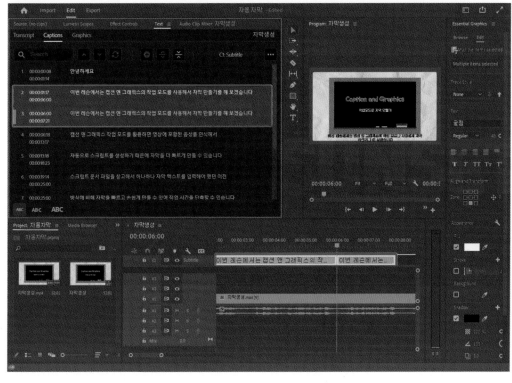

영상 편집 기초

시작하기

편집 시작하기

자막 만들기

색보정

사운드 편집

영상 출력

08 스크립트를 더블클릭하여 클립의 오디오에 맞춰 자막의 스크립트를 수정합니다.

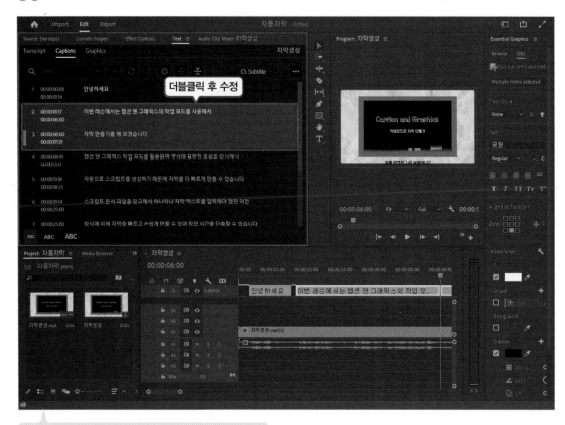

Merge captions █를 클릭하여 분리된 자막을 합칠 수도 있습니다.

영상 편집 기초

시작하기

편집 시작하기

자막 만들기

색보정

사운드 편집

영상 출력

자동으로 생성된 자막 스타일 디자인하기

준비 파일 기본/Chapter 04/자막스타일.prproj

기본으로 적용되는 자막 파일은 가장 기본적인 디자인으로 적용되어 가독성 및 심미성이 많이 부족합니다. 적용된 자막 파일의 디자인을 수정하고 수정된 디자인을 적용하는 방법, 본인만의 디자인 스타일을 저장하고 적용하는 방법을 알아보겠습니다. **자막스타일.prproj** 준비 파일을 불러옵니다.

01 ❶ [Text] 패널에서 디자인을 적용하려는 자막을 클릭합니다. ❷ 자동으로 [Essential Graphics] 패널-[Edit] 탭이 활성화됩니다.

[Edit] 탭이 나타나지 않으면 작업 영역 모드를 [Captions and Graphics]로 변경한 후 자막을 클릭하거나 직접 [Edit] 탭을 클릭합니다.

02 [Edit] 탭-[Text] 항목에서 원하는 폰트 및 크기 등을 설정합니다. ❶ 여기서는 폰트를 [나눔고딕], ❷ 크기는 60으로 설정하였습니다.

[Align and Transform]에서 자막의 위치를 조정할 수 있습니다.

03 [Appearance] 항목에서 자막의 색상과 스트로크, 배경과 그림자를 설정합니다. ❶ 여기서는 [Background]에 체크하여 검은색으로 설정하고 ❷ [Opacity]는 **100%**, [Size]는 **13**, [Corner Radius]는 **8**로 설정했습니다.

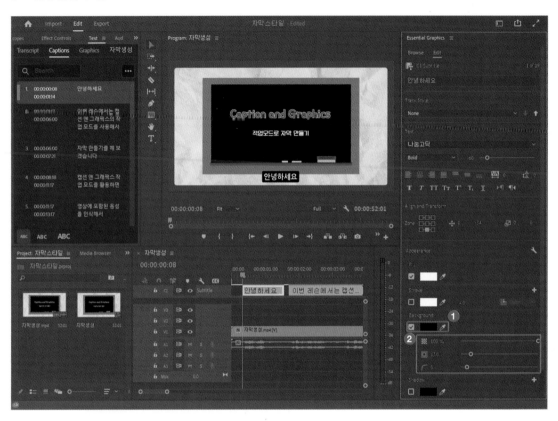

기능 꼼꼼 익히기 🎤 **자막에 둥근 모서리 효과 추가하기**

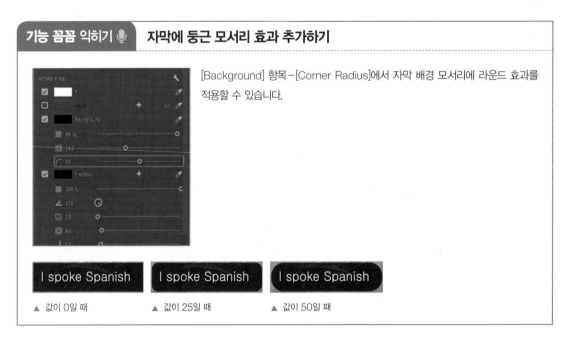

[Background] 항목–[Corner Radius]에서 자막 배경 모서리에 라운드 효과를 적용할 수 있습니다.

▲ 값이 0일 때 　　　　▲ 값이 25일 때 　　　　▲ 값이 50일 때

04 ❶ 자막의 디자인 작업이 완료되었다면 [Track Style]을 클릭하고 ❷ [Create Style]을 클릭합니다. ❸ [New Text Style] 대화상자가 나타나면 스타일의 이름을 입력하고 ❹ [OK]를 클릭합니다.

05 새롭게 만든 스타일이 저장되며 나머지 자막도 변경된 디자인이 자동으로 적용됩니다.

저장한 스타일은 새로운 자막을 만들 때 처음부터 적용할 수도 있습니다.

영상 편집 기초

시작하기

편집 시작하기

자막 만들기

색보정

사운드 편집

영상 출력

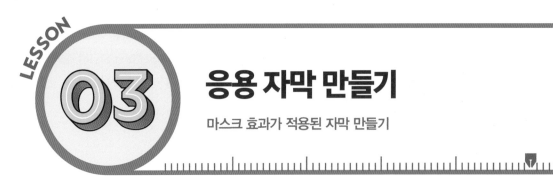

응용 자막 만들기

마스크 효과가 적용된 자막 만들기

간단 실습　**투명한 자막 타이틀 만들기**

준비 파일 기본/Chapter 04/응용자막.prproj

마스크 기능을 활용하면 텍스트 안에 영상 배경이 들어간 감각적인 영상을 만들 수 있습니다. **응용자막.prproj** 준비 파일을 불러옵니다.

01 ❶ [Project] 패널에서 New Item ▣을 클릭한 후 ❷ [Color Matte]를 클릭합니다.

02 ❶ [New Color Matte] 대화상자에서 [OK]를 클릭합니다. ❷ [Color Picker] 대화상자에서 원하는 색을 선택합니다. 예제에서는 연두색(EBFFE6)을 선택했습니다. ❸ [OK]를 클릭합니다. ❹ [Choose Name] 대화상자가 나타나면 이름을 입력합니다. 예제에서는 **BG**를 입력했습니다. ❺ [OK]를 클릭합니다.

> 컬러매트는 시퀀스 설정과 동일하게 자동으로 설정됩니다.

03 ❶ 생성된 컬러매트 소스를 비디오 2번 트랙(V2)으로 드래그합니다. ❷ 클립의 오른쪽 끝을 드래그하여 영상 클립의 길이와 컬러매트 클립의 길이를 맞춰줍니다.

04 ❶ 도구 패널에서 타입 도구▮를 클릭하고 ❷ [Program] 패널에서 **Healing**을 입력합니다. 이때 텍스트의 크기나 폰트는 자유롭게 설정해도 됩니다. ❸ 도구 패널에서 선택 도구▶를 클릭합니다.

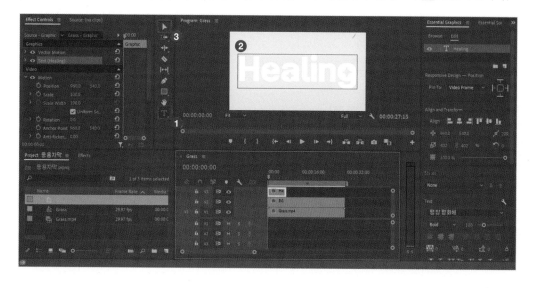

05 [Essential Graphics] 패널-[Align and Transform]에서 ❶ [Align Center Horizontally], ❷ [Align Center Vertically]를 각각 클릭해 타이틀이 중앙에 위치하도록 조정합니다. 텍스트의 색상은 변경하지 않아도 작업 진행에 문제 없습니다.

06 [Effects] 패널에서 [Video Effects]-[Keying]-[Track Matte Key]를 찾아 [BG] 클립으로 드래그합니다.

07 [Effect Controls] 패널에서 [Track Matte Key]-[Matte]는 [Video 3], [Composite Using]은 [Matte Alpha]로 설정합니다. 트랙 매트를 적용한 비디오 트랙의 위치를 설정하는 옵션입니다.

08 이펙트가 적용되면 [Reverse]에 체크하여 적용 영역을 반전시킵니다. 투명 자막이 완성됩니다.

09 [BG] 클립의 [Opacity]를 조정하면 영상을 조금 더 보기 좋게 만들 수 있습니다.

촬영한 영상의 색감이 마음에 들지 않거나,

혹은 영상의 분위기를 바꾸고 싶을 때 색보정 기능을 사용합니다.

프리미어 프로는 일반적인 색보정 기능은 물론,

각종 프리셋을 활용한 간단한 색보정부터

루메트리 컬러와 블렌드 모드를 이용한

고급 색보정 기능까지 모두 제공합니다.

간단한 색보정을 통해 영상의 분위기를 바꾸고,

다양한 느낌을 연출하는 방법에 대해 알아보겠습니다.

CHAPTER 05

색보정으로
영상 분위기 바꿔보기

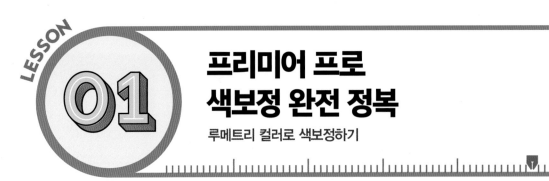

프리미어 프로 색보정 완전 정복

루메트리 컬러로 색보정하기

루메트리 컬러(Lumetri Color)는 프리미어 프로에서 전문가처럼 색보정을 할 수 있도록 도와주는 기능입니다. 채도와 밝기 조절은 물론 영상의 노출, 하이라이트까지 다양한 요소를 직접 조정할 수 있습니다. [Lumetri Color] 패널의 다양한 항목을 살펴보면서 색보정을 위한 기능을 알아보겠습니다.

Basic Correction 항목 알아보기

영상의 색보정에서 가장 기본적인 부분을 조정할 수 있습니다. 너무 밝거나 어두운 영상을 교정하고 색조, 노출, 조명에 관련된 조정을 할 수 있습니다.

① **Input LUT(LUT 입력)** | 프리미어 프로에서 기본으로 제공하는 색보정 설정을 적용할 수 있습니다. [Intensity]를 조정해 적용 정도를 조절합니다.

② **Auto(자동 설정)** | 프리미어 프로에서 자동으로 색을 조정합니다.

③ **Reset(다시 설정)** | 설정한 모든 설정을 원래대로 되돌립니다.

④ **White Balance(화이트밸런스)** | 스포이트를 활용해 회색이나 흰색 부분을 선택하여 맨눈으로 보는 색감을 맞출 때 사용합니다.

⑤ **Temperature(온도)** | 화면의 색온도를 조정합니다.

⑥ **Tint(색조)** | 녹색, 자홍색을 슬라이더로 조정합니다.

> 모든 색보정 효과는 각 항목의 조정 슬라이더를 좌우로 드래그하여 원하는 결과에 맞게 컨트롤할 수 있습니다. 슬라이더 옆에 값을 입력할 수도 있습니다.

⑦ **Saturation(채도)** | 비디오의 전반적인 채도를 조정합니다.

> [Light]에는 영상의 명암 조정 옵션이 모여 있습니다. 밝고 어두운 영역을 조정할 때 사용합니다.

한눈에 실습 LUT 프리셋으로 색보정하기

준비 파일 기본/Chapter 05/LUT색보정.prproj
핵심 기능 Input LUT, 프리셋 색보정

자동 설정 기능을 적용해보고 옵션을 세부 조정해보면서 너무 어둡거나 균형이 맞지 않는 영상의 색을 보정합니다.

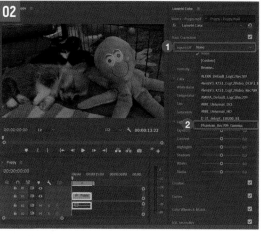

[Lumetri Color] 패널은 색보정할 클립을 선택해야 활성화됩니다.

클릭

표를 참고해 세부 옵션 조정

[Color]			[Light]					
[Temperature]	[Tint]	[Saturation]	[Exposure]	[Contrast]	[Highlights]	[Shadows]	[Whites]	[Black]
−8	−5	167.2	0.2	62	32	−52	3.3	−100

Creative 항목 알아보기

프리미어 프로에서 제공하는 색보정 프리셋을 골라서 적용할 수 있습니다. 각 프리셋을 설정한 후에도 [Adjustments] 메뉴에서 세부 설정이 가능합니다.

① **Look** | 원하는 색보정 프리셋을 목록에서 선택합니다.

② **미리 보기** | 좌우 화살표를 넘기면서 프리셋을 미리 확인하며 선택할 수 있고, 화면을 클릭하면 현재 선택된 비디오 클립 혹은 보정 레이어, 이미지에 비로 적용할 수 있습니다

③ **Intensity(강도)** | 프리셋의 적용 강도를 조절합니다.

기능 꼼꼼 익히기 🎙 | **컬러 캐스트 알아보기**

컬러 캐스트는 화면에 원하지 않은 특정 색상이 전체적으로 나타나는 현상을 말합니다. 컬러 캐스트 보정은 물체 본래의 색에 맞도록 불필요한 색을 선택하고 색 조합을 줄여가며 보정합니다. 아래 예시는 주황색 빛이 영상 전체에 컬러 캐스트된 상황에서 [WB Selector]의 스포이트로 하늘을 선택한 후 최대한 주황색이 줄어들도록 조정한 예입니다.

▲ 컬러 캐스트 보정 전

▲ 컬러 캐스트 보정 후

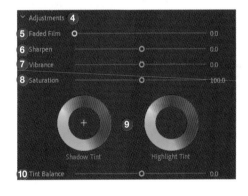

④ **Adjustments(조정)** | 프리셋이 적용된 상태에서 채도나 색조 균형을 세부적으로 조정하는 메뉴입니다.

⑤ **Faded Film(빛바랜 필름)** | 비디오에 빛이 바랜 필름 효과를 적용합니다.

⑥ **Sharpen(선명)** | 영상을 선명하게 만들거나 흐리게 조정합니다.

⑦ **Vibrance(활기)** | 채도가 낮은 색의 채도를 조정합니다. 높은 채도의 색은 거의 영향을 받지 않습니다.

⑧ **Saturation(채도)** | 비디오의 전반적인 채도를 조정합니다.

⑨ **Shadow Tint & Highlight Tint(색조 원반)** | 어두운 영역과 밝은 영역의 색조값을 조정합니다.

⑩ **Tint Balance(색조 균형)** | 비디오 색조의 균형을 맞춥니다.

영상 편집 기초

시작하기

편집 시작하기

자막 만들기

색보정

사운드 편집

영상 출력

한눈에 실습 **Creative 항목으로 빛바랜 필름 효과 적용하기**

준비 파일 기본/Chapter 05/빛바램필름효과.prproj
핵심 기능 Creative 색보정, 필름 효과

❶ [Faded Film], 87
❷ [Sharpen], 37

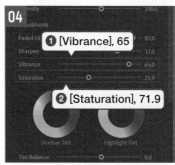

❶ [Vibrance], 65
❷ [Staturation], 71.9

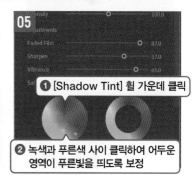

❶ [Shadow Tint] 휠 가운데 클릭
❷ 녹색과 푸른색 사이 클릭하여 어두운 영역이 푸른빛을 띄도록 보정

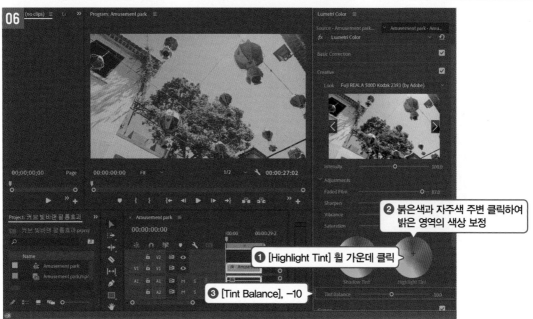

❷ 붉은색과 자주색 주변 클릭하여 밝은 영역의 색상 보정
❶ [Highlight Tint] 휠 가운데 클릭
❸ [Tint Balance], −10

Curves 항목 알아보기

사용자가 직접 색보정과 관련된 곡선을 조정해 색이나 밝기를 조절합니다. 곡선을 클릭하고 조절점을 드래그하여 조정하고, Ctrl 을 누른 상태에서 조절점을 클릭해 삭제합니다. 곡선 영역에서 상단은 밝은 영역을, 하단은 어두운 영역을 나타냅니다.

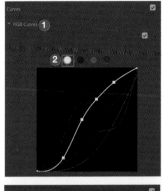

① **RGB Curves(RGB 곡선)** ｜ 각 색감마다 정해진 곡선을 편집하여 영상의 밝기나 색조 범위를 조정합니다. 체크하거나 해제하여 [RGB Curves]의 적용 전후를 확인할 수 있습니다.

② **White** ｜ 마스터 곡선이며 전체 영상의 명도를 조절합니다.

③ **Red** ｜ 붉은색 계열의 명도를 조절합니다.

④ **Green** ｜ 녹색 계열의 명도를 조절합니다.

⑤ **Blue** ｜ 파란색 계열의 명도를 조절합니다.

⑥ **Hue Saturation Curves(색조 채도 곡선)** ｜ 다양한 유형의 곡선을 기반으로 더욱 디테일한 색보정을 할 수 있습니다. 스포이트를 활용하면 특정 색을 선택해 해당 색만 조정할 수 있습니다. 선택하지 않으면 영상 전체의 색조를 조절합니다.

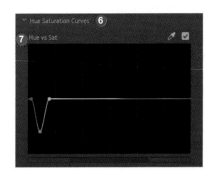

⑦ **Hue vs Sat(색조 대 채도)** ｜ 특정 색을 선택하고 채도를 조절하는 곡선입니다.

▲ 은행잎의 노란색을 선택하고 노란색의 채도만 낮췄습니다.

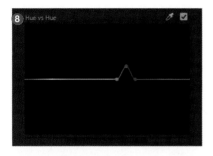

⑧ **Hue vs Hue(색조 대 색조)** ｜ 특정 색을 선택하고 색조를 조절하는 곡선입니다.

▲ 하늘의 파란색을 선택하고 색조 조절로 초록색 하늘을 만들었습니다.

⑨ **Hue vs Luma(색조 대 루마)** ｜ 특정 색을 선택하고 그 색의 밝기(명도)를 조절하는 곡선입니다.

▲ 하늘의 파란색은 명도를 낮추고, 은행잎의 노란색은 명도를 높였습니다.

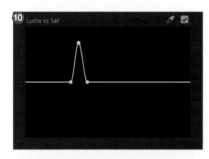

⑩ **Luma vs Sat(루마 대 채도)** ｜ 특정 명도를 선택하고 그 명도에 해당되는 부분의 채도를 조정하는 곡선입니다.

▲ 상대적으로 어두운 명도 범위를 선택하고 채도를 조금 높였습니다.

⑪ **Sat vs Sat(채도 대 채도)** ｜ 채도 범위을 선택하고 그 채도를 조정하는 곡선입니다.

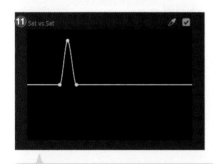

▲ 채도가 높지 않은 하늘을 선택해 채도를 높여 푸른 하늘을 구현했습니다.

곡선을 만들 수 있는 조절점은 직접 클릭해 추가하거나 스포이트로 특정 영역을 선택하여 추가합니다. 그 밖에도 다양한 조정 방법이 있습니다. ❶ `Shift` 를 누른 상태에서는 조절점을 위, 아래로만 이동할 수 있습니다. ❷ 조절점을 제거하려면 `Ctrl` 을 누른 상태에서 클릭합니다. ❸ 모든 조절점을 제거하고 싶다면 조절점 하나를 선택하고 더블클릭합니다. ❹ 해당 곡선의 색보정 전후를 확인하려면 오른쪽 위에 ☑를 체크하거나 해제합니다.

영상 편집 기초

시작하기

편집 시작하기

자막 만들기

색보정

사운드 편집

영상 출력

한눈에 실습　Hue Saturation Curves 사용하기

준비 파일 기본/Chapter 05/커브색보정.prproj
핵심 기능 Hue Saturation Curves, 색조 및 채도 보정

01 ❶ [Hue vs Sat] 스포이트 클릭
❷ 노란 부분 클릭

02 곡선 조정하여 노란색 채도 줄이기

03 ❶ [Hue vs Hue] 스포이트 클릭
❷ 파란 배경 클릭

04 곡선 조정하여 민트색 계열로 조정

05 ❶ [Hue vs Luma] 스포이트 클릭
❷ 안쪽 꽃잎 클릭

06 곡선 조정하여 꽃잎 밝기 조정

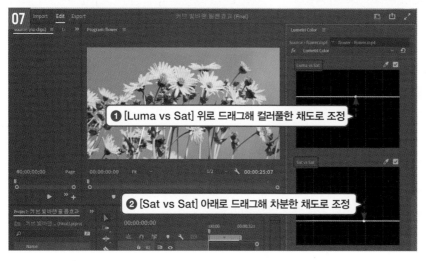

07 ❶ [Luma vs Sat] 위로 드래그해 컬러풀한 채도로 조정
❷ [Sat vs Sat] 아래로 드래그해 차분한 채도로 조정

Color Wheels & Match 항목 알아보기

Color Wheels & Match를 사용하면 어두운 영역, 중간 영역, 밝은 영역의 색조와 밝기를 손쉽게 조정할 수 있습니다.

① **Color Match(색상 일치)** | 현재 작업 중인 시퀀스의 다른 두 장면을 나란히 비교합니다. 여러 장면의 색상 및 명도를 비교하면서 색보정을 할 수 있습니다.

② **Comparison View(비교 보기)** | 색보정하려는 장면과 다른 장면을 비교할 수 있습니다. [Comparison View]를 클릭하면 [Program] 패널에 두 개의 미리 보기 화면이 배치됩니다. ⓐ [Reference] 아래의 슬라이더를 좌우로 드래그해 현재 시퀀스 내에서 비교하려는 장면을 고를 수 있습니다. ⓑ [Current]에서는 현재 색보정을 진행하는 화면이 보입니다. ⓒ [Current]는 타임라인에서 편집 기준선에 위치한 장면입니다.

③ **Face Detection(얼굴 감지)** | 화면에 나타난 얼굴 영역의 색을 인지해 피부 톤을 높은 품질로 유지하면서 색보정을 할 수 있습니다.

④ **Apply Match(일치 적용)** | [Current] 화면을 [Reference]에 맞추어 자동으로 Color Wheel을 조정합니다. [Comparison View]가 활성화된 상태에서 가능합니다.

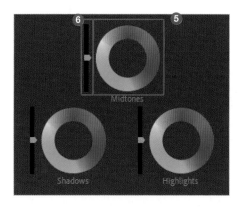

⑤ **Color Wheel(색상 휠)** | 각 영역마다 색조를 조절합니다.
- **Midtones** | 중간 톤의 색조와 밝기를 조절합니다.
- **Shadows** | 어두운 톤의 색조와 밝기를 조절합니다.
- **Highlights** | 밝은 톤의 색조와 밝기를 조절합니다.

⑥ **Slider(슬라이더)** | 각 영역마다 밝기를 조정합니다. 가운데가 빈 휠(원반)은 조정되지 않은 상태입니다. 휠(원반)의 가운데를 드래그하여 원하는 색상으로 조정합니다. 슬라이더도 똑같이 드래그할 수 있습니다. 휠(원반)을 더블클릭하면 초기화됩니다.

간단실습 | **밝은 영역, 중간 영역, 어두운 영역 각각 색보정하기**

준비 파일 기본/Chapter 05/컬러휠색보정.prproj

밝은 영역과 중간 영역, 어두운 영역을 각각 다르게 색보정해서 몽환적인 분위기를 연출해보겠습니다. **컬러휠색보정.prproj** 준비 파일을 불러옵니다.

01 ❶ 비디오 1번 트랙(V1)에서 **00:00:30:11** 지점에 위치한 두 번째 [blue.mp4] 클립을 클릭합니다. ❷ [Lumetri Color] 패널—[Color Wheels & Match]를 활성화합니다.

02 먼저 밝은 영역을 색보정해보겠습니다. ❶ [Highlights] 휠에서 노란색과 주황색 근처를 클릭하고 ❷ 슬라이더를 위로 드래그합니다. 밝은 영역이 화사하게 변합니다.

03 이번에는 중간 영역을 색보정해보겠습니다. ❶ [Midtones] 휠에서 노란색 부분을 클릭하고 ❷ 슬라이더를 위로 드래그하여 화사하게 해줍니다.

04 마지막으로 어두운 영역을 색보정해보겠습니다. ❶ [Shadows] 휠에서 연두색에 가까운 노란색을 클릭하고 ❷ 슬라이더를 위로 드래그하여 어두운 느낌을 지워주고 색보정을 완료합니다.

[Comparison View]를 활용해 비교하며 색보정하기

[Color Match]–[Comparison View]를 클릭하면, 화면이 좌우로 나뉘어 표시됩니다. 오른쪽에는 현재 색보정이 진행되는 영상 클립이 나타나고, 왼쪽에서는 내가 원하는 시간의 영상 클립을 볼 수 있습니다. 여러 영상을 작업할 때 각각의 영상 클립이 비슷한 분위기로 색보정되고 있는지 비교하기 좋은 기능입니다.

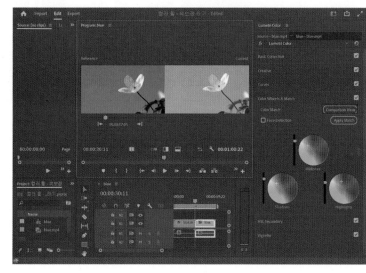

HSL Secondary(HSL 보조) 항목 알아보기

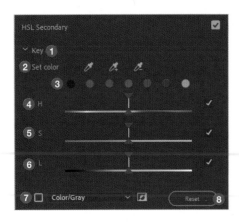

① **Key(키)** | 원하는 색상 범위를 선택하고 다양하게 색보정합니다. 스포이트와 H, S, L 슬라이더를 사용하여 색보정할 색상 범위를 선택합니다.

② **Set color** | 스포이트를 사용하여 원하는 색상 범위를 선택합니다. 더하기나 빼기 스포이트로 선택 영역을 늘리거나 줄일 수 있습니다.

③ **색상 범위 사전 설정** | 각 색상 단추를 누르면 해당 색상 범위가 자동으로 선택됩니다.

④ **H 슬라이더(Hue)** | 보정할 색상 범위를 선택합니다.

⑤ **S 슬라이더(Saturation)** | 보정할 채도 범위를 선택합니다.

⑥ **L 슬라이더(Light)** | 보정할 밝기 범위를 선택합니다.

> 해당 슬라이더를 더블클릭하면 각각 슬라이더를 초기화할 수 있습니다. 슬라이더의 가운데를 드래그하여 옮길 수 있으며, 상단 삼각형을 드래그하여 선택 범위를 늘리거나 줄일 수 있습니다. 하단 삼각형을 드래그하여 색상 선택의 경계를 조절할 수 있습니다.

⑦ **선택된 이미지 범위 보기** | 체크하거나 체크를 해제하여 선택된 이미지 영역을 확인할 수 있습니다. Color/Gray, Color/Black, White/Black으로 선택할 수 있습니다. 반전 🖼을 클릭하면 현재 선택된 이미지 상태가 반전되어 보여집니다.

⑧ **Reset(다시 설정)** | [Key]-[Set color]의 모든 설정을 원래대로 되돌립니다.

⑨ **Refine(다듬기)** | 선택한 영역의 노이즈, 흐림을 조정할 수 있습니다.

⑩ **Denoise(노이즈 제거)** | 영상의 노이즈를 제거합니다.

⑪ **Blur(흐림 효과)** | 영상에 흐림 효과를 적용합니다.

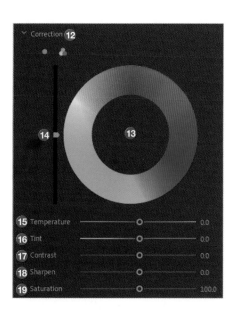

⑫ **Correction(교정)** | 선택한 범위의 색상을 보정합니다.

⑬ **Color Wheel(색상 원반)** | 변경하고 싶은 색상을 원반에서 선택합니다.

⑭ **Slider(슬라이더)** | 밝기를 조정합니다.

⑮ **Temperature(온도)** | 선택 영역의 색상 온도를 조정합니다.

⑯ **Tint(색조)** | 선택 영역의 색조를 조정합니다.

⑰ **Contrast(대비)** | 밝은 영역과 어두운 영역의 대비를 늘리거나 줄입니다.

⑱ **Sharpen(선명)** | 선택 영역의 선명도를 조정합니다.

⑲ **Saturation(채도)** | 선택 영역의 채도를 조정합니다.

간단 실습 · **HSL 색보정으로 얼굴 피부 톤 보정하기**

준비 파일 기본/Chapter 05/HSL색보정.prproj

HSL Secondary의 색보정을 활용해 인물 얼굴의 피부 톤을 보정해보겠습니다. **HSL색보정.prproj** 준비 파일을 불러옵니다.

01 ❶ 비디오 1번 트랙(V1)에서 [girl.mp4] 클립을 클릭합니다. ❷ [Lumetri Color] 패널의 [HSL Secondary] 항목을 활성화합니다.

02 먼저 색을 보정할 색상 톤을 선택해야 합니다. ❶ 인물의 피부를 보정할 것이므로 [Key]-[Set Color]의 스포이트 🖊를 클릭한 후 ❷ 피부의 중간 밝기를 나타내는 목 부분을 클릭합니다. ❸ [Set Color]의 [H], [S], [L]에 선택 범위에 따른 슬라이더가 표시되면 [H] 슬라이더의 조절점을 드래그해 범위를 넓혀봅니다.

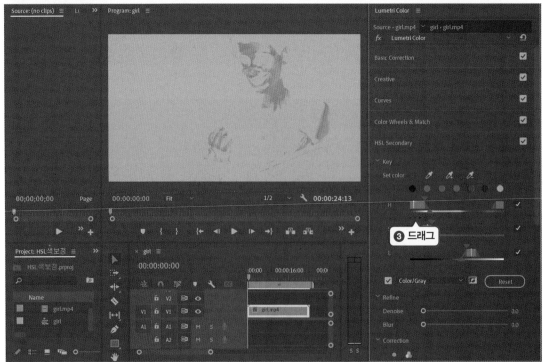

슬라이더를 조절하는 동안에는 자동으로 [Color/Gray] 옵션이 적용됩니다.

03 ❶ 선택 범위를 쉽게 보기 위해 [Color/Gray]에 체크합니다. ❷ [S] 슬라이더의 조절점을 드래그해 범위를 넓힙니다. ❸ 슬라이더 가운데 부분을 클릭한 후 피부 범위가 더 잘 잡히는 위치로 드래그합니다.

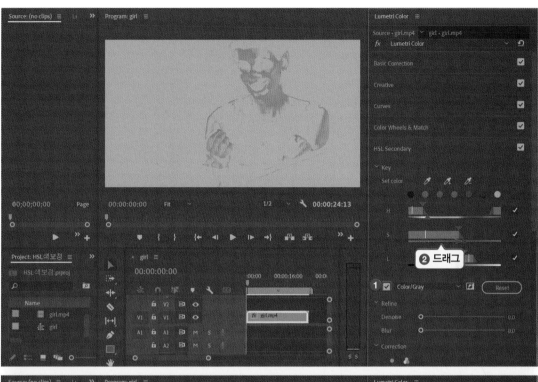

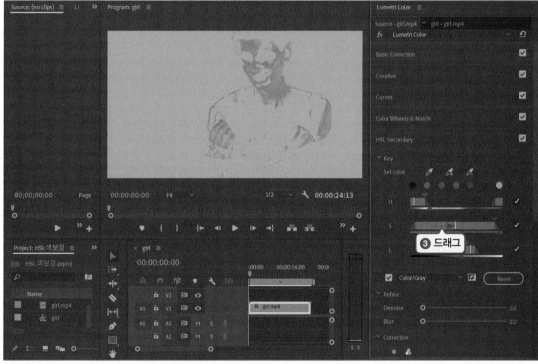

04 피부 톤을 보정하기 위해 노란색 영역을 선택 범위에서 삭제해야 합니다. ❶ [Set Color]에서 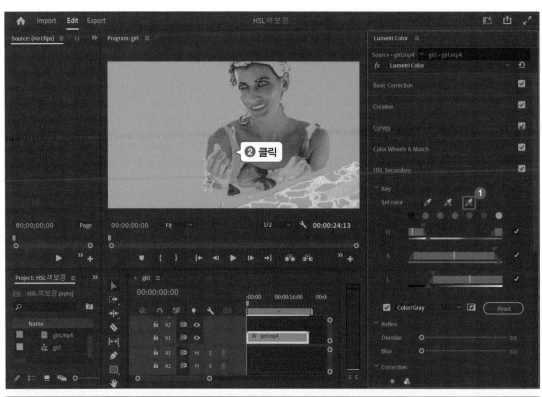를 클릭하고 ❷ 수영복의 노란색 부분을 클릭합니다. 노란색 범위가 제외되고 슬라이더의 범위가 변경됩니다.

05 수영복의 남은 영역도 범위에서 삭제해보겠습니다. ❶ [Set Color]에서 ▨를 선택하고 ❷ 빨간색 꽃무늬를 클릭합니다. 빨간색 범위가 제외되고 슬라이더의 범위가 변경됩니다.

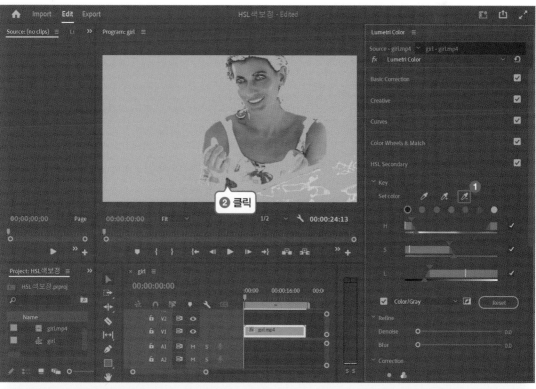

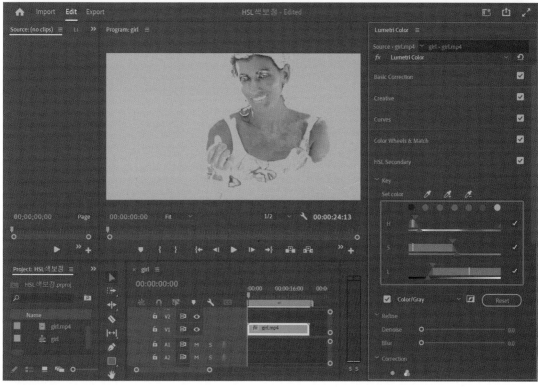

06 [Refine]–[Blur]를 **5.8**로 설정해 선택 범위의 경계선을 부드럽게 풀어줍니다.

07 ❶ [Correction]–[Shadows] 휠과 ❷ [Midtones] 휠의 슬라이더를 올려 밝게 조정하고 ❸ [Highlights] 휠의 슬라이더는 내려서 톤을 어둡게 조정해 차분한 느낌이 들도록 합니다.

Vignette 항목 알아보기

비네팅(Vignette)은 사진이나 영상의 외곽, 모서리가 어둡게 나타나는 현상을 말합니다. 보통 카메라의 렌즈, 필터 문제로 발생하지만 필요에 따라 영상의 분위기를 바꾸기 위해 적용하기도 합니다. 가장자리의 비네팅 크기, 모양, 밝기의 양을 조절할 수 있습니다.

▲ 비네팅 적용 전

▲ 비네팅 적용 후

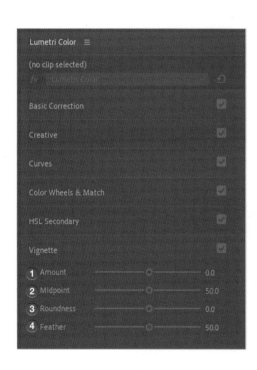

① **Amount(양)** | 비네팅의 밝기 또는 어둡기의 양을 조정합니다.

② **Midpoint(중간점)** | 비네팅이 적용될 범위의 너비를 조정합니다.

③ **Roundness(원형률)** | 비네팅 영역 가장자리에 나타난 원 범위의 크기를 조정합니다.

④ **Feather(페더)** | 비네팅 영역의 가장자리를 흐리게 하거나 선명하게 조정합니다.

영상에 비네팅 적용하기

준비 파일 기본/Chapter 05/비네팅색보정.prproj
핵심 기능 비네팅, Vignette

비네팅을 잘 응용하면 이미지 외곽에 어둡거나 밝은 효과를 적용할 수 있습니다. 다양한 분위기를 연출할 수 있도록 두 가지 결과를 살펴봅니다. **비네팅색보정.prproj** 준비 파일을 불러옵니다.

효과 1 – 필름 카메라 테두리 효과

[Amout]	1.7
[Midpoint]	17.2
[Roundness]	−87
[Feather]	10.7

효과 2 – 원형으로 감싸는 로모 효과

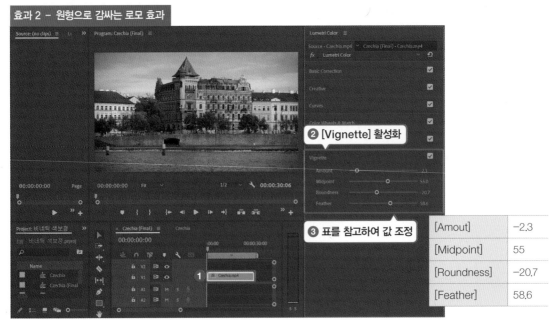

[Amout]	−2.3
[Midpoint]	55
[Roundness]	−20.7
[Feather]	58.6

영상 편집 기초

시작하기

편집 시작하기

자막 만들기

색보정

사운드 편집

영상 출력

보정 레이어로 색보정하기

보정 레이어에 루메트리 컬러 적용하기

보정 레이어 사용하기

영상에 색보정 작업을 할 때 색보정 효과를 영상 클립에 바로 적용할 수도 있지만, 여러 클립을 이어서 하나의 영상을 완성하는 편집 작업의 특성 때문에 보정 레이어(Adjustment layer)를 따로 만들어서 적용하기도합니다. 또한 색보정이 적용된 상태에서 영상 미리 보기를 실행하면 재생 속도가 많이 느려집니다. 따라서색보정 레이어를 비활성화하거나 트랙을 꺼둔 상태로 미리 보기를 실행하면 보다 편리합니다. 이처럼 별도의 트랙에 보정 레이어를 생성하고 색보정 효과를 추가하면 보다 효율적으로 작업할 수 있습니다.

간단 실습 ‖ 보정 레이어 추가하고 색보정하기

준비 파일 기본/Chapter 05/기본색보정.prproj

보정 레이어를 추가해 색보정을 준비해보겠습니다. **기본색보정.prproj** 준비 파일을 불러옵니다.

01 ❶ [Project] 패널 아래의 New Item █ 을 클릭한 후 ❷ [Adjustment Layer]를 클릭합니다.
[Adjustment Layer] 대화상자가 나타납니다. 보정 레이어는 작업 중인 시퀀스와 똑같은 설정으로 생성됩니다. ❸ [OK]를 클릭합니다.

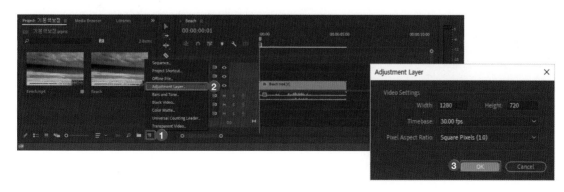

02 ❶ [Project] 패널에 **Adjustment Layer** 소스가 생성됩니다. 생성된 소스를 드래그해 비디오 2번 트랙(V2)으로 드래그합니다. [Adjustment Layer]는 항상 색을 보정하려는 비디오 트랙 위에 배치합니다. ❷ [Timeline] 패널에 배치된 [Adjustment Layer] 클립의 끝부분을 드래그해 비디오 1번 트랙(V1)에 있는 동영상과 길이를 똑같이 맞춥니다.

03 ❶ 프리미어 프로 상단의 Workspaces █를 클릭하고 ❷ [Color]를 클릭해 작업 영역 모드를 변경합니다.

04 ❶ [Timeline] 패널의 비디오 2번 트랙(V2)에 위치한 [Adjustment Layer] 클립을 선택하면 [Lumetri Color] 패널이 활성화됩니다. ❷ [Creative] 항목에 체크하여 목록을 펼칩니다. ❸ [Look] 항목에서 ❹ 원하는 보정 프리셋을 선택합니다. 실습에서는 [SL CLEAN FUJI C]를 선택했습니다.

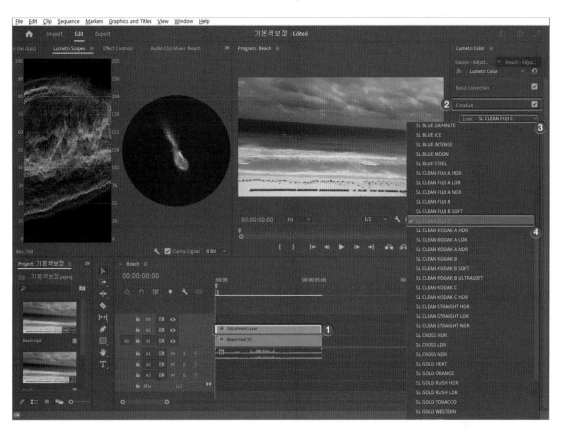

기능 꼼꼼 익히기 🎤 　색보정 효과 미리 보기

[Look] 항목을 선택하기 전에 미리 확인하려면 '축소판 뷰어'를 확인합니다. 화면의 양쪽 화살표를 눌러가면서 미리 보기를 진행할 수 있습니다. 미리 보기에 표시된 설정이 마음에 들면 화면을 클릭해 바로 적용할 수 있습니다.

05 [Look]을 선택한 후 [Creative]의 [Intensity]와 [Adjustments] 항목을 아래 표와 같이 설정합니다. 이처럼 [Look] 프리셋을 선택한 후 [Adjustment] 항목의 세부 설정을 조정해 원하는 대로 바꿀 수 있습니다.

항목	설정값
[Intensity]	160
[Faded Film]	0
[Sharpen]	6
[Vibrance]	50
[Saturation]	130

06 ❶[Vignette] 항목에 체크하고 ❷각 항목을 아래 표와 같이 설정합니다. [Vignette]는 동영상 주변부의 어둡고 밝은 정도를 설정할 수 있는 비네팅 항목입니다. 예제에서는 외곽선을 어둡게 눌러주는 효과가 나타나도록 적용했습니다.

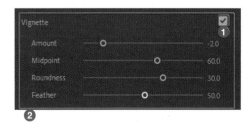

항목	설정값
[Amount]	-2.0
[Midpoint]	60
[Roundness]	30
[Feather]	50

07 [Timeline] 패널의 비디오 2번 트랙(V2)의 ◉를 클릭해 활성화, 비활성화하면서 색보정 차이를 확인합니다.

영상 편집 기초

시작하기

편집 시작하기

자막 만들기

색보정

사운드 편집

영상 출력

블렌드 모드로 색보정하기

보케 효과를 적용해 영상에 감성 더하기

보케로 영상 블렌딩하기

색보정에는 프리미어 프로에서 기본적으로 제공되는 보정 효과를 적용할 수도 있지만, 다양한 영상 소스와 블렌딩 모드를 이용해 색을 보정할 수도 있습니다. 이번 LESSON에서는 다양한 빛이 흐릿하게 표현된 보케 (Bokeh) 영상을 원본 소스에 블렌딩해 색보정을 해보겠습니다. 보케는 렌즈의 초점을 의도적으로 나가게 촬영한 영상을 의미합니다. 이러한 영상 소스를 사용하여 블렌딩 모드를 적용하면 영상을 더욱 감성적으로 표현할 수 있습니다.

간단 실습 블렌드 모드 적용하기

준비 파일 기본/Chapter 05/블렌드모드.prproj

원본 소스에 보케 영상을 적용해보겠습니다. **블렌드모드.prproj** 준비 파일을 불러옵니다.

01 ❶ Ctrl + I 를 누르고 ❷ [Import] 대화상자가 나타나면 예제 폴더에서 **보케.mp4** 파일을 선택한 후 ❸ [열기]를 클릭합니다.

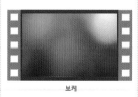
02 ❶ [Timeline] 패널의 비디오 2번 트랙(V2)에 **보케.mp4** 소스를 드래그하여 배치합니다. ❷ [보케.mp4] 클립의 끝부분을 드래그하여 [색보정.mp4] 클립의 길이에 맞춰 줄여줍니다. ❸ [보케.mp4] 클립을 선택합니다.

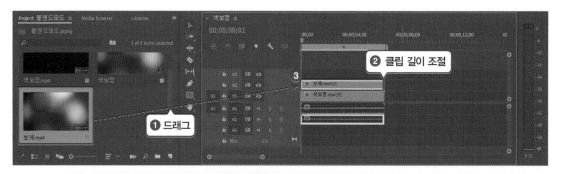

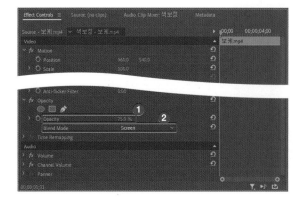

03 ❶ [Effect Controls] 패널에서 [Opacity] 항목의 [Opacity]를 **75%**로 설정하고, ❷ [Blend Mode]는 [Screen]으로 설정합니다.

04 Spacebar 를 눌러 미리 보기를 재생해 스크린 효과가 적용된 영상을 확인합니다. [Blend Mode]의 다양한 옵션을 변경해보며 영상 소스가 어떻게 적용되는지 확인합니다.

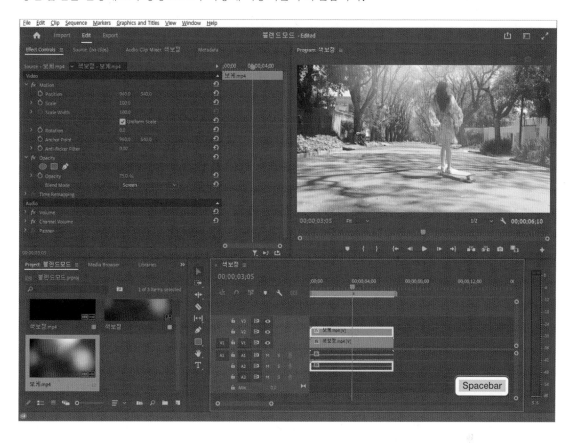

기능 꼼꼼 익히기 🎤 **블렌드 모드 알아보기**

[Opacity] 항목에서는 다양한 블렌드 모드(Blend Mode)를 제공합니다. 블렌드 모드는 두 개 이상의 비디오 영상 클립을 중첩하여 작업할 때에 다양한 시각적 효과를 낼 수 있는 기능입니다. 원본 영상 클립(타임라인에서 아래 트랙에 위치해 색혼합의 대상이 되는 클립)의 트랙 위에 소스 클립(블렌드 모드를 적용할 클립)을 배치한 후 [Program] 패널에 나타나는 결과를 보면서 소스 클립의 블렌드 모드와 Opacity 수치를 변경하여 원하는 결과를 만듭니다.

▲ 블렌드 영상 소스

▲ 원본 영상

Normal Category | 소스 클립의 [Opacity]가 100%면 결과는 소스 클립 원본 그대로 보입니다.

• **Normal** | 소스 클립의 색상이 그대로 유지되며 기본 클립의 색상은 무시됩니다. 기본 설정인 블렌드 모드입니다.

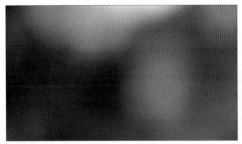
▲ Normal—Opacity 100%

▲ Normal—Opacity 50%

Dissolve | 소스 클립의 색상이 그대로 나타납니다. [Normal] 모드와 달리 소스 클립의 [Opacity]를 100% 이하로 낮추면 소스 클립의 일부 픽셀들이 불규칙하게 투명해지며 기본 클립과 혼합됩니다.

▲ Dissolve—Opacity 100%

▲ Dissolve—Opacity 50%

Subtractive Category | 페인트나 안료를 혼합하는 방식처럼 어두운 결과 색을 도출하는 혼합 방식입니다.

- **Darken** | 소스 클립과 기본 클립의 색상 채널 중 더 어두운 값이 결과 색상으로 보입니다.
- **Multiply** | 두 클립의 색상 채널값을 곱한 후 픽셀의 최댓값으로 나눈 값의 색상이 표현됩니다. 전체적인 장면에서 색상이 어두워집니다.

▲ Darken

▲ Multiply

- **Color Burn** | 겹쳐지는 클립의 색상, 채도가 강하게 표현됩니다. 흰색은 투명해집니다.
- **Linear Burn** | 흰색을 제외한 모든 클립의 색상 명도를 낮춰 전체적으로 어둡게 표현됩니다.

▲ Color Burn

▲ Linear Burn

- **Darker Color** | 두 클립 중 어두운 클립의 색상만 나타냅니다.

Additive Category | 빛을 혼합하는 방식처럼 밝은 색을 도출하는 혼합 방식입니다.

- **Lighten** | 클립의 색상이 밝으면 섞이고, 어두우면 투명해집니다. 클립의 색상이 전체적으로 밝게 표현됩니다.
- **Screen** | 클립의 겹친 부분이 더 밝게 표현됩니다. 검은색은 겹치는 색상이 그대로 표현됩니다.

▲ Lighten   ▲ Screen

- **Color Dodge** | 클립의 겹친 이미지 색상은 밝게, 채도는 약하게 표현됩니다. 겹치는 색상은 그대로 표현됩니다.
- **Linear Dodge(Add)** | 검은색을 제외한 모든 색상의 밝기를 높입니다.

▲ Color Dodge   ▲ Linear Dodge(Add)

- **Lighter Color** | 두 클립 중 밝은 클립의 색상만 표현됩니다.

Complex Category | 빛을 복합적으로 합하는 방식으로 강한 색상, 어두운 색상을 도출하는 혼합 방식입니다.

- **Overlay** | 두 클립의 색이 서로 반반씩 겹치는 느낌입니다. 밝은 색상은 더 밝게, 어두운 색상은 더 어둡게 표현됩니다.
- **Soft Light** | 색상이 부드럽게 섞입니다. 회색보다 밝으면 더 밝게, 회색보다 어두우면 더 어둡게 표현됩니다.

▲ Overlay   ▲ Soft Light

- **Hard Light** | 강한 조명을 비추는 것처럼 표현됩니다. 색상이 강하게 섞이며 검은색이나 흰색 모두에 아무런 변화가 없습니다.
- **Vivid Light 50%** | 회색보다 밝으면 대비가 감소되어 밝아지고, 50% 회색보다 어두우면 대비가 증가되어 어둡게 표현됩니다. 전체적으로 변색된 느낌이 듭니다.

영상 편집 기초

시작하기

편집 시작하기

자막 만들기

색보정

사운드 편집

영상 출력

▲ Hard Light

▲ Vivid Light 50%

- **Linear Light** | 밝기의 대비가 명확하게 표현됩니다.
- **Pin Light** | [Darken] 모드와 [Lighten] 모드가 합쳐진 효과입니다. 검은색이나 흰색 모두에 아무런 변화가 없습니다.

▲ Linear Light

▲ Pin Light

- **Hard Mix** | 클립의 색상이 거칠게 혼합되어 색상 대비가 커집니다.

▲ Hard Mix

Difference Category | 두 클립의 색상 차이를 이용하여 색상을 도출하는 혼합 방식입니다.

- **Difference** | 두 클립의 밝기를 기준으로 밝은 부분이 강한 보색으로 표현됩니다. 검은색은 아무런 변화가 없습니다.
- **Exclusion Difference** | 모드와 비슷하지만 좀 더 부드럽고 약하게 표현됩니다.

▲ Difference

▲ Exclusion Difference

- **Subtract** | 기본 색상에서 혼합 색상을 빼 어둡게 표현됩니다.
- **Divide** | 기본 색상에서 혼합 색상을 나눠 밝게 표현됩니다.

▲ Subtract

▲ Divide

HSL Category | 두 클립 중 한 클립이 다른 클립의 색상에 영향을 주는 혼합 방식입니다.

- **Hue** | 하위 클립의 색상을 상위 클립 색상으로 변경합니다. 색상값만 변하여 표현됩니다.
- **Saturation** | 상위 클립의 채도에 영향을 받으며 하위 클립의 명도와 색상이 상위 클립의 채도에 더해져서 나타납니다.
- **Color** | 하위 클립의 명도에 영향을 받으며 상위 클립의 채도와 색상이 하위 클립의 명도에 더해져서 표현됩니다.
- **Luminosity** | 상위 클립의 명도에 영향을 받으며 하위 클립의 채도와 색상이 상위 클립의 명도에 더해져서 표현됩니다.

▲ Hue

▲ Saturation

▲ Color

▲ Luminosity

영상 편집 기초

시작하기

편집 시작하기

자막 만들기

색보정

사운드 편집

영상 출력

오디오는 잘 구성된 영상이라면 빠질 수 없는 요소입니다.

프리미어 프로는 영상 편집에 최적화된 오디오 편집 기능을 통해

영상의 느낌을 한껏 살려볼 수 있는 다양한 기능을 지원합니다.

오디오 효과를 이용해 영상에 녹음된 소리를 더욱 잘 들리도록 만들거나,

영상에 배경음악과 효과음을 삽입해 분위기를 연출할 수 있습니다.

오디오를 잘 활용하면 영상의 퀄리티를 높일 수 있습니다.

CHAPTER 06

사운드
편집하기

사운드 편집의 기초 이해하기

작업 영역 살펴보고 간단하게 사운드 편집하기

오디오 사운드 편집하기

프리미어 프로에서 사운드를 편집하는 방법은 비디오를 편집하는 방법과 거의 동일합니다. 오디오 클립을 [Timeline] 패널에 배치한 후 자르기 도구로 자르고 선택 도구로 원하는 위치로 이동하면서 손쉽게 편집할 수 있습니다.

간단 실습 **오디오 파일을 이용한 기본적인 편집하기**

준비 파일 기본/Chapter 06/사운드편집_1.prproj

오디오 파일을 이용한 기본적인 편집 방법을 알아보겠습니다. **사운드 편집_1.prproj** 준비 파일을 불러옵니다.

01 [Project] 패널에서 **Summer Bliss.wav** 파일을 [Timeline] 패널의 오디오 2번 트랙(A2)으로 드래그하여 삽입합니다.

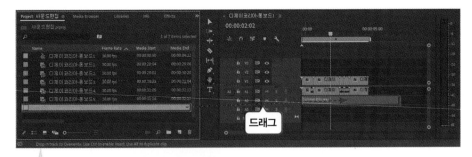

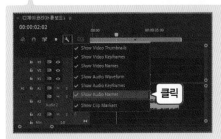

트랙에 배치한 오디오 클립에 파일 이름이 표시되지 않는다면 [Timeline] 패널의 Timeline Display Settings 🔧를 클릭하고 [Show Audio Names]에 체크합니다.

02 오디오 2번 트랙(A2)의 사운드만 들으면서 편집하기 위해 비디오 클립에 포함된 오디오는 음소거합니다. 오디오 2번 트랙(A2)의 트랙 헤더에서 Solo Track⬛을 클릭하여 해당 트랙의 사운드만 활성화합니다.

> 오디오 1번 트랙(A1)의 트랙 헤더에서 Mute Track⬛을 클릭해도 비디오 클립의 오디오를 음소거할 수 있습니다.

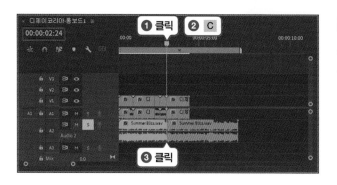

03 ➊ 편집 기준선을 **00:00:02:24** 위치로 이동한 후 ➋ **C** 를 눌러 자르기 도구⬛를 선택하고 ➌ 오디오 클립을 자릅니다.

04 ➊ **V** 를 눌러 선택 도구▶로 전환하고 ➋ 잘려진 클립의 앞부분을 선택한 후 ➌ Delete 를 눌러 클립을 삭제합니다. ➍ 남은 오디오 클립을 앞으로 드래그해 비디오 클립의 길이와 일치하도록 배치합니다.

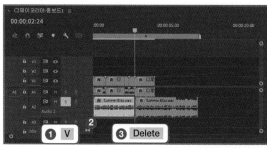

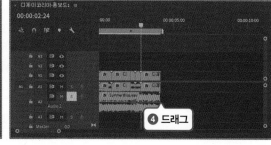

🎤 **기능 꼼꼼 익히기** | **오디오 파일 사용 시 주의사항**

오디오 파일(음원 파일)은 저작권에 신경 써야 합니다. 개인 소장용 영상이나 외부에 공개하지 않는 습작이라면 저작권을 크게 신경 쓰지 않아도 됩니다. 하지만 인터넷 공개나 상업적 용도로 제작한 영상일 경우에는 사용한 음원의 저작권 문제를 반드시 확인하고 해결한 후에 작업을 진행합니다. 무료 음원일 경우 해당 음원의 사용 가능 범위를 꼼꼼하게 체크하고, 유료 음원의 경우 사용 용도에 따른 정식 비용을 지불하여 문제가 발생하지 않도록 해야 합니다.

오디오 클립의 기본 속성 알아보기

단순히 오디오 클립을 영상 클립의 길이에 맞게 잘라서 맞추는 작업만으로는 영상에 사운드를 제대로 입혔다고 할 수 없습니다. 사운드의 전체적인 밸런스는 물론이고 영상의 시작과 끝에 맞춰 볼륨을 조절하는 등 영상의 흐름에 따라 오디오 클립을 다듬어야 합니다. 여기에서는 오디오 클립이 가지고 있는 기본 속성을 알아보겠습니다. 오디오 클립의 기본 속성은 [Effect Controls] 패널의 [Audio Effects] 항목에 표시됩니다.

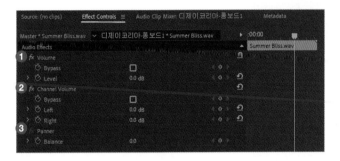

① **Volume** ㅣ 오디오 클립의 레벨값을 설정합니다. −281.1dB(최저)~15dB(최고) 사이에서 표시합니다.

② **Channel Volume** ㅣ 왼쪽/오른쪽 양 채널에서 각 레벨값을 설정합니다.

③ **Panner** ㅣ [Balance] 항목에서 왼쪽/오른쪽 채널의 밸런스를 조정합니다.

간단 실습 **키프레임을 이용하여 페이드 아웃 효과 적용하기**

준비 파일 기본/Chapter 06/사운드편집_2.prproj

사운드 페이드 아웃 효과는 사운드가 점점 작아지며 끝나는 효과입니다. 영상이 끝나는 지점에 페이드 아웃 효과를 적용해보겠습니다. **사운드편집_2.prproj** 준비 파일을 불러옵니다.

01 ❶ 마지막 비디오 클립이 시작되는 **00:00:02:24** 지점으로 편집 기준선을 이동합니다. ❷ 오디오 2번 트랙(A2)의 클립을 선택합니다.

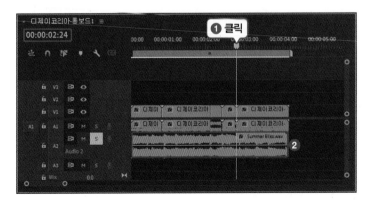

02 [Effect Controls] 패널의 [Volume]-[Level] 항목의 Add/Remove Keyframe◎을 클릭하여 현재 편집 기준선 위치(00:00:02:24)에 키프레임을 생성합니다.

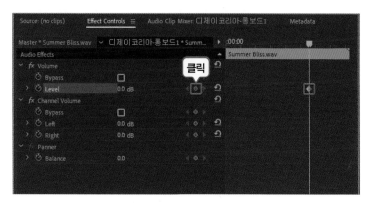

03 ❶ 편집 기준선의 위치를 클립의 끝 지점으로 이동한 후 ❷ [Level] 항목의 키프레임을 추가합니다.

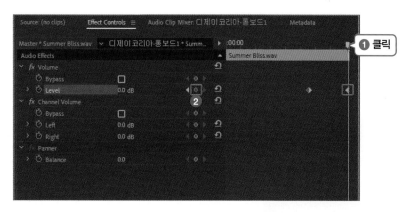

04 ❶ [Level] 항목의 ▶를 클릭해 그래프를 엽니다. ❷ 마지막 키프레임의 값을 최저(-281.1dB)로 낮춥니다. ❸ Spacebar 를 눌러 시퀀스를 플레이합니다. 오디오 볼륨이 작아지면서 끝나는지 확인합니다.

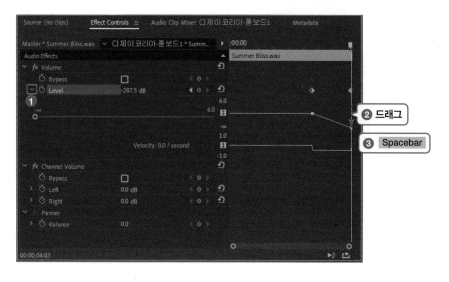

오디오 클립 볼륨 조절하기

오디오 클립을 사용하여 사운드 편집을 진행할 때 [Audio Meters] 패널을 잘 활용해야 합니다. [Audio Meters] 패널은 재생하는 사운드의 레벨값을 그레이디언트 그래프 형식으로 표시하며 재생 시 귀로 잡아내지 못하는 부분, 즉 최고점을 초과했을 때 위쪽 클리핑 영역을 붉은색으로 표시합니다. 레벨값이 최대치를 초과하면 클리핑 노이즈가 생기거나 사운드가 깨끗하게 들리지 않을 수 있으므로 오디오 클립의 볼륨을 적절하게 조절해야 합니다.

간단실습   오디오 클립에서 직접 레벨 조절하기

준비 파일 기본/Chapter 06/사운드편집_3.prproj

사운드편집_3.prproj 준비 파일을 불러옵니다.

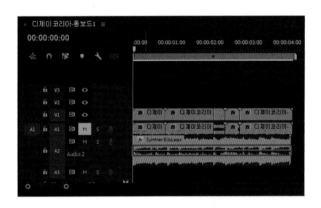

01 [Timeline] 패널에서 오디오 트랙을 확대하면 오디오 클립의 가운데를 위아래로 나누는 라인을 확인할 수 있습니다. 이 라인은 앞서 살펴본 클립의 기본 속성을 타임라인에서 직접 조절할 수 있는 컨트롤 라인입니다. 기본 설정은 레벨값으로 설정되어 있습니다.

02 해당 라인이 Level 컨트롤 라인인지 확인해보겠습니다. ❶ 오디오 클립 왼쪽 위의 fx 를 마우스 오른쪽 버튼으로 클릭합니다. ❷ [Volume]-[Level]에 체크되어 있는지 확인합니다. 같은 방법으로 컨트롤 라인의 속성을 다른 설정으로 변경할 수 있습니다.

03 드래그를 이용하여 오디오 클립의 Level 컨트롤 라인을 위아래로 움직여 오디오 클립의 볼륨 레벨을 조절합니다. 위로 드래그하면 레벨값이 올라가고, 아래로 드래그하면 레벨값이 내려갑니다.

Audio Gain 이용하여 조절하기

오디오 게인(Audio Gain)을 이용하면 오디오 클립의 입력 레벨을 참조하여 볼륨을 조절할 수 있습니다. 또 오디오 게인을 사용하면 여러 개의 오디오 클립 볼륨을 일관성 있게 변경할 수 있습니다. 오디오 게인은 [Effect Controls] 패널에서 [Level] 값을 조정하는 것과는 별개로 최종 결과에 적용되어 나타납니다. 오디오 게인의 변화는 오디오 클립의 오디오 파형으로 확인할 수 있습니다.

❶ 볼륨을 조절하려는 오디오 클립을 [Timeline] 패널에서 클릭한 후 ❷ 마우스 오른쪽 버튼을 클릭하고 ❸ [Audio Gain]을 클릭합니다. ❹ [Audio Gain] 대화상자가 나타나면 원하는 옵션을 조절하여 적용합니다. [Audio Gain]의 옵션을 살펴보겠습니다.

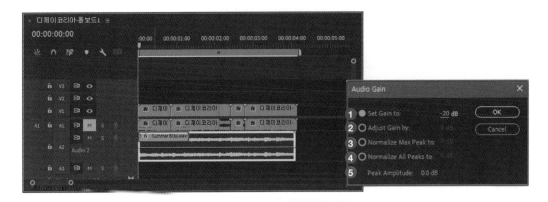

① **Set Gain to** | 오디오 클립의 게인값을 사용자가 지정한 dB값으로 변경합니다. 게인값은 -96dB~96dB 사이에서 설정할 수 있습니다.

② **Adjust Gain by** | 사용자가 지정한 수치를 해당 오디오 클립에 적용하여 결과를 나타냅니다. 예를 들어 −5dB를 입력하면 오디오 클립의 기본 게인값에서 −5dB가 적용된 결과가 나타납니다. 여러 오디오 클립에 동시에 적용할 수 있으며, 해당 값은 각 오디오 클립의 기본값에 대응하여 결과를 산출합니다.

③ **Normalize Max Peak to** | 선택한 오디오 클립의 최고점을 사용자가 지정한 dB로 설정합니다. 예를 들어 오디오 클립의 최고 진폭이 -5dB일 때 [Normalize Max Peak to]를 0.0dB로 설정하면 +5dB만큼 게인이 조절됩니다. 여러 개의 오디오 클립에 이 항목을 적용하면 최고 진폭인 오디오 클립을 기준으로 동일한 오디오 게인의 값을 적용하여 각 오디오 클립 간의 게인 차이를 유지하면서 변경할 수 있습니다.

④ **Normalize All Peaks to** | 모든 오디오 클립의 최고점을 사용자가 지정한 dB값으로 설정합니다. 각 오디오 클립에 적용되는 게인값은 오디오 클립의 기본 게인값을 기준으로 합니다.

⑤ **Peak Amplitude** | 해당 클립의 볼륨 최고점과 오디오 클립의 볼륨 차이를 표시합니다. 예를 들어 -1dB 라고 표시되어 있다면 최고점과의 차이가 1이라는 뜻으로 클립의 오디오 게인값을 1dB만큼 올려주면 최고점에 도달합니다.

[Audio Track Mixer] 패널

[Audio Track Mixer] 패널은 [Timeline]의 오디오 트랙별로 레벨과 밸런스를 조정하거나 마스터 볼륨을 조정합니다. 또한 트랙에 필요한 이펙트를 적용하거나 센드(Sends)를 활용하여 트랙을 다채롭게 믹싱할 수 있습니다.

[Audio Track Mixer] 패널에서 오디오 이펙트 적용하기

[Audio Track Mixer] 패널에서는 오디오 개별 클립이 아닌 오디오 트랙 전체에 이펙트를 적용할 수 있습니다.

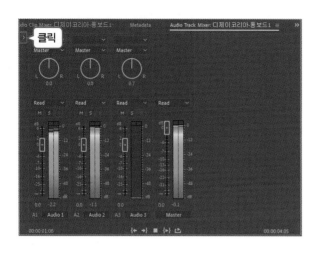

01 [Audio Track Mixer] 패널의 왼쪽 위에 있는 Show/Hide Effects and Sends 를 클릭하여 이펙트/센드 영역을 표시합니다.

02 로 표시된 부분이 오디오 이펙트를 적용할 수 있는 영역으로 최대 다섯 개의 서로 다른 오디오 이펙트를 적용할 수 있습니다.

03 트랙 출력 할당 영역에서 해당 이펙트의 세부 항목을 설정하고 이펙트를 적용/해제할 수 있습니다.

  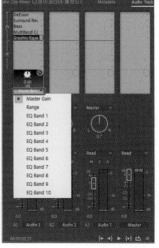

[Audio Track Mixer] 패널에서 서브믹스 트랙 활용하기

두 개 이상의 트랙에 동일한 오디오 이펙트를 적용해야 하는 경우 서브믹스(Submix) 트랙을 생성한 후 [Audio Track Mixer] 패널의 센드 영역에서 오디오 트랙을 할당하면 한 번의 작업으로 편리하게 오디오 이펙트를 적용할 수 있습니다.

01 ❶ [Audio Track Mixer] 패널의 센드 영역에서 오른쪽 화살표를 클릭하고 ❷ [Create Stereo Submix]를 클릭해 새로운 스테레오 서브믹스 트랙을 생성합니다.

02 스테레오 서브믹스 트랙을 생성하는 다른 방법도 있습니다. ❶ [Timeline] 패널의 오디오 트랙 헤더 위치에서 마우스 오른쪽 버튼을 클릭한 후 ❷ [Add Audio Submix Track]을 클릭합니다.

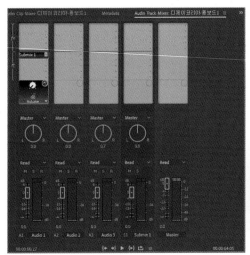

03 생성된 서브믹스 트랙은 [Audio Track Mixer] 패널과 [Timeline] 패널에서 확인할 수 있습니다.

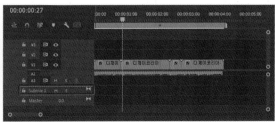

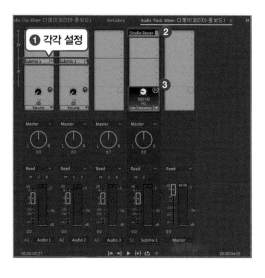

04 ❶ [Audio Track Mixer] 패널의 오디오 1번 트랙(A1)과 오디오 2번 트랙(A2)의 센드 영역을 [Submix1]로 설정합니다. ❷ 서브믹스 1번 트랙(S1)의 이펙트 영역에서 원하는 오디오 이펙트를 설정합니다. ❸ 오디오 1번 트랙(A1)과 오디오 2번 트랙(A2)에 간편하게 동일한 이펙트가 적용됩니다.

05 ❶ 서브믹스 트랙은 [Timeline] 패널의 서브믹스 트랙 헤더를 마우스 오른쪽 버튼으로 클릭하고 ❷ [Delete Track]을 클릭해 삭제할 수 있습니다.

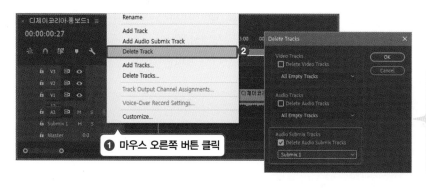

[Delete Tracks]를 클릭하면 나타나는 [Delete Tracks] 대화상자의 [Audio Submix Tracks] 항목에서 지우려는 서브믹스 트랙을 선택한 후 [OK]를 클릭해도 됩니다.

[Audio Clip Mixer] 패널

[Audio Clip Mixer] 패널은 [Timeline] 패널의 편집 기준선이 위치한 지점의 오디오 클립 정보를 표시하며 오디오 클립을 개별적으로 조절합니다. 클립의 볼륨과 밸런스를 조절하며 패널에서 직접 키프레임을 적용할 수 있습니다.

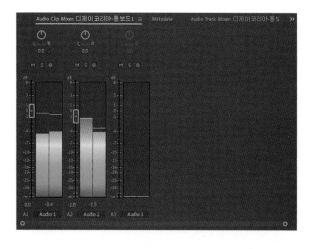

[Audio Clip Mixer] 패널에서 키프레임 적용하기

준비 파일 기본/Chapter 06/사운드편집_4.prproj

[Audio Clip Mixer] 패널에서 키프레임을 적용하여 오디오 2번 트랙(A2)의 사운드를 페이드 아웃해보겠습니다. **사운드편집_4.prproj** 준비 파일을 불러옵니다.

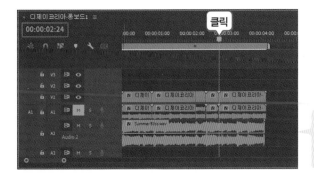

01 사운드가 점점 줄어들도록 설정하기 위해 [Timeline] 패널에서 편집 기준선을 **00:00:02:24** 지점에 위치합니다.

> 오디오 트랙의 높이를 넓힐 때는 트랙 헤더에 마우스 포인터를 위치시키고 **Alt** 를 누른 상태에서 마우스 휠 버튼을 위로 스크롤합니다.

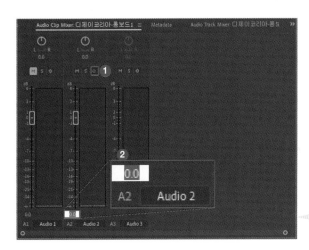

02 ❶ [Audio Clip Mixer] 패널의 [Audio 2] 믹서에서 Write Keyframes ◎를 클릭한 후 ❷ 오디오 레벨값을 0으로 입력합니다.

> Write Keyframes가 ◙로 활성화되어 있으면 클릭하지 않습니다.

03 볼륨 페이드 아웃을 설정하겠습니다. ❶ [Timeline] 패널의 편집 기준선을 오디오 클립이 끝나는 지점인 **00:00:04:03**으로 이동한 후 ❷ [Audio Clip Mixer] 패널의 볼륨 컨트롤을 아래로 드래그하여 최솟값으로 설정합니다.

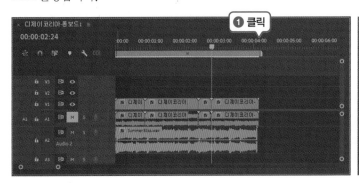

04 오디오 클립에 키프레임이 보이지 않는다면 키프레임 설정을 확인합니다. ❶ fx 를 마우스 오른쪽 버튼으로 클릭하고 ❷ [Volume]-[Level]로 설정되어 있는지 확인합니다. ❸ [Timeline] 패널의 오디오 2번 트랙(A2)에 키프레임이 적용된 것을 확인할 수 있습니다.

05 ❶ 적용된 키프레임을 삭제하려면 오디오 클립에서 키프레임을 마우스 오른쪽 버튼으로 클릭하고 ❷ [Delete]를 클릭합니다.

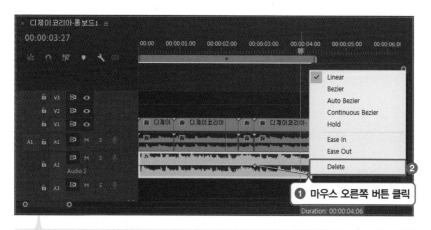

> 키프레임을 선택하고 Delete 를 눌러 삭제하거나 [Effect Controls] 패널에서 키프레임을 삭제할 수도 있습니다.

오디오 파형을 보면서 사운드 편집하기

오디오 클립의 파형 확인하고 작업하기

오디오 클립 파형 확인하기

사운드 작업할 때 오디오 클립의 파형(Waveform)을 눈으로 확인하면서 작업하면 좀 더 손쉽게 사운드의 편집 지점을 찾을 수 있습니다. 오디오 파형은 [Timeline] 패널에서 Timeline Display Settings 를 클릭하고 [Show Audio Waveform]에 체크하여 보이게 하거나 숨길 수 있습니다.

간단 실습　　**오디오 파형을 보면서 사운드 편집하기**

준비 파일 기본/Chapter 06/사운드편집_5.prproj

여러 개의 효과음이 취합되어 있는 오디오 클립에서 오디오 파형을 이용하여 원하는 부분을 잘라내 영상에 추가해보겠습니다. **사운드편집_5.prproj** 준비 파일을 불러옵니다.

01 ❶ [Project] 패널의 **Effect Sound.wav** 소스를 [Timeline] 패널 오디오 3번 트랙(A3)에 배치합니다. ❷ 효과음을 잘 들을 수 있도록 오디오 3번 트랙(A3)을 제외한 나머지 오디오 트랙은 Mute Track M 을 클릭해 음소거합니다.

02 클립의 네 가지 효과음 중에서 두 번째 효과음을 잘라내어 사용해보겠습니다. ❶ 오디오 파형이 커지는 두 번째 지점(00:00:01:04)으로 편집 기준선을 이동한 후 ❷ C를 눌러 자르기 도구 ◈를 선택하고 ❸ 클립을 자릅니다.

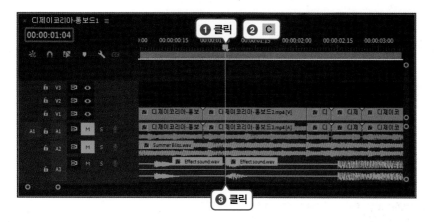

03 오디오 파형이 작아진 부분보다 조금 더 뒤쪽(00:00:02:01)을 잘라줍니다. 사운드 파일은 파형으로는 보이지 않는 잔여음이 있는 경우가 있습니다. 오디오 파형이 작아진 부분부터 바로 자르면 사운드가 뚝 끊어져 어색하게 들리는 경우가 있으므로 미리 들어보며 클립의 자를 지점을 선택합니다.

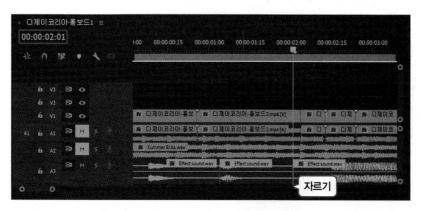

04 사용할 오디오 클립을 제외하고 앞뒤의 남은 클립을 삭제합니다.

05 효과음 오디오 클립의 시작 위치를 비디오 클립의 첫 번째 경계 부분(00:00:00:26)과 일치하도록 이동합니다. 이때 편집 기준선을 배치하려는 곳에 위치시킨 상태에서 드래그하면 편리합니다.

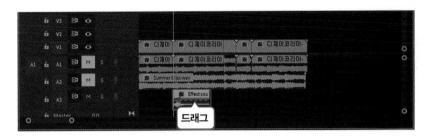

06 효과음 오디오 클립을 비디오 클립의 나머지 경계 부분과도 일치하도록 각각 복사하여 이동합니다. 트랙 내에서 Alt 를 누른 상태로 클립을 드래그하면 클립이 복사됩니다.

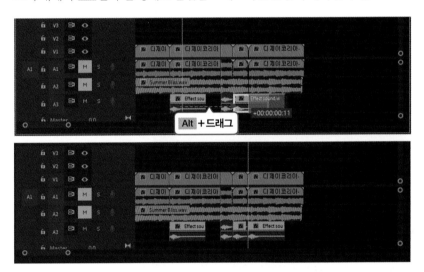

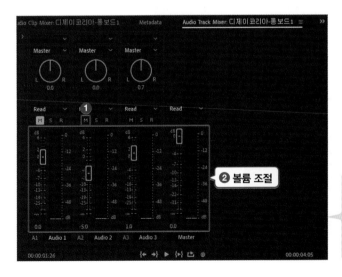

07 ❶ [Audio Track Mixer] 패널에서 오디오 2번 트랙(A2)의 음소거를 해제하고 시퀀스를 플레이합니다. ❷ 배경음악과 효과음이 잘 들릴 수 있도록 각 트랙의 레벨을 조절합니다.

> 오디오 파형을 보면서 오디오 클립을 편집하면 영상과 사운드의 싱크를 맞추거나 다양한 사운드를 편집, 믹싱할 때 수월하게 작업할 수 있습니다. 간단 실습에 제공된 오디오 소스 외에도 다양한 형태의 오디오 소스를 편집해보세요.

03 오디오 트랜지션 알아보기

오디오 트랜지션 적용하고 응용하기

오디오 트랜지션

두 개 이상의 오디오 클립을 연결하여 사운드 편집을 진행할 때 오디오를 자연스럽게 전환하려면 오디오 트랜지션을 적용합니다. 오디오 클립을 자연스럽게 연결할 수 있는 오디오 트랜지션을 알아보겠습니다. 오디오 트랜지션은 [Effects] 패널의 [Audio Transitions]-[Crossfade] 목록에서 확인할 수 있으며 원하는 오디오 트랜지션을 선택해 적용합니다 .

① **Constant Gain** | 두 클립 간의 오디오가 전환될 때 일정한 속도로 페이드 인, 페이드 아웃됩니다. 경우에 따라 오디오가 갑자기 전환되는 것처럼 들릴 수도 있습니다.

② **Constant Power** | 두 클립 간의 오디오가 전환될 때 첫 번째 클립의 오디오는 천천히 감소하다가 전환이 끝나는 시점에서 빠르게 감소합니다. 두 번째 클립의 오디오는 빠르게 증가하다 전환이 끝나는 시점에서 천천히 증가합니다.

③ **Exponential Fade** | 두 클립 간의 오디오가 전환될 때는 완만한 로그 곡선을 따라 전환됩니다. 첫 번째 클립의 오디오가 천천히 페이드 아웃하고 두 번째 클립의 오디오 역시 천천히 페이드 인합니다. 앞의 두 효과와는 다르게 첫 번째 오디오 클립과 두 번째 오디오 클립의 사운드가 겹치는 부분이 존재하지 않습니다.

Constance Power로 자연스러운 오디오 전환하기

준비 파일 기본/Chapter 06/오디오트랜지션.prproj

자연스러운 오디오 전환을 위해 오디오 트랜지션을 적용해보겠습니다. **오디오트랜지션.prproj** 준비 파일을 불러옵니다.

01 [Effects] 패널-[Auido Transisions]-[Corssfade]-[Constance Power]를 오디오 클립이 연결되는 부분으로 드래그하여 오디오 트랜지션 효과를 적용합니다.

오디오 클립이 교차하는 부분을 클릭한 후 기본 오디오 트랜지션을 적용하는 단축키 Ctrl + Shift + D 를 눌러 오디오 트랜지션을 적용할 수도 있습니다.

02 ❶ 영상에서 움직임이 시작되는 부분으로 편집 기준선을 위치합니다. 여기서는 **00:00:01:28** 지점입니다. ❷ 트랜지션을 클릭한 후 ❸ [Effect Controls] 패널에서 트랜지션의 시작 부분을 편집 기준선의 위치로 드래그합니다.

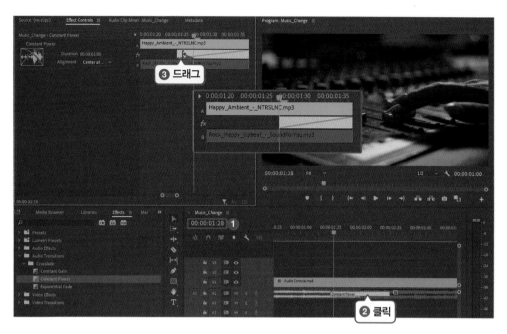

03 ❶ 이번에는 움직임이 끝나는 부분으로 편집 기준선을 위치합니다. 여기서는 **00:00:02:21** 지점입니다. ❷ 트랜지션을 클릭한 후 ❸ 클립의 길이를 조정합니다.

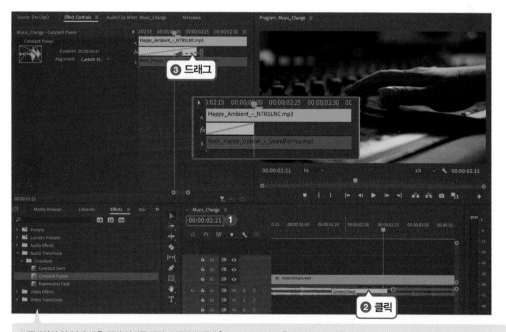

트랜지션의 인 점과 아웃 점의 길이를 각각 조정하기 위해 [Effecr Controls] 패널에서 작업을 진행했습니다. 인 점과 아웃 점의 길이를 동일하게 조정해도 괜찮을 때는 [Timeline] 패널에서 조정 작업을 진행해도 좋습니다. 오디오 트랜지션의 위치를 변경할 때는 [Timeline] 패널 또는 [Effect Controls] 패널에서 트랜지션 클립을 선택하고 직접 드래그하여 원하는 위치로 이동합니다.

영상 편집 기초

시작하기

편집 시작하기

자막 만들기

색보정

사운드 편집

영상 출력

오디오 트랜지션의 기본 길이는 1초로 설정되어 있습니다. 기본 길이 설정을 변경하려면 [Edit]–[Preferences]–[Timeline]
메뉴를 선택한 후 [Preferences] 대화상자에서 [Aideo Transition Default Duration]의 값을 조정합니다.

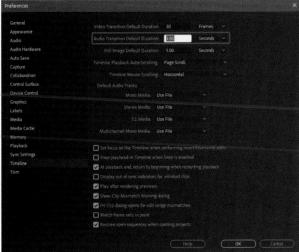

오디오 이펙트 알아보기

오디오 이펙트로 다양한 오디오 효과 적용하기

영상 편집 기초

시작하기

편집 시작하기

자막 만들기

색보정

사운드 편집

영상 출력

오디오 이펙트 활용하기

프리미어 프로에서 제공하는 오디오 이펙트를 활용하여 풍성하고 명료한 오디오 효과를 연출할 수 있습니다. 실무에서 주로 사용하는 오디오 이펙트를 중심으로 알아보겠습니다.

오디오 이펙트 한눈에 살펴보기

오디오 이펙트는 [Effects] 패널의[Audio Effects]에서 확인할 수 있습니다. 적용을 원하는 오디오 이펙트를 선택하고 [Timeline] 패널의 오디오 클립으로 드래그하면 손쉽게 적용할 수 있습니다.

① **Amplitude and Compression** | 오디오 진폭 및 압축

② **Delay and Echo** | 오디오 지연 및 에코

③ **Filter and EQ** | 오디오 필터 및 이퀄라이저

④ **Modulation** | 오디오 조정

⑤ **Noise Reductios/Restoration** | 오디오 소음 감소/복원

⑥ **Reverb** | 오디오 반향

⑦ **Special** | 특별한 효과 모음

⑧ **Streo Image** | 스테레오 이미지

⑨ **Time and Pitch** | 오디오 시간과 피치

실무에 주로 사용하는 Amplitude and Compression 오디오 이펙트

• **DeEsser** | 시빌리언스 노이즈를 줄이거나 제거합니다. 노이즈의 주파수, 성별 선택 등의 프리셋을 선택하거나 적용 주파수 범위를 사용자가 설정할 수 있습니다. ★중요

> 시빌리언스 노이즈는 공기가 치아 사이를 통과하면서 발생하는 마찰음입니다. S-, T-로 시작하는 단어나 ㅊ, ㅋ, ㅌ 등 센소리의 시작 부분에서 생기는 '스-'와 같은 소리를 말합니다.

- **Dynamics** | 오디오를 조정하기 위해 독립적으로 사용하거나 결합할 수 있는 컨트롤 세트를 제공하며 다양한 프리셋을 제공합니다.

- **Hard Limiter** | 사운드 믹싱 작업을 끝낸 후 설정된 레벨의 보호 기능을 설정할 수 있습니다. 오디오 파라미터에서 피크를 넘지 않도록 제한을 걸어주며 주로 마스터 트랙에서 최종 안전 장치로 활용합니다.

- **Multiband Compressor** | Low, Mid, High 영역의 밴드 컨트롤이 포함된 밴드 압축기입니다. 사운드를 조금 더 명확하게 만듭니다.

실무에 주로 사용하는 Delay and Echo 오디오 이펙트

- **Delay** | 지정한 시간 이후 오디오의 동일한 사운드를 재생하는 지연 효과입니다. [Delay] 항목의 최댓값은 2초입니다.

실무에 주로 사용하는 Filter and EQ 오디오 이펙트

- **Notch Filter** | 최대 여섯 개의 사용자 정의 주파수 영역을 제거할 수 있습니다. 지정한 주파수 영역만 조정할 수 있으며 협소한 주파수 영역을 제거하는 데 유용합니다.

- **Parametric Equalizer** | 주파수, Q, 게인 설정을 자유롭게 설정하여 톤 이퀄라이제이션을 최대한으로 제어할 수 있습니다. 음조를 균일하게 제어하고 하이 패스, 로우 패스를 조정해 사운드를 먹먹하게 하거나 명료하게 만듭니다.

실무에 주로 사용하는 Noise Reductios/Restoration 오디오 이펙트

- **DeNise** | 실시간으로 노이즈를 줄입니다. 주파수 전체 영역의 노이즈를 제거하거나 Low, Mid, High 영역을 선택하여 부분적으로 제거할 수 있습니다. 제거된 노이즈를 별도로 들을 수도 있습니다. ★중요

실무에 주로 사용하는 Reverb 오디오 이펙트

- **Studio Reverb** | 공간에서 재생되는 오디오 사운드를 시뮬레이션한 후 반향 효과를 원본 클립에 적용합니다. 프리셋을 이용하여 신호와 방향 사이의 거리와 사운드 흡음 정도, 반향 면적(공간의 크기) 등을 적용해 커스터마이징할 수 있습니다.

실무에 주로 사용하는 Special 오디오 이펙트

- **Vocal Enhancer** | 오디오 클립에서 더빙된 사운드의 품질을 향상시킵니다. 남성과 여성 음성의 오디오를 서로 최적화하거나 음악과 배경의 오디오를 서로 최적화할 수 있습니다.

간단 실습   오디오 클립의 내레이션 보이스를 명료하게 수정하기

준비 파일 기본/Chapter 06/오디오이펙트.prproj

녹음된 영상에서 오디오 클립의 내레이션 보이스를 명료하게 들리도록 프리셋을 활용해 오디오 이펙트를
적용해보겠습니다. **오디오이펙트.prproj** 준비 파일을 불러옵니다.

01 [Effects] 패널-[Audio Effect]-[Amplitude and Conpression]-[Multiband Compressor]를
[Timeline] 패널의 오디오 클립에 드래그해 오디오 이펙트를 적용합니다.

02 ❶ [Effect Controls] 패널의 [Audio]-
[Multiband Compressor]를 클릭한 후 ❷
[Custom Setup]-[Edit]를 클릭하면 오디오
이펙트를 편집할 수 있는 [Clip Fx Editor-
Multiband Compressor] 대화상자가 나타납
니다.

03 ❶ [Clip Fx Editor-Multiband Compressor] 대화상자의 [Presets]을 클릭한 후 ❷ [Broadcast] 또는 [Pop Master]를 클릭해 적용합니다. 재생해보면 음성이 명료해지는 것을 확인할 수 있습니다.

기능 꼼꼼 익히기 🎤   **오디오 이펙트의 [Custom Setup] 항목**

여러 종류의 오디오 이펙트 중 [Custom Setup] 항목이 표시된 오디오 이펙트는 해당 항목의 [Edit]를 클릭하여 오디오 이펙트를 편집할 수 있는 별도의 대화상자를 불러올 수 있습니다. [Clip Fx Editor] 대화상자에서 프리셋을 빠르게 적용하거나 그래프 또는 파라미터를 직관적으로 확인하면서 효과를 적용하고 컨트롤할 수 있습니다.

기능 꼼꼼 익히기 🎤   **사용되지 않는 오디오 이펙트 알아보기**

이전 버전에서 작업한 프리미어 프로 프로젝트 파일에 오래된 이펙트가 적용된 경우 해당 이펙트를 변경할 것인지 확인하는 메시지가 표시됩니다. 이때 [OK]를 클릭하면 새로운 버전의 효과로 변경되어 작업을 진행할 수 있습니다.

영상 편집 기초

시작하기

편집 시작하기

자막 만들기

색보정

사운드 편집

영상 출력

간단 실습 **오디오 클립의 노이즈 제거하기**

준비 파일 기본/Chapter 06/오디오이펙트.prproj

오디오 클립에 노이즈가 포함되어 있다면 오디오 이펙트를 활용해 간단하게 노이즈를 제거할 수 있습니다. **오디오이펙트.prproj** 준비 파일에서 계속 진행합니다.

01 [Effects] 패널 – [Audio Effects] – [Noise Reduction/Restoration]–[DeNiose]를 [Timeline] 패널의 오디오 클립에 드래그해 오디오 이펙트를 적용합니다.

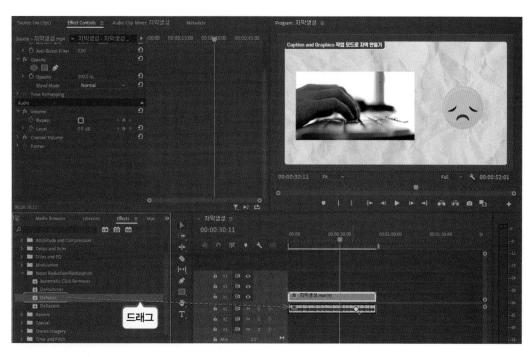

02 ❶ [Effect Controls] 패널의 [DeNoise]–[Costom Setup] – [Edit]를 클릭해 [Clip Fx Editor – Denoise] 대화상자를 불러옵니다. ❷ [Amount]의 값을 조정하면서 제거할 노이즈의 양을 설정합니다.

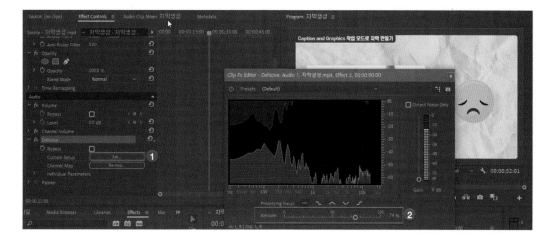

Auto-Match(Ducking) 기능으로 볼륨 조절하기

준비 파일 기본/Chapter 06/Audio Ducking.prproj

대화나 내레이션이 있는 영상에서 배경 사운드의 볼륨을 타이밍에 맞춰 낮추는 기능에 대하여 알아보겠습니다. **Audio Ducking.prproj** 준비 파일을 불러옵니다.

01 ❶ [Timeline] 패널에서 오디오 2번 트랙(A2)의 클립을 드래그해 모두 선택하고 ❷ [Essential Sound] 패널에서 [Dialogue]를 클릭하여 유형을 지정합니다.

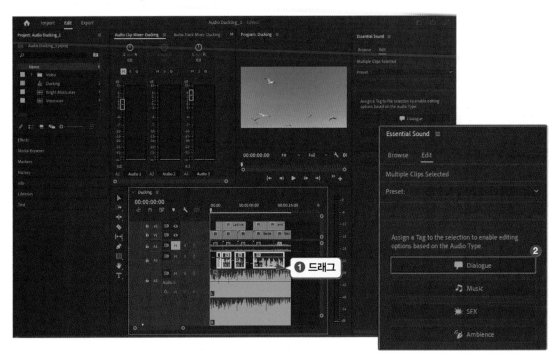

02 [Essential Sound] 패널의 [Loudness] 항목에서 [Auto-Match]를 클릭하여 볼륨 레벨을 자동으로 일치시킵니다. 반드시 필요한 작업은 아니지만 평준화된 사운드를 얻기 위해 진행합니다.

03 ❶ 오디오 3번 트랙(A3)의 클립을 클릭하고 ❷ [Essential Sound] 패널에서 [Music]을 클릭하여 유형을 지정합니다.

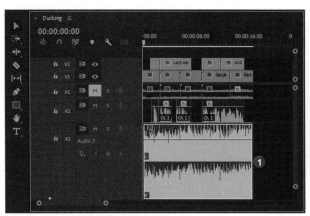 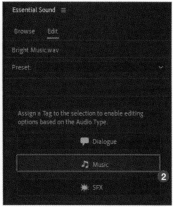

04 [Essential Sound] 패널의 [Loudness] 항목에서 [Auto-Match]를 클릭하여 사운드를 자동으로 일치시킵니다.

05 ❶ [Essential Sound] 패널의 [Ducking]에 체크합니다. ❷ [Duck against] 항목에서 대상으로 지정할 오디오 유형을 선택합니다. 대화 또는 내레이션과 연동하여 음악의 볼륨을 조절해야 하므로 Dialogue(대화)🗨를 클릭합니다. ❸ [Sensitivity(민감도)]를 조절합니다. 수치가 높을수록 대상 트랙의 사운드에 민감하게 반응합니다. ❹ [Duck Amount(감소량)]를 조절합니다. 줄어드는 사운드의 볼륨 레벨을 결정합니다. ❺ [Fades(페이드)]를 조절합니다. [Fast]에 가까울수록 볼륨이 줄어드는 속도가 빠릅니다.

> [Duck against] 항목의 오디오 유형은 다음과 같습니다. Dialogue(대화)🗨, Music(음악)🎵 SFX(사운드 효과)✴, Ambience(주변음)🔊, without assigned Audio Type(태그되지 않은 클립)🔊까지 총 다섯 개의 유형이 있으며 지정할 유형을 중복 선택할 수 있습니다.

06 [Essential Sound] 패널에서 [Ducking] 항목의 [Generate Keyframes]를 클릭합니다.

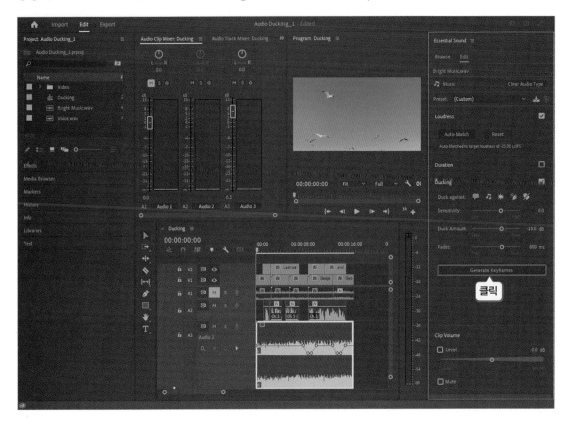

07 오디오 3번 트랙(A3)의 클립을 확인해보면 오디오 2번 트랙(A2)의 클립이 있는 위치와 대응하여 사운드가 있는 부분에서 볼륨 레벨이 작아지는 키프레임이 생성되었습니다.

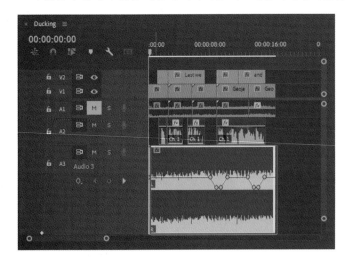

[Essential Sound] 패널 알아보기

[Essential Sound] 패널은 영상의 사운드 작업을 손쉽게 진행할 수 있는 기능을 제공하며 [Edit] 탭에서는 오디오 클립의 유형을 지정하고 사운드 효과를 컨트롤합니다.

① **Dialogue(대화)** | 대화나 내레이션과 같은 사운드와 관련된 효과를 적용합니다.

② **Music(음악)** | 배경음악과 같은 음악 사운드와 관련된 효과를 적용합니다.

③ **SFX(사운드 효과)** | 효과음 사운드와 관련된 효과를 적용합니다.

④ **Ambience(주변음)** | 공간음이나 주변 환경 사운드와 관련된 효과를 적용합니다.

[Browse] 탭에서는 어도비 스톡(Adobe Stock)과 연동하여 영상에 필요한 음원을 찾아보고 적용할 수 있는 기능을 지원합니다.

01 Dialogue(대화)

❶ **Loudness(음량)** │ 프리미어 프로가 자동으로 일치시키는 음량 레벨 (LUFS)로 매치하거나 해제합니다.

❷ **Repair(복구)** │ Reduce Noise, Reduce Rumble, DeHum, DeEss, Reduce Reverb 등과 같이 잡음을 줄이는 이펙트를 컨트롤합니다.

❸ **Clarity(선명도)** │ Dynamics, EQ, Enhance Speech 등 대화 오디오의 신명함을 향상시키는 이펙트를 컨트롤합니다.

❹ **Creative(크리에이티브)** │ Reverb 효과를 컨트롤합니다.

02 Music(음악)

❶ **Loudness(음량)** │ 프리미어 프로가 자동 일치시키는 음량 레벨 (LUFS)로 매치하거나 해제합니다.

❷ **Duration(지속 시간)** │ 오디오 클립 사운드의 재생 시간을 컨트롤합니다. [Remix] 기능을 활용하여 클립의 사운드를 더욱 자연스럽게 늘이거나 줄일 수 있습니다.

❸ **Ducking(더킹)** │ 지정한 유형의 클립과 대응하여 볼륨을 낮추는 키 프레임을 자동으로 생성합니다.

03 SFX(사운드 효과)

❶ **Loudness(음량)** │ 프리미어 프로가 자동으로 일치시키는 음량 레벨 (LUFS)로 매치하거나 해제합니다.

❷ **Creative(크리에이티브)** │ Reverb 효과를 컨트롤합니다.

❸ **Pan(팬)** │ 사운드의 방향성을 컨트롤합니다.

04 Ambience(주변음)

❶ **Loudness(음량)** │ 프리미어 프로가 자동으로 일치시키는 음량 레벨 (LUFS)로 매치하거나 해제합니다.

❷ **Creative(크리에이티브)** │ Reverb 효과를 컨트롤합니다.

❸ **Stereo Width(스테레오 폭)** │ 개별 음성이 스테레오 필드에 배치되는 방식을 컨트롤합니다.

❹ **Ducking(더킹)** │ 지정한 유형의 클립과 대응하여 볼륨을 낮추는 키 프레임을 자동으로 생성합니다.

영상 편집 기초

시작하기

편집 시작하기

자막 만들기

색보정

사운드 편집

영상 출력

기능 꼼꼼 익히기 🎤 불필요한 소리를 줄이기

Dialogue(대화) 유형의 [Repair] 기능을 사용하면 영상을 촬영할 때
대화나 내레이션에 삽입된 잡음, 울림, 험 노이즈 등의 불필요한 소리를
제외시킬 수 있습니다. [Reduce Noise]는 잡음, [Reduce Rumble]
은 뭉그러지는 소리, [DeHum]은 험 노이즈, [DeEss]는 시빌리언스 노
이즈, [Reduce Reverb]는 반향(울림)을 각각 컨트롤합니다. 수치를 얼
마나 적용하는가에 따라 원본 사운드도 달라질 수 있기 때문에 조금씩
적용하며 미리 확인하는 것을 권장합니다.

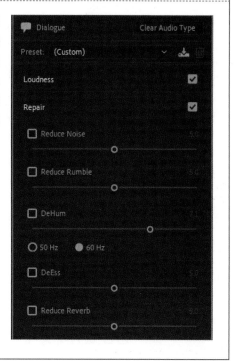

LESSON

오디오 리믹스하기

영상 클립 길이에 맞춰 오디오 클립 자동으로 조정하기

[Remix]는 오디오 클립의 길이를 영상 클립의 길이에 맞춰 자동으로 조정해주는 기능입니다. 길이를 조정할 때 클립을 나누는 조각([Segments]) 항목과 [Variations]를 설정하여 리믹스되는 사운드의 분위기를 조절할 수 있습니다.

간단 실습 영상 길이에 맞게 자동으로 사운드 리믹스하기

준비 파일 기본/Chapter 06/리믹스.prproj

영상 클립의 길이에 맞게 오디오 클립의 길이가 자연스럽게 조정되도록 사운드를 자동으로 리믹스해보겠습니다. **리믹스.prproj** 준비 파일을 불러옵니다.

01 ❶ [Timeline] 패널에서 오디오 2번 트랙(A2)의 오디오 클립을 클릭합니다. ❷ 마우스 오른쪽 버튼을 클릭합니다. ❸ [Remix]-[Enable Remix]를 클릭합니다.

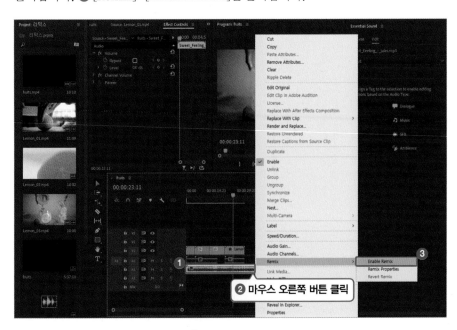

02 ❶ [Essential Sound] 패널이 활성화되면 [Edit] 탭-[Duration]-[Target Duration]에서 오디오 클립의 리믹스 길이를 설정합니다. 여기서는 **00:00:30:00**으로 설정했습니다. ❷ 사운드 클립이 자동으로 편집되며 영상 길이에 최적화된 상태로 리믹스됩니다.

오디오 클립은 원본 사운드의 비트를 기준으로 리믹스되므로 입력한 [Target Duration]의 길이와 정확하게 일치하지 않는 경우가 발생할 수도 있지만 정상입니다. [Customize]에서 [Segments]와 [Variations]의 값을 조절하여 다른 분위기로 리믹스할 수도 있습니다.

03 ❶ 리플 에디트 도구 █를 길게 클릭한 후 ❷ 하위 메뉴에서 리믹스 도구 █를 클릭합니다. ❸ 오디오 클립을 직접 드래그해 리믹스를 적용할 수 있습니다. 리믹스 도구로 리믹스한 클립도 [Essential Sound] 패널에서 리믹스 관련 설정을 변경할 수 있습니다.

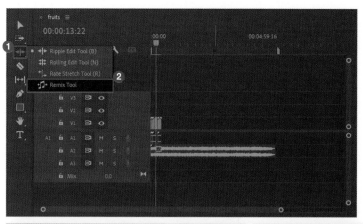

❸ 드래그

사운드 클립의 길이를 조정하는 [Duration] 항목의 옵션을 알아보겠습니다.

❶ **Method** | 오디오 클립의 길이 줄이거나 늘이기(Remix) 또는 길이 늘이기(Stretch)를 선택합니다.

❷ **Target Duration** | 오디오 클립의 길이를 타임코드로 설정합니다.

❸ **Remix Duration** | 최종적으로 리믹스된 오디오 클립의 길이를 표시합니다.

❹ **Segments** | 오디오 클립을 리믹스할 때 사용되는 세그먼트 조각 길이를 설정합니다. [More]에 가까울수록 많은 조각을 사용하고 [Fewer]에 가까울수록 적은 조각을 사용하여 리믹스합니다. 오디오 클립의 스타일과 분위기에 맞춰 조절하면 보다 효과적으로 리믹스할 수 있습니다.

❺ **Variations** | 오디오 파일의 특색에 따라 리믹스합니다. [Melodic(음색)]과 [Harmonic(배음)] 중 가깝게 설정하는 위치에 따라 리믹스된 사운드의 분위기가 달라집니다.

다음의 웹사이트는 무료로 음원 다운로드 서비스를 제공합니다. 무료 음원은 개인 소장 용도나 비상업적 용도로 사용할 경우 대부분 자유롭게 사용할 수 있습니다. 하지만 음원을 상업적 용도로 사용하거나 웹사이트 정책에 따라 라이선스가 필요한 곳에 사용할 경우 비용이 발생합니다. 음원을 사용할 때는 항상 저작권에 주의하기 바랍니다.

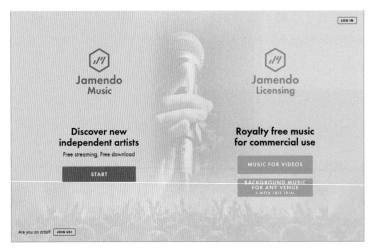

▲ 자멘도(https://www.jamendo.com)

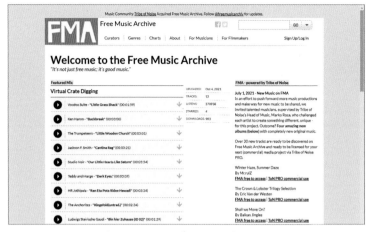

▲ Free Music Archive(https://freemusicarchive.org)

▲ 유튜브 오디오 라이브러리(https://www.youtube.com/audiolibrary)

> 유튜브에 로그인해야 사용할 수 있습니다.

프리미어 프로에서 편집한 영상은 프로젝트 파일로 저장됩니다.
프로젝트 파일은 동영상 파일 형식이 아니므로 유튜브 등
SNS에 업로드할 수 없습니다.
편집이 완료된 프로젝트 파일은 내보내기 기능을 이용해 영상 파일의
형태로 출력해야 비로소 완성됩니다.
이번 CHAPTER에서는 편집이 완료된 프로젝트 파일을
동영상 파일로 내보내는 과정부터 프리셋을 이용해 SNS 업로드 양식에
맞는 영상을 출력하는 다양한 방법까지 모두 알아보겠습니다.

CHAPTER 07

프리미어 프로로
영상 출력하기

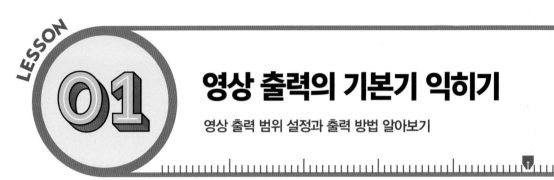

영상 출력의 기본기 익히기

영상 출력 범위 설정과 출력 방법 알아보기

편집 작업이 모두 끝난 프로젝트는 동영상 파일로 출력해야 합니다. 이때 완성 영상의 시작과 끝 범위를 설정하지 않고 곧바로 출력하면 영상이 잘리거나 예상치 못한 검은 화면이 나타나는 등 문제가 생길 수 있습니다. 영상 출력 범위를 설정하는 방법부터 알아보겠습니다.

[Timeline] 패널에서 영상 출력 범위 설정하기

❶ 영상 편집을 완료한 후 [Timeline] 패널 탭을 마우스 오른쪽 버튼으로 클릭합니다. ❷ [Work Area Bar]를 클릭하면 편집한 영역까지 자동으로 작업 영역바가 설정됩니다. ❸ 작업 영역바의 앞부분 또는 뒷부분을 드래그해 영역을 조절할 수 있습니다. 이렇게 조절한 영역은 최종 출력할 영상의 시작과 끝 범위와 동일합니다.

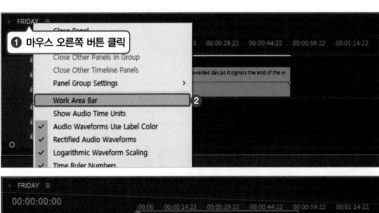

출력 화면의 기본 사용법 익히기

편집 작업이 모두 끝난 프로젝트를 최종 영상물로 내보내려면 [Timeline] 패널의 시퀀스를 [Export] 화면에서 출력(Export)해야 합니다. [Export] 화면은 상단의 [Export] 탭을 클릭하거나 [File] – [Export] – [Media] 메뉴를 선택하면 나타납니다.

[Export] 화면은 크게 세 영역으로 구분되어 있습니다. ❶ 왼쪽 [Source] 영역에서는 완성한 영상을 PC에 저장하거나 다양한 SNS에 곧바로 업로드하도록 설정할 수 있습니다. ❷ 가운데 [Settings] 영역에서는 최종 결과물의 코덱과 파일 정보를 설정하고 출력 프리셋을 선택할 수 있습니다. ❸ 오른쪽 [Preview] 영역에서는 작업이 완료된 시퀀스의 최종 결과물을 확인하면서 보이는 영역과 전체 재생 시간 관련 정보를 설정하고 영상 출력을 시작할 수 있습니다.

편집한 시퀀스를 최종 영상물로 출력할 때 [Export] 화면의 설정 영역에서 비디오 및 오디오 코덱과 최종 결과물의 해상도, 영상에 포함시킬 정보를 설정할 수 있습니다. 각 메뉴의 기능과 설정 방법을 잘 알아야 다양한 방법으로 출력할 때 정확하게 설정할 수 있습니다.

영상 출력 설정 알아보기

영상 출력 시 보편적으로 사용하는 H.264 포맷을 기준으로 설명합니다. 만약 다른 영상 포맷을 선택하는 경우 세부 항목이 달라질 수 있습니다.

① **File Name** ｜ 출력 영상의 이름을 설정합니다.

② **Location** ｜ 파란색으로 표시된 파일 이름을 클릭하여 영상의 저장 경로를 선택할 수 있습니다.

③ **Preset** ｜ 영상 출력 시 자주 사용하는 출력 설정을 선택할 수 있습니다. [Format] 항목에서 먼저 원하는 코덱을 설정한 후 [Preset]에서 세부 설정을 선택합니다. ▦을 클릭하면 나타나는 메뉴에서 [Save preset]을 클릭해 현재 출력 설정을 프리셋으로 저장하거나 [Import presets]를 클릭해 외부의 프리셋을 가져올 수 있습니다. [More presets]를 클릭하면 나타나는 [Preset Manager] 대화상자에서 더 많은 프리셋을 확인할 수 있습니다.

④ **Format** ｜ 이미지의 형식이나 비디오 또는 오디오 코덱을 설정합니다. 이미지 형식으로는 PNG, JPEG 등이 있으며 비디오 코덱으로는 AVI, H.264 등이 대표적입니다.

⑤ **VIDEO** ｜ 출력할 파일의 비디오 코덱, 해상도, 프레임 레이트 등의 세부 정보를 설정합니다.

⑥ **AUDIO** ｜ 출력할 파일의 오디오 코덱, 채널 등 세부 정보를 설정합니다.

⑦ **MULTIPLEXER** ｜ 코덱에서 입력되는 다중 입력 신호 중 원하는 입력 신호를 선택하여 출력하는 옵션입니다. 선택한 입력 신호에 따라 출력되는 파일의 확장자가 달라집니다.

⑧ **CAPTIONS** | 시퀀스에 자막이 있을 때 출력 방식을 선택합니다.

⑨ **EFFECTS** | 출력하는 영상에 여러 가지 이펙트를 적용합니다.

⑩ **METADATA** | 메타데이터 속성을 추가할 수 있습니다. 영상 클립 자체에 다양한 속성을 표기할 수 있는 기능입니다.

> 메타데이터란 파일에 대한 설명을 제공하는 데이터입니다. 비디오 날짜, 재생 시간, 파일 유형 등의 정보를 기본으로 제공하고 속성, 위치, 작성자, 저작권 등의 세부 사항을 추가할 수 있습니다.

⑪ **GENERAL** | 기타 출력에 필요한 일반적인 설정을 할 수 있습니다.

영상 출력 설정의 세부 항목 알아보기

[VIDEO] 탭에는 영상을 출력할 때 필요한 세부 항목이 기본적으로 포함되어 있습니다. 출력할 파일의 비디오 코덱, 해상도, 프레임 레이트 등 다양한 정보를 설정합니다. [VIDEO] 탭의 세부 항목을 살펴보겠습니다.

① **Basic Video Settings** | 기본적인 비디오 항목과 관련된 옵션을 설정합니다.

② **Match Source** | 항목에 체크하면 시퀀스와 동일하거나 가장 비슷한 옵션의 코덱으로 기타 설정이 자동 적용됩니다.

③ **Frame Size** | 출력 영상의 가로세로 해상도를 설정합니다.

④ **Frame Rate** | 출력 영상의 초당 프레임 수(fps)를 설정합니다.

⑤ **Field Order** | 모니터나 TV 화면에 영상 정보를 보여주는 방식을 선택할 수 있습니다. 일반적으로 [Progressive]를 사용합니다.

⑥ **Aspect** | 화면을 구성하는 픽셀의 가로세로 비율을 설정합니다. [Square Pixels (1.0)]를 주로 사용합니다. 이 설정이 잘못될 경우 영상이 눌리거나 찌그러진 비율로 출력될 수 있으니 주의가 필요합니다.

⑦ **Render at Maximum Depth** | 최대 심도로 렌더링합니다. 편집한 해상도와 다른 해상도로 영상을 출력할 때 화질을 개선하는 데 도움을 주는 옵션입니다. 렌더링 시간이 오래 걸릴 수 있습니다.

⑧ **Use Maximum Render Quality** | 영상의 화질을 최상의 설정으로 렌더링합니다. 렌더링 시간이 오래 걸릴 수 있습니다.

⑨ **Render Alpha Channel Only** | 영상의 알파 채널만 출력합니다. 인물이나 물체는 그대로 두고 배경만 투명하게 만들었을 때 해당 옵션을 선택하여 출력하는 경우가 많습니다.

⑩ **Time Interpolation** | 입력 프레임률이 출력 프레임률과 일치하지 않을 때 인접 프레임을 혼합하여 보다 부드러운 동작을 만듭니다.

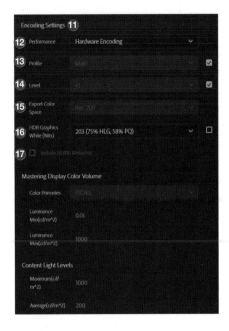

⑪ **Encoding Settings** | 인코딩 옵션을 설정합니다. 고급 사용자 또는 전문가용 항목입니다.

⑫ **Performance** | 인코딩 퍼포먼스를 설정합니다. 빠른 인코딩을 위해 하드웨어 인코딩을 사용하며, 소프트웨어 인코딩을 선택하면 하드웨어 인코딩이 사용 불가능하므로 인코딩 시간이 늘어날 수 있습니다.

⑬ **Profile** | 비트레이트와 압축 포맷의 프로파일을 지정합니다. 비트 저송률의 범위를 제한하고 압축 알고리즘 및 크로마 형식과 같은 다른 속성을 제어합니다.

⑭ **Level** | 영상을 출력할 때 인코딩 한계를 설정합니다. [Level]의 값이 높을수록 고화질의 영상을 출력할 수 있습니다.

⑮ **Export Color Space** | 색상 공간을 출력하는 기능입니다. 일반적인 경우라면 별도로 설정할 필요는 없습니다.

⑯ **HDR Graphics White (Nits)** | 모니터 장비가 달라져도 눈으로 보는 영상 화면은 비슷하도록 밝기를 지정할 때 사용합니다.

⑰ **Include HDR10 Metadata** | 정적 메타데이터 정보를 포함시키는 설정입니다.

- **HDR10(정적 메타데이터)** | 장면이 바뀌어도 동일한 컬러와 밝기를 사용하는 메타데이터입니다.
- **HDR10+(동적 메타데이터)** | 장면마다 동적으로 메타데이터를 설정하여 어둡거나 밝은 화면에서 선명하고 균형 잡힌 화면을 볼 수 있습니다.

⑱ **Bitrate Settings** | 비트레이트 옵션을 설정합니다. 비트레이트가 높을수록 더 밀도 있는 화질의 영상이 되며 출력물의 용량도 커집니다.

⑲ **Bitrate Encoding** | 비트레이트 인코딩 방식을 설정합니다. 고정된 값으로만 인코딩할지, 장면에 따라 융통성 있게 인코딩할지, 1회 인코딩으로 마칠지, 여러 차례 반복하여 고화질로 출력할지 등을 설정할 수 있으며 옵션에 따라 각각 다른 화질로 출력됩니다.

- **CBR(Constant Bit Rate, 고정 비트레이트)** | 설정된 값을 기준으로 일정하게 압축합니다.
- **VBR, 1 pass(Variable Bit Rate, 가변 비트레이트)** | 설정된 값을 기준으로 데이터가 많이 필요한 곳과 적게 필요한 곳을 구분하여 효율적으로 데이터를 할당하여 압축합니다. 한 번의 인코딩 과정을 거칩니다.
- **VBR, 2 pass(Variable Bit Rate, 가변 비트레이트)** | VBR, 1 pass와 마찬가지로 설정된 값을 기준으로 데이터가 많이 필요한 곳과 적게 필요한 곳을 구분하여 효율적으로 데이터를 할당하여 압축합니다. 두 번에 걸쳐 인코딩을

진행합니다. 자세한 연산을 거치기 때문에 화질은 좋아지지만 다른 옵션에 비해 렌더링 시간이 오래 걸립니다.

⑳ **Target Bitrate [Mbps]** | 1초당 처리할 평균 데이터의 값을 설정합니다. 값이 높을수록 화질도 높아지고, 용량도 더 커집니다.

㉑ **Advanced Settings – Key Frame Distance** | 키프레임 간의 거리를 설정할 수 있습니다. 거리가 멀수록 영상의 전체적인 품질을 향상시킬 수 있지만 효과가 크지는 않습니다.

㉒ **VR video – Video is VR** | 편집한 영상이 VR용 영상이라면 체크한 후 출력합니다.

소리(Audio) 출력 설정의 세부 항목 알아보기

[AUDIO] 탭에서는 출력할 파일의 오디오 코덱, 채널 등 소리에 대한 세부 정보를 설정합니다.

① **Audio Format Settings** | 출력하려는 오디오의 포맷을 설정합니다.

② **Basic Audio Settings** | 기본적인 오디오 정보를 설정합니다.

③ **Bitrate Settings** | 1초당 처리할 오디오 데이터 비율을 설정합니다. [Bitrate [kbps]]를 16~320까지 선택할 수 있습니다.

> [Audio Format Settings]에서 [AAC] 포맷이 아닌 [MPEG] 포맷을 설정할 경우 [Advanced Settings] 항목이 추가되며 다양한 고급 설정을 할 수 있습니다. 고급 사용자나 전문가용 옵션이므로 특별한 설정 없이 [AAC] 포맷의 기본값을 사용하는 것이 좋습니다.

자막(Caption) 출력 설정의 세부 항목 알아보기

[CAPTIONS] 탭은 프로젝트에서 시퀀스에 자막(Caption)을 추가했을 경우에 활성화됩니다. 자막의 출력 방식을 선택할 수 있습니다.

① **Export Options** | 자막의 출력 방식을 설정합니다. 영상과 함께 출력하거나 별도의 사이드카(자막) 파일로 출력할 수 있습니다. 열린 자막(Open Caption) 방식으로 편집한 경우 사이드카 파일을 출력하는 옵션이 나타나지 않습니다.

② **File Format** | 폐쇄 자막(Close Caption) 파일의 출력 형식을 나타냅니다.

③ **Frame Rate** ┃ 폐쇄 자막(Close Caption) 파일의 초당 프레임수(fps)를 나타냅니다.

열린 자막(Open Caption)이란 영상 자체에 자막을 입혀 작업한 경우를 말합니다. 반대로 자막 기능을 활용해 작업하여 영상에서 자막의 표시를 선택할 수 있는 자막의 경우 폐쇄 자막(Close Caption)이라고 합니다. 자막과 영상이 분리된 파일로 있는지 여부를 생각하면 쉽습니다.

기능 꼼꼼 익히기 🎤 자막 출력 방식 자세히 알아보기

자막을 효율적으로 관리하려면 영상을 출력할 때 별도의 자막 파일을 함께 출력하는 것이 좋습니다. [Export Options]에서 자막의 출력 방식을 설정할 수 있습니다.

❶ Create Sidecar File ┃ 영상은 영상대로 출력하고 사이드카 파일을 함께 생성합니다. 동영상 파일(.mp4)과 함께 별도의 사이드카 자막 파일(.srt)을 생성할 수 있습니다. 영상 플레이어에서 동영상 파일을 실행하면 자막 파일을 자동으로 불러와 출력합니다.

❷ Burn Captions Into Video ┃ 영상에 캡션이 추가된 상태로 동영상 파일을 출력합니다. 별도의 자막 파일을 만들지 않고 영상 자체에서 자막을 표시합니다.

이펙트 출력 설정의 세부 항목 알아보기

[EFFECTS] 탭에서는 출력하는 영상에 여러 가지 이펙트를 적용할 수 있습니다.

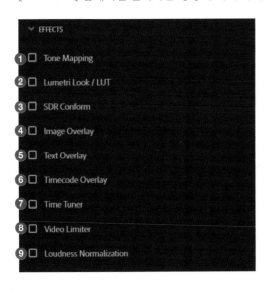

① **Tone Mapping** ┃ 출력되는 이미지의 기본 톤 보정을 합니다. 노출, 밝은 영역의 채도를 수정할 수 있습니다. ★CC 2024 신기능

② **Lumetri Look / LUT** ┃ 기본으로 제공되는 다양한 색보정 프리셋을 적용하거나 [Select]를 클릭하여 Looks 또는 LUT(룩 업 테이블) 파일을 삽입하고 적용할 수 있습니다.

③ **SDR Conform** ┃ HDR 미디어를 SDR 미디어로 내보낼 때 사용합니다.

④ **Image Overlay** ┃ 이미지를 선택하여 화면 위에 중첩합니다. 이미지의 위치와 크기, 불투명도를 조정할 수 있습니다.

⑤ **Text Overlay** ┃ 시퀀스의 이름이나 출력될 파일 이름, 사용자 입력 텍스트를 화면에 중첩합니다. 텍스트의 위치와 크기, 불투명도를 조정할 수 있습니다.

⑥ **Timecode Overlay** ┃ 타임코드를 화면에 중첩하여 표시합니다. 타임코드의 위치와 크기, 불투명도를 조정할 수 있으며 타임코드의 노출 형식을 변경할 수 있습니다.

⑦ **Time Tuner** | 영상의 퀄리티를 유지하면서 미리 설정해놓은 길이에 따라 영상 시간을 조정합니다.

⑧ **Video Limiter** | 비디오 이펙트의 [Video Limiter] 효과를 출력 설정에 적용하고 조정합니다.

⑨ **Loudness Normalization** | 방송용 영상에 적합하도록 오디오 레벨 평준화 기능을 설정합니다.

기타 출력 설정의 세부 항목 알아보기

[MULTIPLEXER] 탭은 코덱에서 입력되는 다중 입력 신호 중 원하는 입력 신호를 선택하여 출력하는 옵션입니다. 선택한 입력 신호에 따라 출력되는 파일의 확장자가 달라집니다.

① **Multiplexer** | 설정한 코덱에서 출력할 수 있는 신호를 설정합니다.

② **Stream Compatibility** | 파일 재생 장치에 따른 호환성을 쉽게 설정합니다.

[METADATA] 탭에서는 출력할 영상 파일에 대한 설명, 정보를 입력합니다. 날짜, 지속 시간, 파일 형식과 같은 기본 메타데이터 속성부터 위치, 감독, 저작권 등과 같은 세부 정보도 추가할 수 있습니다.

① **Export Options** | 메타데이터 표기를 위한 출력 옵션을 설정합니다.

• **Create Sidecar File** | 사이드카 파일(자막 파일)을 만들 수 있습니다.

• **Minimum required** | 최소 사항 옵션입니다. 선택 시 [Set Start Timecode] 옵션만 선택할 수 있으며 [Meta data Dialog]에서도 다른 옵션을 선택할 수 없습니다.

② **Include markers** | 클립 및 시퀀스의 마커 정보를 출력할 동영상에 포함시킵니다.

③ **Set Start Timecode** | 출력하는 동영상 정보에 타임코드를 추가할 수 있습니다.

④ **Metadata Dialog** | [Export Options]에서 [Create Sidecar File]을 선택하면 활성화됩니다. 메타데이터의 다양한 항목을 선택하거나 입력할 수 있습니다. 영상의 정보, 속성에 표기되는 항목입니다.

[GENERAL] 탭은 출력할 때 유용한 기능 몇 가지를 설정할 수 있는 일반 탭입니다.

① **Import into project** | 영상 출력이 끝난 다음 완성된 동영상 파일을 프로젝트로 가져오는 옵션입니다.

② **Use Previews** | 렌더링 속도를 높이기 위한 옵션이지만 화질이 조금 떨어질 수 있습니다. 파일 전체를 출력하지 않고 [Preview] 영역에서 미리 보기로 확인 가능한 부분만을 렌더링합니다. 작업한 시퀀스를 내보낼 때만 적용됩니다.

③ **Use Proxies** | 프록시 미디어를 사용하여 더 빠르게 렌더링할 수 있습니다.

미리 보기 영역 알아보기

[Preview] 영역에는 시퀀스 작업 시 설정한 값과 동일한 결과물이 표시됩니다. 미리 보기 재생, 출력 범위 설정, 영상 소스나 아웃풋에 관련된 정보를 표시해주는 영역입니다.

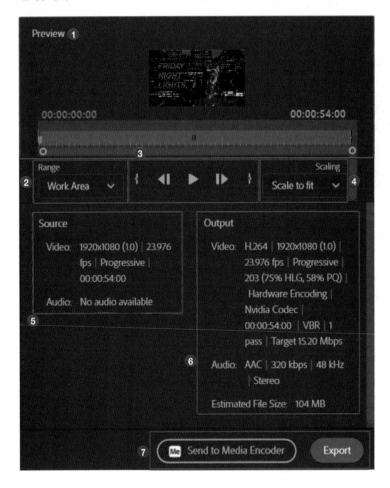

① **Preview** | 시퀀스에서 편집한 작업물과 같은 화면이 미리 보기로 표시됩니다.

② **Range** | 영상 출력 범위를 설정합니다.

- **Entire Source** | 영상 출력(Export)을 실행한 시퀀스의 소스 전체를 렌더링합니다.
- **Source In/Out** | 영상 출력(Export)을 실행한 시퀀스의 소스를 인 점부터 아웃 점까지 렌더링합니다.
- **Work Area** | [Timeline] 패널에 설정되어 있는 [Work Area] 영역을 렌더링합니다. 일반적으로 가장 많이 사용하는 옵션입니다.
- **Custom** | 작업자가 임의로 렌더링 작업을 진행할 구간을 설정합니다. 시간 표시자 양쪽 끝의 삼각형을 드래그하여 렌더링 구간을 설정하거나 in Point█ 혹은 Out Point█를 드래그하여 헤더가 위치한 부분을 인 점과 아웃 점으로 설정할 수 있습니다. 이 기능은 Play 영역의 In Point Button█과 Out Point Button█으로도 설정할 수 있습니다.

③ **Play Area** | 출력될 영상의 최종 결과물을 미리 보기 위한 재생 버튼 영역입니다.

④ **Scaling** | [Output] 탭의 [Source Scaling] 설정을 사용하여 크롭된 소스의 크기를 변경할 수 있습니다.

- **Scale To Fit** | 완성된 소스를 화면 중앙에 위치시킵니다. 소스의 비율은 유지됩니다.
- **Scale To Fill** | 화면의 중앙을 기준으로 소스가 꽉 차도록 크기를 변경합니다. 소스의 비율은 유지됩니다.
- **Stretch To Fill** | 소스를 화면에 꽉 차도록 늘립니다. 소스의 비율이 변경됩니다.

⑤ **Source** | 현재 편집 완료된 소스의 비디오 정보, 오디오 정보를 표기합니다.

⑥ **Output** | 출력될 아웃풋의 비디오 코덱 정보, 오디오 정보 및 예상되는 비디오 용량을 표시합니다.

⑦ **Export** | [Send to Media Encoder]로 어도비 미디어 인코더를 사용하거나 즉시 출력할 수 있습니다.

영상 편집 기초

시작하기

편집 시작하기

자막 만들기

색보정

사운드 편집

영상 출력

어도비 미디어 인코더 알아보기

다양한 형태로 미디어 파일 인코딩하기

어도비 미디어 인코더는 프리미어 프로, 애프터 이펙트와 같은 어도비 비디오 및 오디오 편집 프로그램의 인코딩 엔진 역할을 합니다. 편집 프로그램에서 작업이 완료된 파일에 다양한 설정을 적용하여 손쉽게 인코딩해 출력할 수 있습니다. 또한 일반 미디어 파일을 다른 형식의 미디어 파일로 인코딩하기에도 좋습니다.

어도비 미디어 인코더

어도비 미디어 인코더는 인코딩 기능만 지원하여 영상을 편집할 수는 없지만 다양한 형태의 미디어 파일을 빠르게 출력하고 확인하는 데 매우 효과적입니다. 프리미어 프로의 [Export Settings] 대화상자에서 [Queue]를 클릭하면 어도비 미디어 인코더가 실행되고 해당 파일이 [Queue](대기열) 패널에 자동으로 추가됩니다. 물론 어도비 미디어 인코더를 독립적으로 실행하여 원하는 프리미어 프로 프로젝트나 애프터 이펙트 컴포지션, 기타 미디어를 자유롭게 추가/삭제할 수도 있습니다.

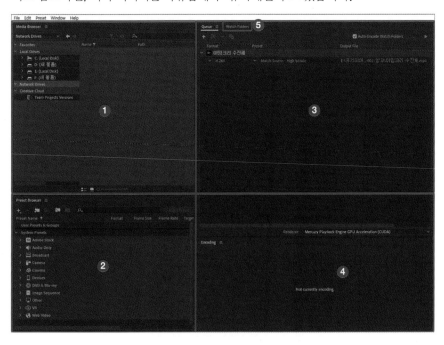

미디어 인코더는 크게 네 개의 작업 영역으로 구분되어 있습니다. 주로 사용하는 패널은 다섯 개입니다.

① **[Media Browser] 패널** ┃ 인코딩을 진행하려는 프로젝트나 미디어 파일을 손쉽게 검색합니다.

② **[Preset Browser] 패널** ┃ 내보내기(Export) 설정을 간소화하는 다양한 프리셋을 제공합니다. 출력하려는 미디어 파일의 사용 용도 및 재생 장치별 다양한 카테고리로 분류하여 인코딩 작업 시 손쉽게 선택, 적용할 수 있습니다.

③ **[Queue] 패널** ┃ 인코딩 작업을 진행하는 소스를 표시하는 패널로 비디오/오디오 파일이나 프리미어 프로 시퀀스, 에프터 이펙트 컴포지션을 추가/삭제할 수 있습니다.

④ **[Encoding] 패널** ┃ 인코딩 작업이 진행되는 소스의 렌더링 진행 상황과 파일에 관련된 간단한 정보를 실시간으로 표시합니다.

⑤ **[Watch Folders] 패널** ┃ PC 내에 설정된 [Watch Folders(감시 폴더)]에 위치하는 소스를 설정된 [Export Settings]에 따라 자동으로 인코딩합니다. [Queue] 패널과 패널 그룹화가 되어 있습니다.

어도비 미디어 인코더의 패널 자세히 알아보기

어도비 미디어 인코더의 패널 중 추가적인 설명이 필요한 패널을 알아보겠습니다.

[Preset Browser] 패널

프리셋은 [Queue] 패널에서 소스 파일을 선택한 후 적용하려는 프리셋을 더블클릭하거나 [Queue] 패널의 소스 파일로 직접 드래그하여 프리셋을 적용할 수 있습니다. 패널 오른쪽 위의 [Apply Preset]을 클릭해도 프리셋을 추가할 수 있습니다.

① **Create New Preset** ┃ 새로운 설정의 인코딩용 프리셋을 생성합니다. 새롭게 생성된 프리셋은 [User Presets & Groups] 카테고리에 추가됩니다.

② **Delete Preset** ┃ [User Presets & Groups]에 생성된 프리셋 또는 프리셋 그룹을 삭제합니다.

③ **Create New Preset Group** ┃ 새로운 프리셋 그룹을 생성합니다.

④ **Preset Settings** ┃ 프리셋 설정을 변경합니다.

⑤ **Import Preset** ┃ 확장자가 .epr인 프리셋 파일을 불러옵니다.

⑥ **Export Preset** ┃ 프리셋 설정을 프리셋 파일로 외부에 저장합니다.

⑦ **Find Box** ┃ 프리셋 파일을 빠르고 편하게 찾을 수 있는 기능을 제공합니다.

[Queue] 패널(대기열 패널)

[Queue] 패널에서는 인코딩 대기 중인 파일 이름과 파일의 포맷, 프리셋, 저장될 위치를 확인/변경할 수 있습니다. 푸른색으로 표시된 포맷과 프리셋은 이름 왼쪽의 를 클릭하여 다른 항목으로 설정을 변경할 수 있습니다. 포맷과 프리셋의 이름을 직접 클릭한 후 [Export Settings] 대화상자에서 변경할 수도 있습니다.

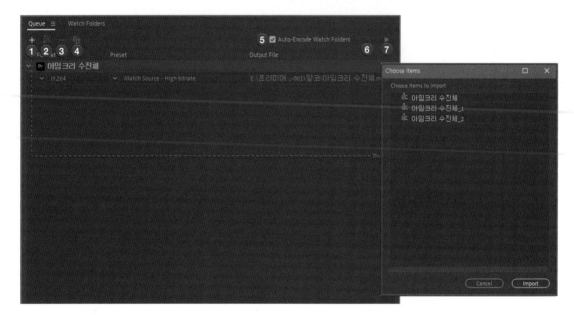

① **Add Source** ➕ | [Queue] 패널에 인코딩을 진행할 파일을 추가합니다. [File]-[Add Source] Ctrl + I 메뉴를 선택해도 됩니다. 프리미어 프로젝트에 여러 개의 시퀀스가 있는 경우 원하는 시퀀스만을 선택하여 추가하거나 모두 선택(Ctrl +파일 클릭)하여 파일을 추가합니다.

② **Add Output** 📑 | 선택한 소스 파일에 내보내기 설정(Export Setting)을 추가합니다.

③ **Remove** ➖ | 인코딩할 파일의 내보내기 설정 또는 소스 파일을 삭제합니다.

④ **Duplicate** 🔁 | 인코딩할 파일의 내보내기 설정 또는 소스 파일을 복제합니다.

⑤ **Auto-Encode Watch Folders** | 해당 옵션을 체크할 경우 PC에 설정된 [Watch Folders] 폴더에 추가되는 파일을 자동으로 인코딩하여 출력합니다.

⑥ **Stop Queue** ⬛ | 파일의 인코딩을 중지합니다.

⑦ **Start Queue** ▶ | 파일의 인코딩을 시작합니다.

[Watch Folders] 패널에 대기열 추가하기

01 Add Folder ➕ 를 클릭하여 [Watch Folders]의 대상 폴더로 설정할 경로를 지정합니다. 프리셋을 사용하거나 사용자 지정으로 출력 설정을 선택하여 [Watch Folders] 폴더 내에 있는 미디어 파일의 출력 포맷을 설정합니다.

02 인코딩이 필요한 파일을 앞서 지정한 [Watch Folders] 폴더에 배치합니다.

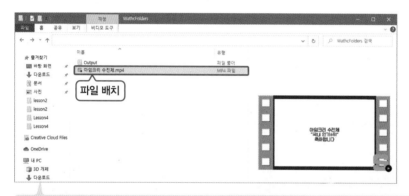

인코딩 작업이 완료된 파일은 별도의 저장 경로를 지정하지 않을 경우 [Watch Folders]의 [Output] 폴더에 저장됩니다.

03 ❶ [Queue] 패널에 [Watch Folders] 폴더로 이동한 파일이 자동으로 대기열에 등록되면 ❷ Start Queue ▶ 를 클릭해 해당 파일을 인코딩합니다.

어도비 미디어 인코더로 출력하기

준비 파일 기본/Chapter 07/내보내기_2.prproj

어도비 미디어 인코더를 이용하여 프리미어 프로 시퀀스를 유튜브와 비메오, 페이스북 업로드용으로 인코딩해보겠습니다. **내보내기_2.prproj** 준비 파일을 불러옵니다.

01 ❶ [Queue] 패널의 대기열에서 파일의 포맷 영역을 선택하고 ❷ Duplicate 🖿를 두 번 클릭해 세팅 메뉴를 두 개 추가합니다.

02 ❶ [Preset Browser] 패널을 선택하고 ❷ [System Presets]-[Web Video]-[Social Media] 항목에서 각 미디어에 맞는 프리셋 파일을 [Queue] 패널 소스 파일의 세팅 영역으로 드래그하여 설정을 변경합니다. 예제에서는 [YouTube 1080p Full HD], [Vimeo 1080p Full HD], [Facebook 1080p Full HD]를 적용했습니다. 각각 유튜브, 비메오, 페이스북의 1080p 해상도에 최적화된 프리셋 옵션입니다.

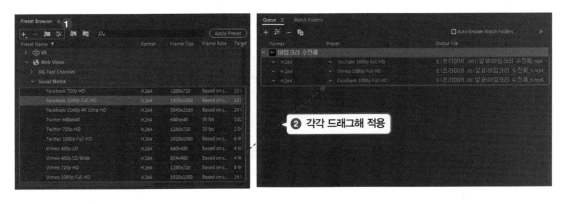

03 ❶ [Output File] 영역의 파일 이름을 클릭하여 저장될 경로와 파일 이름을 변경하고 ❷ Start Queuc ▶를 클릭해 인코딩을 실행합니다.

최종 편집 결과물 출력하기

영상 파일로 출력하기

프리미어 프로에서 작업이 완료된 시퀀스를 최종 미디어 파일로 출력할 수 있습니다. 프리미어 프로에서 편집 작업이 끝난 1080p 해상도의 최종 결과물을 내보내기(Export) 기능을 활용해 원본 그대로 내보내거나 해상도를 줄여 내보내는 방법에 대해 알아보겠습니다. 1080p 해상도는 유튜브 등 스트리밍 사이트에서 가장 많이 사용되는 해상도입니다.

간단 실습 미디어 파일로 출력하기

준비 파일 기본/Chapter 07/내보내기_3.prproj

최종 미디어 파일로 출력하기 위해 **내보내기_3.prproj** 준비 파일을 불러옵니다.

01 ❶ [Timeline] 패널을 클릭하고 ❷ 시퀀스를 출력하기 위해 상단에서 [Export]를 클릭합니다.

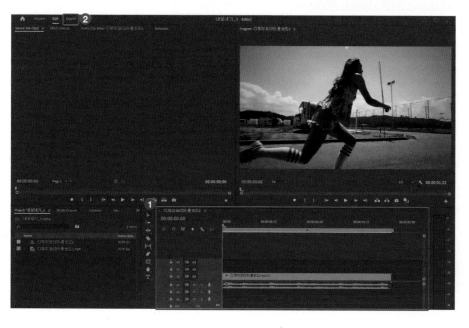

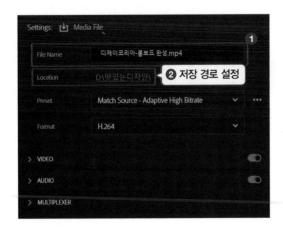

02 ❶ [Settings] 영역의 [File Name]에 영상 파일 이름을 입력합니다. ❷ [Location]에서 파일이 저장 될 경로를 설정합니다.

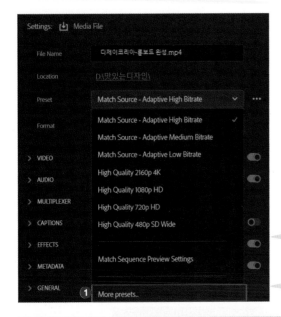

03 ❶ [Preset]에서 [More presets]를 클릭합니다. ❷ [Preset Manager] 대화상자가 나타나면 유튜브에 업로드하기 좋은 프리셋을 선택하기 위해 검색란에 **Youtube**를 입력합니다. ❸ 사용한 영상 소스의 해상도에 맞는 설정을 클릭합니다. 여기서는 [Youtube 1080p Full HD]를 선택했습니다. ❹ [OK]를 클릭합니다.

간단하게 설정하고 싶다면 [Preset]에서 [High Quality 1080p HD]를 선택합니다.

[Format]은 [H.264]로 자동 설정됩니다.

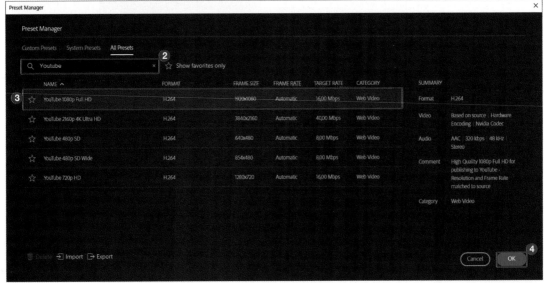

04 ❶ [VIDEO] 탭을 활성화합니다. ❷ 현재 설정은 유튜브용 1080p 해상도에 맞춰 최적화된 상태이므로 [Frame Size](해상도)가 1920×1080으로 자동 설정되는 것을 확인할 수 있습니다. ❸ [Export]를 클릭해 시퀀스를 프리미어 프로에서 바로 출력합니다.

원본 시퀀스와 일괄적으로 설정값을 맞추려면 [Match Source]를 클릭합니다. [Preset]의 설정이 [Custom]으로 바뀝니다.

🎤 기능 꼼꼼 익히기 | **해상도를 변경해서 영상 출력하기**

[Frame Size]에서 4K부터 SD 해상도까지 시퀀스나 영상 소스 설정과 별도로 내가 원하는 해상도를 선택해 영상을 출력할 수 있습니다. 기본 해상도와 별개로 출력하기를 원한다면 [Custom] 항목을 선택합니다. [W]에는 가로 해상도, [H]에는 세로 해상도가 표시됩니다. 이때 잠금 🔒 상태에서 한쪽 해상도를 수정하면 비율에 맞게 반대쪽 해상도가 자동으로 변경됩니다. 반대로 풀림 🔓 상태라면 비율에 상관없이 내가 입력한 값으로 자유롭게 해상도를 설정할 수 있습니다.

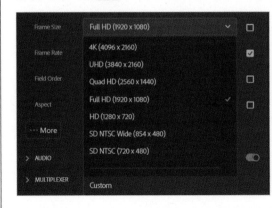

프리미어 프로의 기본 기능과 핵심 기능을 익혔다면

이제는 기본 기능을 응용, 활용하는 방법을 알아보겠습니다.

기본 기능과 효과, 다양한 템플릿을 조합하면

영상을 더욱 멋지게 만들 수 있습니다.

VR 영상과 유튜브용 섬네일도 손쉽게 만들 수 있으니

프리미어 프로와 함께 더욱 다양한 영상 콘텐츠 제작에

흠뻑 빠져볼 수 있길 바랍니다.

PART 02

내 영상을
더욱 멋지게 만드는
프리미어 프로 활용편

PART 01에서 배운 프리미어 프로의 기본 기능, 응용 기능을 활용해

더 고급스러운 영상으로 편집해보고 이펙트를

적용하는 방법을 실습해보겠습니다.

영상을 자르고 붙이는 기본 기능과 다채롭게 꾸며주는 여러 가지 효과를

잘 조합하면 멋진 영상을 만들 수 있습니다.

여기에서 실습한 기능을 바탕으로

여러분의 영상을 직접 만들어보기 바랍니다.

CHAPTER 01

다양한 기능으로
멋진 영상 만들기

01

빈티지한 느낌으로
색보정한 영상 만들기

비디오 이펙트를 적용하고 텍스트를 삽입하여 영상 디자인하기

☑ **CC 모든 버전** ☐ **CC 2024 버전**

준비 파일 활용/Chapter 01/빈티지색보정.prproj
완성 파일 활용/Chapter 01/빈티지색보정_완성.prproj

AFTER

이 예제를 따라 하면

실무에서 자주 사용하는 비디오 이펙트를 활용하면 효과적으로 영상을 디자인할 수 있습니다. [RGB Curve] 이펙트를 배경에 적용하고, 영상의 포인트 색상을 보정해봅니다. Nest 기능을 활용하여 추후 영상만 교체해 재사용할 수 있도록 만들면서 구조적인 부분까지 함께 학습할 수 있습니다. 영상 편집을 완료한 뒤 특정 장면의 퀄리티를 높이거나 포인트를 줄 때 응용하기 좋습니다.

BEFORE

01 ❶ [Timeline] 패널에서 [Vintage.mp4] 클립을 마우스 오른쪽 버튼으로 클릭합니다. ❷ 영상 클립을 시퀀스로 묶기 위해 [Nest]를 클릭합니다.

02 [Nested Sequence Name] 대화상자가 나타나면 시퀀스의 이름을 입력합니다. ❶ 여기서는 Video를 입력한 후 ❷ [OK]를 클릭합니다.

03 ❶ Alt 를 누른 채 드래그하여 [Video] 시퀀스를 복사하고 비디오 2번 트랙(V2)에 배치합니다. ❷ [Effects] 패널에서 **curve**를 검색한 후 ❸ [Obsolete]-[RGB Curves] 이펙트를 복사한 [Video] 시퀀스에 드래그합니다.

[Obsolete] 항목은 사용 빈도가 줄어든 이펙트를 모아놓은 항목이지만 여전히 사용할 수 있으며 업데이트가 이루어지면 다른 항목에 이펙트가 표시될 수도 있습니다.

04 [Effect Controls] 패널-[RGB Curve]에서 [Master] 커브를 다음과 같이 조절합니다. 기준선에서 위쪽으로 포인트를 조절하여 전체적으로 밝게 보정하는 것입니다.

05 ❶ [Effect Controls] 패널-[Opacity]에서 Create 4-point polygon mask■를 클릭하여 사각형 마스크를 생성합니다. ❷ [Mask Feather]의 값을 0으로 설정합니다.

06 ❶ 마스크를 다음과 같은 크기와 위치로 조정합니다. ❷ [Inverted]에 체크하여 마스크를 반전시킵니다.

> 마스크의 크기를 조정할 때 마스크 포인트를 드래그하여 수정하면 평행하게 움직이지 않아서 모양이 비뚤어질 수 있습니다. 이때는 마스크 포인트를 선택하고 방향키를 누르거나 **Shift** 를 누른 채 방향키를 눌러 조정하면 정확하게 이동할 수 있습니다. 마스크 포인트는 **Shift** 를 누른 채 클릭하거나 드래그하여 여러 개를 선택할 수도 있으므로 사각형의 크기를 키울 때는 이동하려는 각 방향의 두 포인트를 함께 선택한 후 방향키를 사용하면 편리합니다.

07 비디오 1번 트랙(V1)의 [Video] 시퀀스가 선택된 상태에서 계속 진행합니다. ❶ Alt + Shift + 5 를 눌러 작업 영역 모드를 [Color] 모드로 변경합니다. ❷ [Lumetri Color] 패널의 [Creative]-[Look]에서 [SL CLEAN STARLIGHT HDR] 프리셋을 설정하고 ❸ [Intensity]는 **150**, ❹ [Saturation]은 **110**으로 설정합니다.

08 ❶ [Basic Correction] 패널의 [Light]에서 [Exposure]는 **-0.5**, ❷ [Contrast]는 **-34**로 설정합니다.

09 ❶ [Timeline] 패널의 빈 공간을 클릭해 선택을 해제합니다. ❷ 도구 패널에서 타이프 도구█를 클릭하고 ❸ 영상 화면의 상단 여백을 클릭해서 텍스트를 입력합니다. 여기서는 **Meet the sound of memories flowing**을 입력했습니다. ❹ 폰트는 [SF함박눈]으로 설정하고, ❺ 폰트 크기는 70으로 설정합니다.

10 ❶ [Effect Controls] 패널의 [Appearance]–[Fill]에서 색상을 FFD800으로 설정하고 ❷ [Shadow]의 색상은 0F0F0F로 설정한 뒤 불투명도를 100%로 조정합니다. ❸ [Timeline] 패널에서 텍스트 클립의 길이를 조정합니다.

11 ❶ 텍스트 클립이 선택된 상태에서 `Ctrl` + `C` , `Ctrl` + `V` 를 눌러 텍스트를 추가합니다. ❷ 복사한 텍스트의 위치를 하단으로 이동한 뒤 with the song, as if time had stopped.를 입력했습니다. 색보정과 비디오 이펙트를 사용한 영상 꾸미기가 완료되었습니다.

아무 클립도 선택하지 않은 상태에서 텍스트나 도형을 추가하면 새로운 그래픽 레이어가 클립으로 생성됩니다. 하지만 기존의 그래픽 레이어 클립을 선택한 상태에서 텍스트나 도형을 추가하면 클립 안에 여러 개의 텍스트나 도형이 포함된 상태로 작업할 수 있습니다.

Nest 기능을 사용해서 비디오 클립이나 이미지를 시퀀스 구조로 묶으면 추후 Nest 시퀀스 내의 이미지나 영상 소스만 교체하여 시퀀스에 적용된 비디오 이펙트를 그대로 유지한 채 사용할 수 있습니다.

▲ Nest 기능으로 묶은 [Video] 시퀀스에서 원본 소스 위에 새로운 소스 삽입

▲ 기존의 이펙트 및 텍스트 클립 등이 유지된 채 영상만 교체됨

흔들리는 화면 보정하고 꾸미기

Warp Stabilizer로 흔들리는 영상 보정하기

☑ **CC 모든 버전** ☐ **CC 2024 버전**

준비 파일 활용/Chapter 01/흔들림잡기.prproj
완성 파일 활용/Chapter 01/흔들림잡기_완성.prproj

AFTER

이 예제를 따라 하면

영상을 촬영할 때 짐벌이나 삼각대 같은 보조 장비를
사용하지 않고 촬영하면 주변 환경과 호흡의 영향으
로 영상에 미세한 흔들림이 발생합니다. 이때 영상의
흔들림이 과도하지 않아 장면의 변화가 크지 않으면
프리미어 프로에서 제공하는 [Warp Stabilizer] 이펙
트로 간단히 영상의 흔들림을 보정할 수 있습니다.

BEFORE

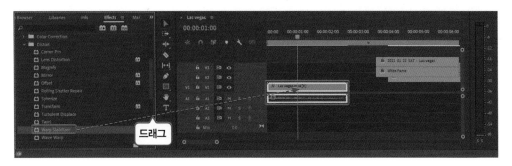

흔들리는 화면 보정하고 좌우 반전하기

01 프로젝트에 사용된 영상 클립의 흔들림을 보정하기 위해 [Effects] 패널에서 [Video Effects]-[Distort]-[Warp Stabilizer]를 비디오 1번 트랙(V1)의 영상 클립에 드래그하여 적용합니다.

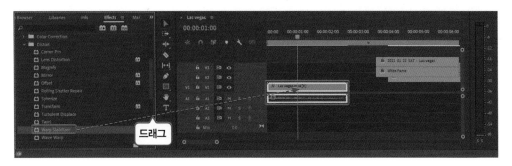

02 ❶ [Program] 패널의 미리 보기에 아래 그림과 같은 메시지가 나타납니다. 흔들림을 보정하기 위한 분석 작업이 진행 중이라는 의미이며 ❷ 작업 진행률은 [Effect Controls] 패널의 [Warp Stabilizer] 항목을 확인합니다. 작업이 완료되면 [Program] 패널의 메시지가 사라집니다.

03 이펙트를 적용해 보정이 완료된 클립의 좌우를 반전해보겠습니다. [Effects] 패널에서 [Video Effects]-[Transform]-[Horizontal Flip]을 비디오 1번 트랙(V1)의 영상 클립에 드래그하여 적용합니다.

04 클립의 좌우가 반전됩니다. 영상의 좌우 반전이 필요한 경우 [Horizontal Flip], 상하 반전이 필요한 경우 [Vertical Flip] 이펙트를 적절하게 활용합니다.

▶ **영상 클립을 시퀀스로 묶고 속도 조절하기**

05 [Warp Stabilizer] 이펙트를 적용한 영상 클립은 재생 속도를 변경할 수 없습니다. 이때 클립의 재생 속도를 조정하려면 해당 클립을 Nest 시퀀스로 묶는 과정을 거치면 됩니다. ❶ 비디오 1번 트랙(V1)의 영상 클립을 마우스 오른쪽 버튼으로 클릭하고 ❷ [Nest]를 클릭합니다. ❸ [Nested Sequence Name] 대화상자의 [Name]에 **원본**을 입력하고 ❹ [OK]를 클릭합니다.

기능 꼼꼼 익히기 🎤 Nest 기능 알아보기

Nest는 한 개 또는 다수의 클립을 묶어 하나의 Nest 시퀀스로 만드는 기능으로 다양한 상황에 활용합니다. 다수의 클립과 트랙을 사용하여 작업한 모션을 하나로 묶어 편리하게 배치할 수 있으며, [Timeline] 패널의 작업 영역을 간소화할 수도 있습니다. 또 클립에 중복해 이펙트를 적용할 수 없는 경우에는 하나의 이펙트가 적용된 클립을 Nest로 묶은 후 다시 추가 이펙트를 적용하여 원하는 효과를 만들 수도 있습니다.

06 ❶ 생성된 Nest 시퀀스인 [원본]을 더블클릭합니다. [Timeline] 패널에 [원본] 시퀀스의 트랙이 나타나며 내용을 자유롭게 수정 또는 변경할 수 있습니다. ❷ [Timeline] 패널에서 [원본] 시퀀스를 닫습니다.

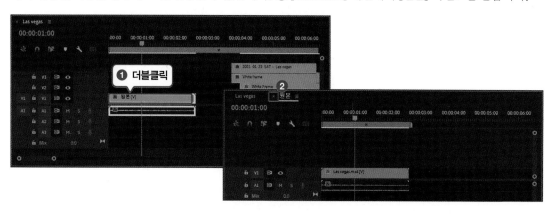

07 영상의 속도를 조절해보겠습니다. ❶ [원본] 시퀀스를 마우스 오른쪽 버튼으로 클릭합니다. ❷ [Speed/Duration]을 클릭합니다.

08 ❶ [Clip Speed/Duration] 대화상자에서 [Speed]를 **119.4%**로 설정하고 ❷ [OK]를 클릭합니다.

09 [Timeline] 패널을 확인하면 [원본] 클립의 재생 속도가 올라감에 따라 반대로 재생 시간은 줄어드는 것을 확인할 수 있습니다.

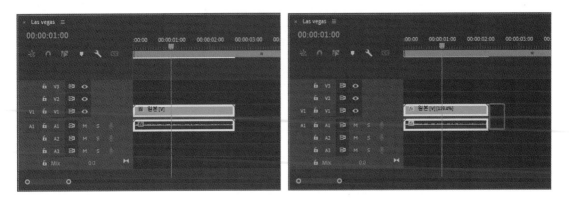

10 ❶ 비디오 2번 트랙(V2)과 비디오 3번 트랙(V3)의 프레임, 텍스트 클립의 위치를 조정하고 ❷ 길이를 변경하여 비디오 1번 트랙(V1)에 있는 클립과 끝점을 맞춥니다.

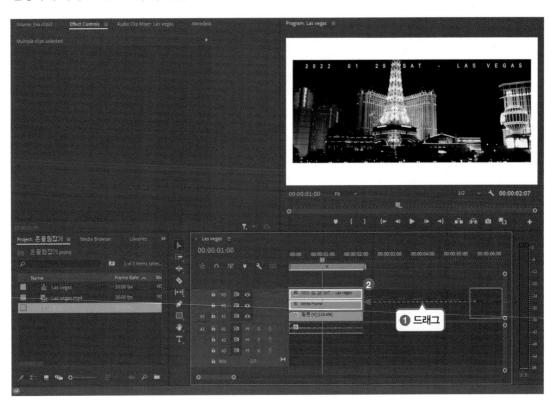

11 비디오 2번 트랙(V2)의 [White Frame] 클립을 더블클릭하면 [Text] 패널과 [Essential Graphics] 패널이 나타납니다. [Program] 패널의 조절점을 활용해 프레임 크기를 자유롭게 수정할 수 있습니다.

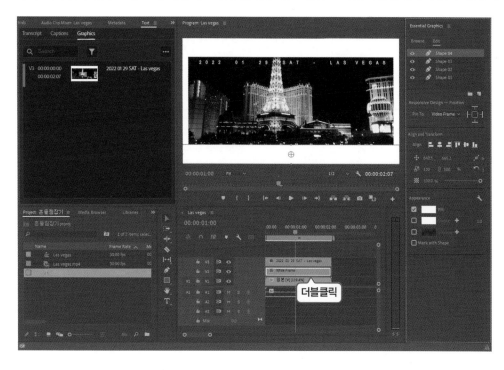

12 비디오 3번 트랙(V3)의 텍스트 클립은 [Program] 패널과 [Text] 패널에서 내용을 직접 수정하거나 [Essential Graphics] 패널에서 서식을 자유롭게 수정할 수 있습니다.

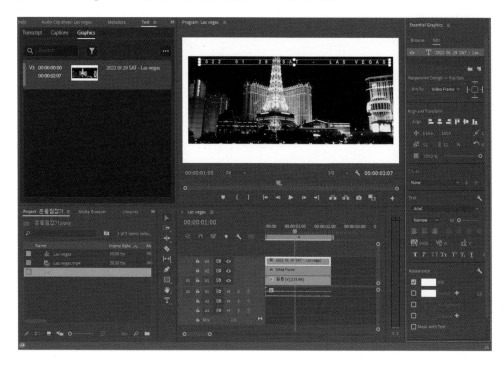

03

다이나믹하게
영상 속도 조절하기

빨라졌다 느려지는 영상으로 센스 있게 편집하기

☑ **CC 모든 버전** ☐ **CC 2024 버전**

준비 파일 활용/Chapter 01/속도조절.prproj
완성 파일 활용/Chapter 01/속도조절_완성.prproj

AFTER

이 예제를 따라 하면

[Speed/Duration] 기능을 이용하면 클립 전체의 영상 속도를 조절할 수 있습니다. 하지만 영상의 일부 구간만 빠르게 진행하다 다시 느리게 진행하는 방식. 서서히 속도를 조절하는 방식은 [Effect Controls] 패널의 [Time Remapping] 기능을 활용합니다. [Time Remapping] 기능의 키프레임을 활용해 영상의 일부분에 속도 변화를 주는 방법을 알아보겠습니다.

영상 클립 속도 자유자재로 조절하기

01 ❶ [수영A.mp4] 클립을 선택하고 ❷ 편집 기준선을 **00:00:01:09** 지점에 위치합니다.

02 [Effect Controls] 패널의 현재 편집 기준선 위치에서 [Time Remapping]-[Speed]의 ❶ Add/Remove keyframe ▣을 클릭해 키프레임을 생성합니다. ❷ 이어서 **00:00:02:07** 지점에 키프레임을 추가합니다.

[Effect Controls] 패널 왼쪽 아래에 있는 타임코드 영역에 시간을 입력해도 [Timeline] 패널에서 입력한 것과 동일하게 편집 기준선을 위치할 수 있습니다.

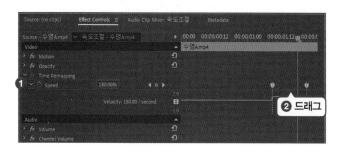

03 ❶ [Speed]의 ▶를 클릭하면 재생 속도를 조절하는 그래프가 나타납니다. ❷ 두 키프레임 사이에 있는 그래프를 위로 드래그하여 해당 구간에서 [Speed]의 값이 **180%**가 되도록 조정합니다.

04 첫 번째 키프레임📙의 오른쪽 키프레임🔘을 선택하고 **00:00:01:19** 지점까지 드래그하여 속도가 빨라지는 구간이 자연스럽도록 조절합니다.

편집 기준선을 미리 **00:00:01:19** 지점에 위치시킨 상태에서 조절하면 편리합니다.

05 [수영B.mp4] 클립을 드래그하여 [수영A.mp4] 클립의 끝점에 달라붙도록 배치합니다.

06 [수영B.mp4] 클립이 선택된 상태에서 ❶ [Effect Controls] 패널의 편집 기준선을 **00:00:02:06** 지점에 위치합니다. ❷ [Time Remapping]–[Speed]의 🔘을 클릭해 키프레임을 생성합니다.

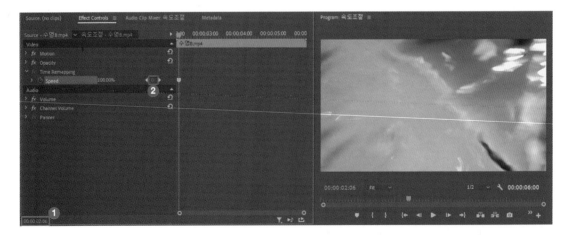

07 ❶ 편집 기준선을 **00:00:03:18** 지점에 위치하고 ❷ 키프레임을 추가합니다.

08 ❶ [Speed]의 ▶를 클릭해 펼칩니다. ❷ 키프레임 사이의 그래프를 위로 드래그하여 해당 구간에서 [Speed]의 값이 **240%**가 되도록 조정합니다. 등장(정상 속도)—다이빙(빠른 속도)—수영(정상 속도)의 속도 변화를 가지는 영상으로 완성됩니다. 속도의 변화를 적용하는 구간과 값을 자유롭게 변경하며 연습해보세요.

04 스냅샷 촬영하는 연출 만들기

특정 장면을 스틸 이미지로 연출하기

☑ **CC 모든 버전** ☐ **CC 2024 버전**

준비 파일 활용/Chapter 01/스냅샷.prproj
완성 파일 활용/Chapter 01/스냅샷_완성.prproj

AFTER

이 예제를 따라 하면

영상을 편집하다 보면 특정 장면을 사진처럼 사용하고 싶을 때가 있습니다. 움직이는 영상에서 원하는 장면을 스틸 이미지로 만드는 방법 두 가지에 대해 알아보겠습니다. 또한 여러 클립을 Nest 시퀀스로 묶어 정리하는 방법과 마커를 찍어 유용하게 사용하는 방법도 함께 익힐 수 있습니다.

BEFORE

▶ Frame Hold로 영상의 특정 장면을 스틸 이미지로 만들기

01 스틸 이미지를 만들 때 오디오는 가장 마지막에 편집하므로 ❶ 오디오 1번 트랙(A1)의 🔒을 클릭해 잠 금니다. ❷ 편집 기준선을 **00:00:00:17** 지점에 위치합니다. ❸ 비디오 1번 트랙(V1)의 [snapshot.mp4] 클립을 마우스 오른쪽 버튼으로 클릭하고 ❹ [Insert Frame Hold Segment]를 클릭합니다. 편집 기준선 이 있는 영상 클립의 장면을 기준으로 스틸 이미지가 생성됩니다. 이때 생성된 스틸 이미지는 영상의 뒷부 분에도 그대로 적용됩니다. ❺ 편집 기준선을 **00:00:01:11** 지점에 위치합니다. ❻ 남겨진 영상 뒷부분을 **00:00:01:11** 지점으로 드래그합니다.

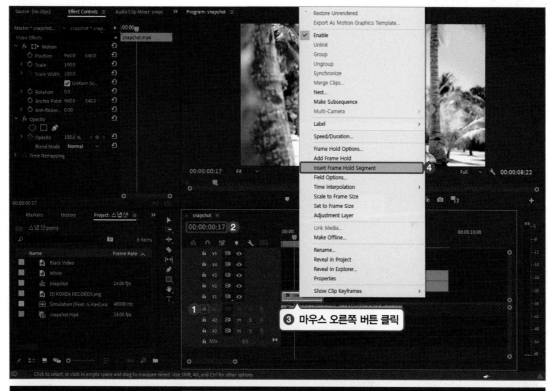

02 ❶ 00:00:02:09 지점에 편집 기준선을 위치한 후 ❷ 세 번째 영상 클립을 마우스 오른쪽 버튼으로 클릭합니다. ❸ [Add Frame Hold]를 클릭합니다. [Add Frame Hold]를 클릭하면 편집 기준선을 기준으로 영상의 뒷부분이 현재 미리 보기 화면의 고정된 프레임 이미지로 바뀝니다. ❹ 고정된 뒷부분 클립의 끝점을 작업 영역바의 끝부분과 맞춰줍니다. ❺ 해당 클립의 시작점을 드래그하여 길이를 늘여줍니다.

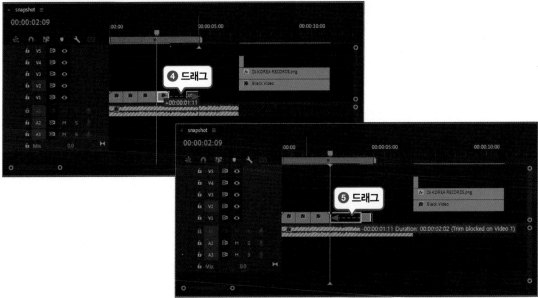

[Insert Frame Hold Segment]는 영상과 영상 사이에 프레임을 정지시킨 후 클립을 하나 더 만드는 기능입니다. 스틸 이미지가 생성되고 그 뒤에는 영상의 뒷부분이 그대로 유지됩니다. 이때 편집 기준선 위치에 있는 다른 클립들이 같이 잘릴 수 있기 때문에 미리 트랙을 잠그거나 배치를 조정해야 합니다. [Add Frame Hold]는 편집 기준선을 기준으로 선택한 영상 클립의 뒷부분을 모두 스틸 이미지로 변경합니다. 다른 클립에는 영향을 미치지 않습니다. 예제처럼 영상의 중간 부분에는 [Add Frame Hold]를 사용하는 것이 편리합니다. 영상의 마지막 부분이나 앞뒤가 특별히 필요하지 않을 때에는 [Insert Frame Hold Segment]를 사용하면 편리합니다.

03 작업의 편의를 위해 동영상 원본과 새롭게 만든 스틸 이미지를 구분하겠습니다. ❶ Shift 를 누른 상태에서 스틸 이미지 클립을 함께 선택합니다. ❷ 마우스 오른쪽 버튼을 클릭한 후 [Label]–[Mango]를 클릭합니다. 이때 라벨의 색은 자유롭게 선택해도 됩니다. 영상의 원본은 하늘색으로, 프레임을 스틸 이미지로 만든 정지 화면은 주황색으로 표시되었습니다.

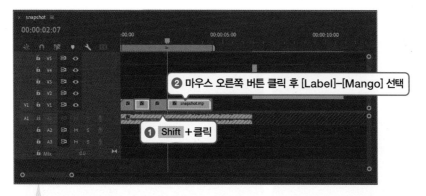

> 프리미어 프로 한글 버전 설치 후 영문 버전으로 재설치한 경우 라벨 색 이름이 한글로 나타나는 경우가 있습니다. 이때는 [Label]–[주황색]을 선택합니다.

▶ **스틸 이미지에 서서히 확대되는 효과 적용하기**

04 편집 기준선을 00:00:00:17 지점에 위치한 상태에서 ❶ 두 번째 클립을 클릭합니다. ❷ [Effect Controls] 패널에서 [Scale]을 105로 조정하여 크기를 변경합니다. ❸ ⬤을 클릭해 [Scale]에 키프레임을 만들어줍니다. ❹ 편집 기준선을 00:00:01:10 지점으로 이동하고 ❺ [Scale]을 103으로 조정해 키프레임을 생성합니다. ❻ 키프레임이 활성화된 상태에서 값을 조정하면 자동으로 키프레임이 생성됩니다.

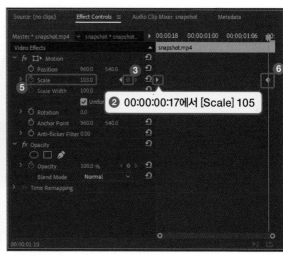

05 편집 기준선을 **00:00:02:09** 지점에 위치한 상태에서 ❶ 네 번째 클립을 클릭합니다. ❷ 이번 엔 [Scale]을 **107**로 설정합니다. ❸ 마찬가지로 🔘을 클릭해 [Scale]에 키프레임을 만들어줍니다. ❹ [Timeline] 패널에서 편집 기준선을 **00:00:04:10** 지점으로 이동하고 ❺ [Scale]에 **100**을 입력하여 키프레임을 추가합니다.

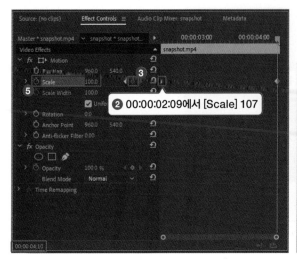 

▶ **로고가 잘 보이도록 영상에 음영 마스크 적용하기**

---

06 오른쪽 위에 배치된 로고가 조금 더 잘 보이도록 마스크를 이용한 음영 처리를 해보겠습니다. ❶ 비디 오 2번, 3번 트랙(V2, V3)에 배치된 두 개의 클립을 시작점으로 배치합니다. ❷ 비디오 3번 트랙(V3)의 🔒을 클릭해 트랙을 잠급니다.

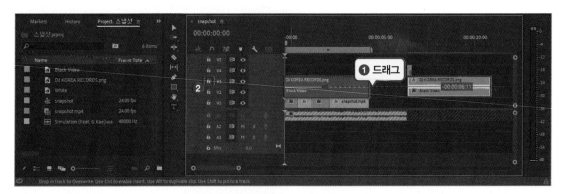

07 ❶ [Program] 패널에서 확대 옵션을 [25%]로 설정합니다. ❷ [Timeline] 패널에서 비디오 2번 트랙 (V2)의 [Black Video] 클립을 클릭한 후 ❸ [Effect Controls] 패널에서 [Opacity]의 ⬤를 클릭합니다. ❹ [Program] 패널에 나타난 원형 마스크를 로고 위치로 배치합니다.

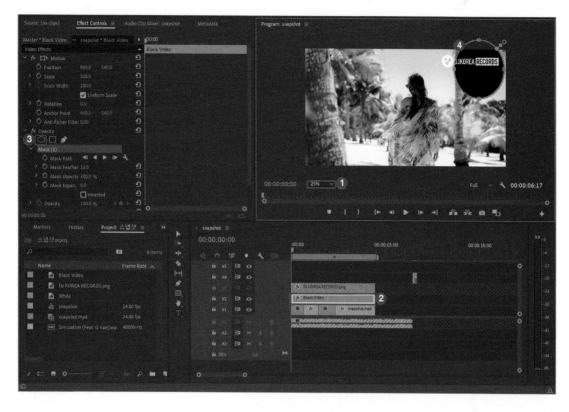

08 마스크의 형태를 바꿔보겠습니다. ❶ [Program] 패널의 마스크 핸들 중 오른쪽 핸들을 클릭합니다. ❷ 키보드의 방향키를 이용해 원하는 위치로 옮겨줍니다. 이때 Shift 를 누른 상태로 방향키를 누르면 10px 간격으로 마스크 포인트의 위치를 바꿀 수 있습니다.

❷ 키보드 방향키로 조정

마스크의 크기 조절 핸들을 선택하고 드래그하여 변형할 수도 있습니다. 드래그할 때 Shift 를 누른 상태로 드래그하면 직선으로 이동합니다.

09 ❶ 마스크 핸들을 이용해 화면과 같이 배치합니다. ❷ [Mask]−[Opacity]를 **10**으로, ❸ [Mask]−
[Mask Feather]를 **160**으로 각각 설정합니다.

10 ❶ 비디오 3번 트랙(V3)의 잠금을 해제합니다. ❷ 비디오 2번, 3번 트랙(V2, V3)의 클립을 함께 선택
하고 마우스 오른쪽 버튼을 클릭한 후 ❸ [Nest]를 클릭합니다. ❹ [Nested Sequence Name] 대화상자의
[Name]에 **logo**를 입력합니다. ❺ [OK]를 클릭합니다. [logo]라는 이름의 새로운 Nest 시퀀스가 생성되었
습니다. [Black Video] 클립과 [DJ KOREA RECORDS.png] 클립이 합쳐진 시퀀스입니다.

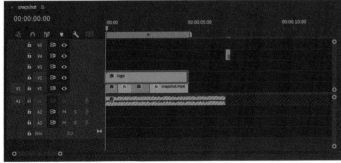

스냅 이미지 중간에 번쩍이는 효과 적용하고 색보정하기

11 ① [Timeline] 패널이 조금 더 크게 보이도록 조정합니다. ② 비디오 4번 트랙(V4)에 있는 [White] 클립을 비디오 3번 트랙(V3)의 위치로 옮겨줍니다. [White] 클립에는 마커(Marker)가 삽입되어 있습니다. 비디오 1번 트랙(V1)의 첫 번째 클립과 두 번째 클립 사이 지점에 마커가 일치하면 나타나는 검은 직선이 있는 곳에 배치합니다. ③ **Alt** 를 누른 상태로 드래그하여 [White] 클립을 비디오 1번 트랙(V1)의 세 번째와 네 번째 클립 사이에 복제한 후 배치합니다.

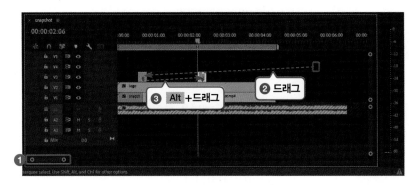

12 [White] 클립을 [Effect Controls] 패널에서 확인하면 [Opacity]가 **0, 100, 0**으로 설정된 키프레임을 확인할 수 있습니다. 카메라의 플래시처럼 하얀색 컬러매트 화면이 순식간에 나타났다 사라지는 연출입니다.

> [Opacity]가 100으로 설정된 키프레임 자리를 마커로 표시해두었습니다. 클립과 클립 사이에 레이어를 바로 배치할 때 마커로 미리 위치를 표시하면 더욱 편하게 작업할 수 있습니다.

13 스냅샷으로 표현되는 스틸 이미지 부분만 간단하게 색보정을 해보겠습니다. ① 비디오 1번 트랙(V1)의 두 번째 클립을 클릭합니다. ② **Alt** + **Shift** + **5** 를 눌러 작업 영역 모드를 [Color] 모드로 변경합니다. 선택한 클립에 대한 [Lumetri Color] 패널이 활성화됩니다.

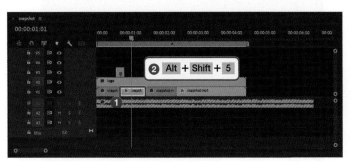

14 [Lumetri Color] 패널에서 [Creative]-[Adjustments]-[Faded Film]의 값을 **70**으로 설정하여 약간 빛바랜 사진의 느낌을 만들어줍니다.

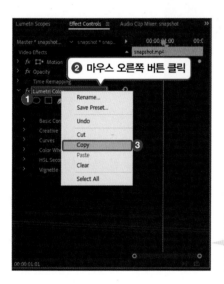

15 [Effect Controls] 패널을 확인하면 [Lumetri Color] 이펙트가 추가된 것을 확인할 수 있습니다. ❶ [Lumetri Color] 항목을 클릭하고 ❷ 마우스 오른쪽 버튼을 클릭합니다. ❸ [Copy]를 클릭해 이펙트를 복사합니다.

이펙트를 선택한 후 Ctrl + C 를 눌러 복사할 수도 있습니다. Ctrl + V 를 눌러 붙여 넣는 방법 역시 동일합니다. 같은 이펙트는 두 번 작업할 필요 없이 복사한 후 다른 클립에 붙여 넣으면 빠르게 작업할 수 있습니다.

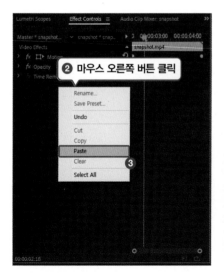

16 ❶ 비디오 1번 트랙(V1)의 네 번째 클립을 클릭합니다. ❷ [Effect Controls] 패널의 빈 영역을 마우스 오른쪽 버튼으로 클릭한 후 ❸ [Paste]를 클릭하여 이펙트를 붙여 넣습니다.

사운드 트랜지션 적용하기

17 ❶ Alt + Shift + 6 을 눌러 작업 영역 모드를 [Editing] 모드로 변경합니다. ❷ 오디오 1번 트랙(A1)
의 잠금을 해제합니다. ❸ 00:00:04:11 지점에서 오디오 1번 트랙(A1)의 클립을 자르고 ❹ 남은 부분을 삭
제합니다.

18 ❶ Alt + Shift + 7 을 눌러 작업 영역 모드를 [Effect] 모드로 변경합니다. ❷ [Effects] 패널에서
[Audio Transitions]-[Crossfade]-[Constant Power]를 클릭하고 ❸ 오디오 1번 트랙(A1)의 클립 시작
점에 드래그합니다. ❹ 다시 [Constant Power]를 드래그하여 오디오 1번 트랙(A1)의 클립 끝점에 적용합
니다.

19 사운드 트랜지션은 전환 효과로 오디오 클립과 클립 사이에 적용하는 것이 일반적입니다. 하지만 [Constant Power]와 같은 [Crossfade] 계열의 효과는 오디오 클립의 시작과 끝부분에 적용해 소리가 서서히 커지면서 시작하고 서서히 작아지며 끝나는 효과를 만들 수 있습니다. 사운드 트랜지션의 길이를 조정해보겠습니다. 시작은 **00:00:01:00** 지점인 지금 상태를 유지합니다. ❶ 엔딩 부분은 **00:00:02:13** 지점에 편집 기준선을 위치하고 ❷ 끝부분의 트랜지션을 클릭한 후 ❸ 해당 위치까지 드래그하여 길이를 늘여줍니다.

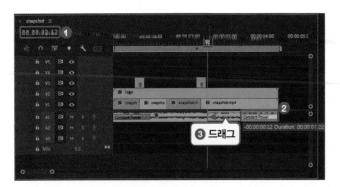

20 현재 작업 영역바의 영역이 빨간색으로 표시되기 때문에 Enter 를 눌러 프리뷰 렌더를 실행합니다. 렌더링이 완료되면 영상을 재생해 확인합니다.

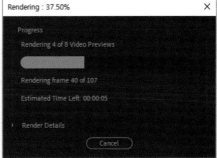

☑ **CC 모든 버전** ☐ CC 2024 버전

준비 파일 활용/Chapter 01/삼각대촬영.prproj
완성 파일 활용/Chapter 01/삼각대촬영_완성.prproj

AFTER

BEFORE

이 예제를 따라 하면

같은 공간, 장면에 똑같은 인형이 동시에 나타나는 합성 기법을 알아보겠습니다. 한 장면에 같은 인형이 동시에 출연하는 방법은 재미 있는 연출에 많이 쓰입니다. 삼각대를 이용해 촬영한 후 마스크 기능을 활용하면 프리미어 프로에서 간단하게 구현할 수 있습니다.

삼각대 촬영 영상 배경 왼쪽에 인형 배치하고 마스크 만들기

01 ❶ 배경만 나온 동영상을 구분하기 위해 비디오 1번 트랙(V1)에 있는 클립의 라벨을 원하는 색으로 변경합니다. ❷ 비디오 2번 트랙(V2)에 있는 [인형1.mp4] 클립을 비디오 2번 트랙(V2) 00:00:01:15 지점으로 드래그합니다.

02 ❶ [인형1.mp4] 클립을 선택합니다. 인형의 크기만큼 마스크를 그려야 합니다. ❷ 예제에서는 00:00:01:15 지점에서 작업하기 위해 편집 기준선을 해당 지점에 위치했습니다.

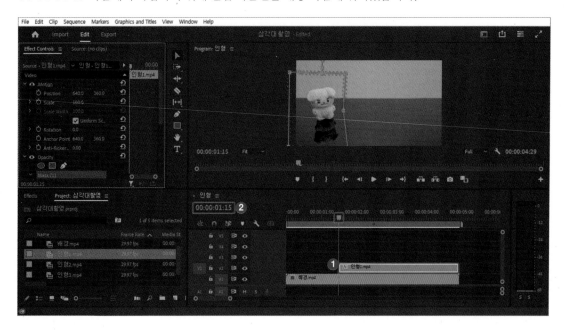

03 [인형1.mp4] 클립이 선택된 상태입니다. ❶ [Effect Controls] 패널의 [Opacity]에서 ☑를 클릭합니다. 펜 도구를 사용하면 원하는 형태의 마스크를 자유롭게 그릴 수 있습니다. ❷ 화면과 같이 시작점을 클릭하고 예제와 비슷한 모양으로 클릭하며 마스크를 그려줍니다. ❸ 마스크 포인트의 마지막에 시작점을 다시 클릭하면 마스크의 형태가 완성됩니다. ❹ 편집 기준선을 좌우로 이동하면서 마스크의 영역 안에 인형의 형태가 빠져나갔는지 확인합니다.

영상 바깥 영역에서 마스크를 그릴 때 화면 비율을 줄인 후 작업하면 더욱 편리하게 작업할 수 있습니다.

04 마스크의 영역 안에 인형이 알맞게 들어가면 [Effect Controls] 패널에서 [Opacity]−[Mask(1)]−[Mask Feather]의 값을 30으로 설정합니다.

05 ❶ 편집 기준선을 00:00:25 지점으로 옮깁니다. ❷ [인형2.mp4] 클립을 비디오 3번 트랙(V3)에 드래그해 배치합니다. 클립의 길이는 [배경.mp4]에 맞춰 잘라줍니다. 이처럼 한 화면에 같은 인형이 여러 번 등장하는 영상은 가장 아래 트랙에 배경이 있고, 그 위에 각자 다른 위치에 있는 인형 영상을 차곡차곡 쌓는 원리입니다.

06 ❶ 편집 기준선을 [인형1.mp4] 클립 위로 이동합니다. ❷ [인형2.mp4] 클립이 선택된 상태에서 [Effect Controls] 패널의 [Opacity]에서 ◢를 클릭합니다. ❸ [Program] 패널에서 아래 그림과 같이 마스크 형태를 설정합니다. [인형2.mp4] 클립의 마스크가 설정되면 선택한 영역의 바깥 부분이 보이면서 [인형1.mp4] 클립에 있던 인형이 미리 보기 화면에 나타납니다. ❹ [Effect Controls] 패널에서 [Opacity]-[Mask(1)]-[Mask Feather]의 값을 30으로 설정합니다.

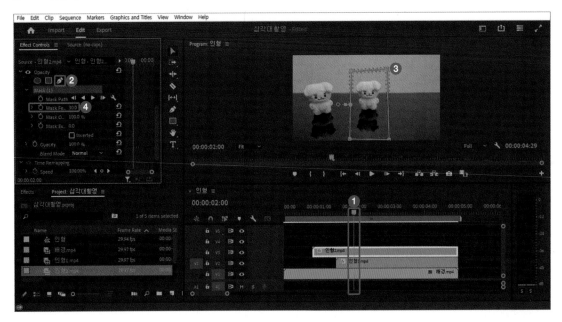

07 같은 방법으로 마지막 인형 영상을 쌓아보겠습니다. ❶ 편집 기준선을 **00:00:02:00** 지점으로 이동합니다. ❷ [인형3.mp4] 클립을 비디오 4번 트랙(V4)에 드래그합니다. ❸ [Effect Controls] 패널의 [Opacity]에서 를 클릭합니다. ❹ [Program] 패널에서 아래 그림과 같이 마스크 형태를 설정합니다. 마스크가 설정되면 세 개의 인형이 미리 보기 화면에 동시에 나타납니다. ❺ [Effect Controls] 패널에서 [Opacity]-[Mask(1)]-[Mask Feather]의 값을 **30**으로 설정합니다.

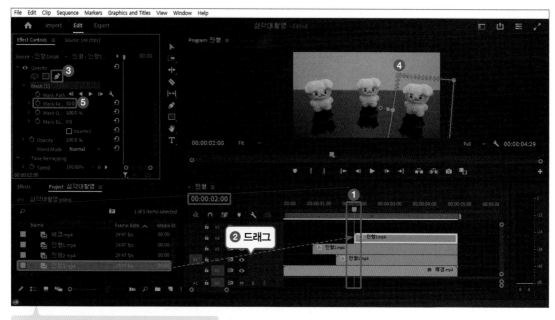

Enter 를 눌러 간편하게 프리뷰 렌더를 할 수도 있습니다.

08 Spacebar 를 눌러 영상을 재생하여 영상끼리 겹치거나 잘리는 현상은 없는지 확인합니다.

삼각대를 설치하고 촬영한 영상 소스를 활용하여 한 공간에 똑같은 인형이 동시에 등장하도록 만들어보았습니다. 이러한 영상 제작의 원리를 이미지로 한 번 더 설명해보겠습니다.

01 인형이 없는 배경 영상 | 인형이 없는 영상을 비디오 1번 트랙(V1)에 배치하여 배경으로 사용합니다. 삼각대로 촬영을 진행할 때는 처음부터 끝까지 절대 흔들리거나 각도가 변해선 안 됩니다. 합성하게 되면 어긋난 부분이 어색하게 보이기 때문입니다.

02 다양한 위치에 있는 인형 영상 | 비디오 2번 트랙(V2) 이후의 트랙에서는 다양한 위치에 있는 인형의 영상이 서로 겹치지 않게 차곡차곡 쌓아주면 됩니다. 이때 마찬가지로 처음 영상을 촬영했을 때와 동일하게 흔들리거나 각도(화각)가 변하면 안 됩니다.

❶ 왼쪽은 비디오 2번 트랙(V2)에 배치된 영상, 가운데는 비디오 3번 트랙(V3)에 배치된 영상, 오른쪽은 비디오 4번 트랙(V4)에 배치된 영상입니다.

❷ 배경 영상과 각각의 인형 영상을 합치면 다음과 같은 합성 영상이 구현됩니다.

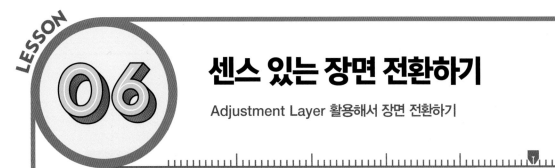
☑ **CC 모든 버전** ☐ **CC 2024 버전**

준비 파일 활용/Chapter 01/트랜지션.prproj
완성 파일 활용/Chapter 01/트랜지션_완성.prproj

AFTER

이 예제를 따라 하면

프리미어 프로에서 제공하는 이펙트만으로도 유튜브에
업로드할 목적의 영상을 만들기는 충분하지만 때로는
부족한 느낌이 들기도 합니다. 이때 프리미어 프로의
다양한 기능과 이펙트를 복합적으로 사용하면 나만의
트랜지션 효과를 구현할 수 있습니다. Adjustment
Layer는 색보정 이외에도 트랜지션 효과를 만드는
데 매우 효과적입니다. 이번 LESSON에서는 이펙트
와 기능을 조합한 감각적인 장면 전환 방법을 알아보
겠습니다.

BEFORE

Adjustment Layer에 줌 인, 줌 아웃 적용하기

01 두 개의 클립에 모두 줌 아웃 효과를 적용해보겠습니다. 비디오 3번 트랙(V3)의 [Adjustment Layer] 클립에 [Video Effects]-[Distort]-[Transform] 이펙트를 적용합니다.

02 비디오 3번 트랙(V3)의 [Adjustment Layer]가 선택된 상태에서 ❶ 00:00:01:24 지점에 편집 기준선을 위치합니다. ❷ [Transform]-[Scale]에서 ◙을 클릭해 키프레임을 생성하고 ❸ 값을 **300%**로 설정합니다.

03 ❶ 00:00:02:08 지점에서 ❷ [Transform]-[Scale]의 키프레임을 추가하고 ❸ 값을 **100%**로 설정합니다.

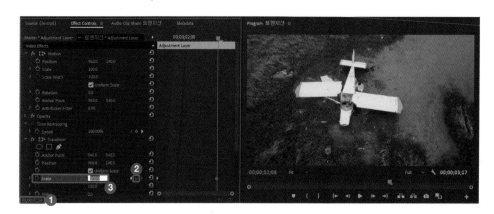

04 ❶ 생성한 키프레임을 모두 선택한 후 ❷ 마우스 오른쪽 버튼을 클릭합니다. ❸ 키프레임 속성을
[Bezier]로 변경합니다.

05 ❶ [Scale]의 ▶를 클릭하여 펼친 후 ❷ 키
프레임의 그래프를 조정하여 크기(Scale)가 변
경되는 효과에 속도감을 추가합니다.

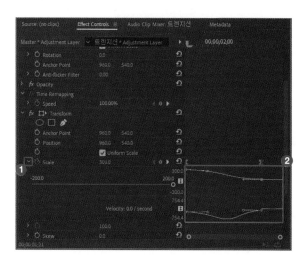

06 [Shutter Angle]의 값을 360으로 설정하여 모션 블러(Motion Blur) 효과를 추가합니다.

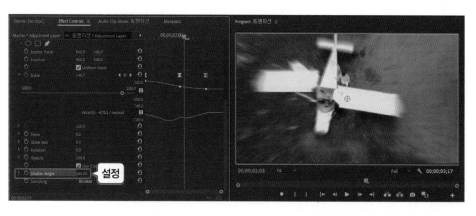

07 이펙트가 적용된 00:00:01:24 지점을 기준으로 앞부분과 뒷부분의 영상 크기가 달라져 영상이 어색하게 보입니다. 문제를 해결하기 위해 ❶ 비디오 2번 트랙(V2)의 [Adjustment Layer] 클립에 [Video Effects]-[Stylize]-[Replicate] 이펙트를 적용합니다. ❷ [Count]의 값을 3으로 설정합니다.

08 00:00:02:00 지점의 미리 보기에서 확인하면 영상의 크기가 작아질 때 복제된 이미지가 함께 노출됩니다. [Mirror] 이펙트를 사용하여 복제된 영역이 노출되는 부분을 보완합니다. ❶ 비디오 2번 트랙(V2)의 [Adjustment Layer] 클립에 [Video Effects]-[Distort]-[Mirror] 이펙트를 적용한 후 ❷ [Reflection Center]의 값을 1279, 540으로 설정하여 화면 오른쪽 영역의 이미지를 보완합니다.

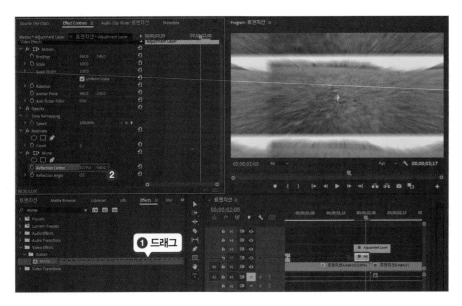

09 ❶ [Mirror] 이펙트를 추가로 적용하고 ❷ [Reflection Center]의 값을 **1920, 719**, [Reflection Angle]의 값을 **90**으로 설정하여 이미지의 아래를 보완합니다.

10 ❶ [Mirror] 이펙트를 추가로 적용하고 ❷ [Reflection Center]의 값을 **640, 540**, [Reflection Angle]의 값을 **180**으로 설정하여 이미지의 왼쪽을 보완합니다.

11 ❶ [Mirror] 이펙트를 추가로 적용하고 ❷ [Reflection Center]의 값을 **1920, 360**, [Reflection Angle]의 값을 **−90**으로 설정하여 이미지의 위를 보완합니다.

플레이 버튼을 클릭해
재생되는 영상 만들기

크로마키 영상 소스를 활용하여 영상에 합성하기

☑ CC 모든 비전 ☐ CC 2024 버전

준비 파일 활용/Chapter 01/크로마키.prproj
완성 파일 활용/Chapter 01/크로마키_완성.prproj

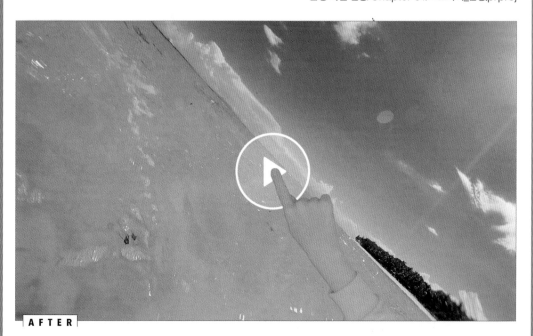

AFTER

BEFORE

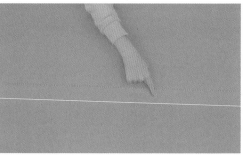

이 예제를 따라 하면

초록색 배경으로 촬영한 영상에서 초록색 배경만 제외하는 것을 크로마키 촬영 기법이라고 합니다. 이렇게 크로마키로 촬영된 영상 소스의 배경을 제거한 후 다른 영상과 합성하여 연출하는 방법을 알아보겠습니다.

▶️ 크로마키 영상 배치하고 영상에 합성하기

01 비디오 3번 트랙(V3)에 있는 [크로마키.mp4] 클립의 초록색 배경을 삭제해보겠습니다. [Video Effects]-[Keying]-[Ultra Key] 이펙트를 [크로마키.mp4] 클립에 적용합니다.

02 ❶ [Effect Controls] 패널의 [Ultra Key]-[Key Color]에서 🖋를 클릭한 후 ❷ [Program] 패널의 초록색 배경 영역을 클릭하여 삭제할 색상을 지정합니다.

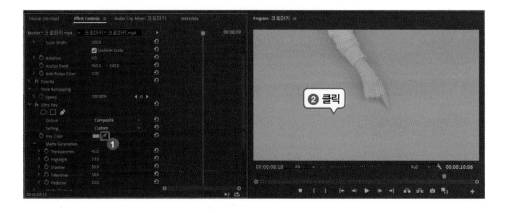

03 ❶ 클릭한 색상이 삭제됩니다. ❷ [Matte Generation]의 ▶를 클릭해 펼친 후 ❸ [Pedestal]의 값을 30으로 설정하여 배경 색상이 깔끔하게 삭제되도록 합니다.

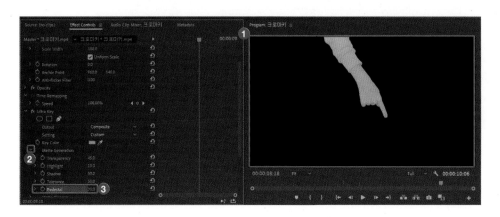

04 ❶ 비디오 2번 트랙(V2)과 비디오 3번 트랙(V3)에 있는 클립의 위치를 시퀀스 시작점과 일치하도록 이동합니다. ❷ 비디오 3번 트랙(V3)의 [크로마키.mp4] 클립을 클릭합니다.

05 [Effect Controls] 패널에서 [Rotation]을 180으로 설정하여 손가락이 아래에서 위로 등장하게 만듭니다.

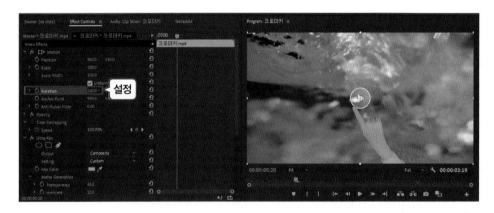

06 ❶ 비디오 2번 트랙(V2)의 [play.png] 클립을 선택합니다. ❷ [Effect Controls] 패널에서 [Scale]을 160으로 설정하여 플레이 아이콘의 크기를 변경합니다.

07 ❶ 비디오 3번 트랙(V3)의 [크로마키.mp4] 클립을 선택하고 ❷ [Effect Controls] 패널에서 [Position]을 **1159, 662**로 설정하여 손가락이 아이콘의 중앙을 터치하도록 배치합니다.

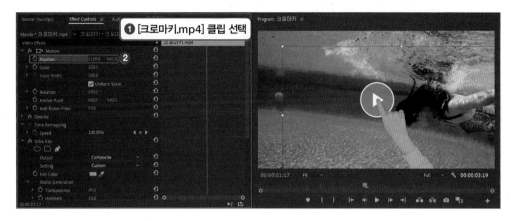

08 ❶ 손가락이 떨어지는 **00:00:01:19** 지점으로 편집 기준선을 이동합니다. ❷ 비디오 2번 트랙(V2)의 [play.png] 클립을 자르고 뒷부분을 삭제합니다. ❸ 남은 앞부분의 클립을 클릭합니다.

09 ❶ [Effect Controls] 패널에서 [play.png] 클립의 끝점에 편집 기준선을 위치한 후 ❷ [Scale]의 키프 레임을 생성합니다.

10 **❶** 00:00:01:12 지점에서 **❷** [Scale]의 키프레임을 추가합니다.

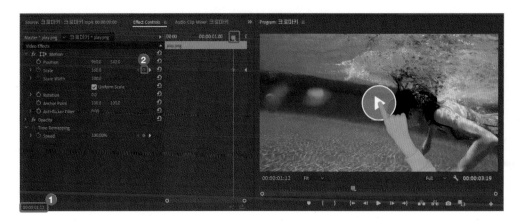

11 **❶** [Scale]의 Go to Next Keyframe ▶을 클릭하여 아웃 점에 있는 키프레임으로 이동한 후 **❷** [Motion]−[Scale]을 200으로 설정합니다.

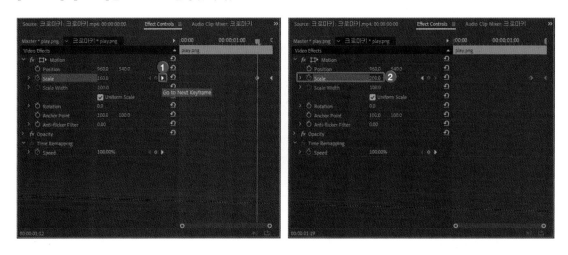

12 [Effects] 패널의 [Video Transitions]−[Dissolve]−[Cross Dissolve] 이펙트를 [Play.png] 클립의 끝점에 적용합니다.

13 [Timeline] 패널에서 [Cross Dissolve] 이펙트의 시작점을 드래그하여 [play.png] 클립의 아이콘의 크기가 변경되는 **00:00:01:12** 지점과 일치하도록 길이를 조정합니다.

14 ❶ 비디오 1번 트랙(V1)의 [수영B.mp4] 클립을 클릭한 후 ❷ Alt 를 누른 상태에서 뒤로 드래그하여 클립을 복사합니다.

15 ❶ 편집 기준선을 시퀀스의 시작 지점에 위치시킵니다. ❷ 앞쪽의 클립을 마우스 오른쪽 버튼으로 클릭한 후 ❸ [Add Frame Hold]를 클릭하여 스틸 이미지로 변환합니다. 시퀀스 시작 지점부터 프레임 이미지가 고정되므로 클립 전체가 스틸 이미지화됩니다.

16 뒤쪽 [수영B.mp4] 클립을 드래그하여 [Play.png] 클립의 끝점과 일치하도록 이동합니다.

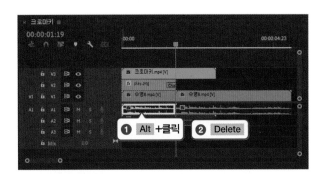

17 ❶ Alt 를 누른 상태로 프레임 이미지가 고정된 [수영B.mp4] 클립의 오디오 1번 트랙 (A1)을 클릭하면 클립의 오디오 부분만 선택 됩니다. ❷ Delete 를 눌러 오디오 클립을 삭 제하여 정지 화면에서는 사운드가 재생되지 않도록 합니다.

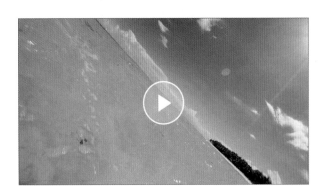

18 크로마키 소스와 스틸 이미지를 사용하 여 플레이 버튼을 누르면 재생되는 영상이 완 성됩니다.

매거진 스타일의
감각적인 영상 만들기

편집 디자인 느낌의 감각적인 영상 만들기

☑ **CC 모든 버전** ☐ **CC 2024 버전**

준비 파일 활용/Chapter 01/매거진 스타일.prproj
완성 파일 활용/Chapter 01/매거진 스타일_완성.prproj

이 예제를 따라 하면

영상 클립을 활용한 디자인은 영상 편집 실무나 유튜브 편집 모두에서 중요한 기법입니다. 영상 콘텐츠를 만들 때 직접 촬영한 영상을 활용하는 것도 좋지만, 저작권 문제가 없는 웹사이트의 영상 클립, 또는 유료로 구매한 영상 클립을 사용해 디자인하면 좋은 작업물을 만드는 데 큰 도움이 됩니다. 감각적으로 컬러를 선택하고 텍스트에 포인트를 넣는 노하우를 학습하면서 매거진 편집 디자인의 느낌으로 영상을 완성해보겠습니다.

영상 분위기에 어울리는 컬러 선택하고 텍스트 추가하기

01 준비 파일을 열면 1920×1080 크기의 시퀀스가 [Timeline] 패널에 나타납니다. ❶ Green_01.mp4 소스를 비디오 2번 트랙(V2)의 시작 지점에 배치합니다. ❷ [Effect Controls] 패널에서 [Scale]은 37, ❸ [Rotation]은 90으로 설정합니다.

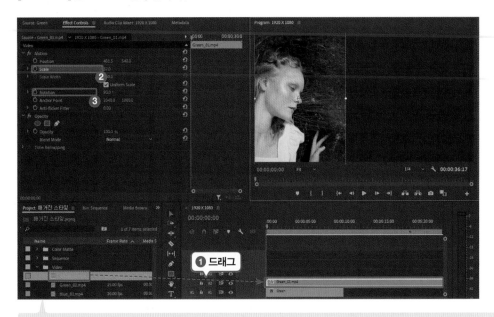

컬러매트는 어두운 녹색으로 설정되어 있습니다. 영상 분위기에 어울리는 컬러를 선택할 때는 영상 속의 물체에서 색상을 가져오는 것이 좋습니다.

02 ❶ T를 눌러 타이프 도구 T를 선택한 후 ❷ 영상 오른쪽에 텍스트를 추가합니다. 여기서는 I like you just the way you are.를 입력했습니다. ❸ [Effect Controls] 패널의 [Text]에서 폰트를 [G마켓 산스 (TTF)]로 설정하여 그림과 비슷하게 배치합니다.

03 ❶ 비디오 3번 트랙(V3)의 텍스트 클립을 Alt 를 누른 채 드래그해 비디오 4번 트랙(V4)으로 복사합니다. ❷ 복사된 텍스트는 크기를 줄여서 좌측 상단으로 배치하고 원하는 텍스트를 입력합니다. 여기서는 It doesn't matter what other people think. It matters what I think of you.를 입력했습니다.

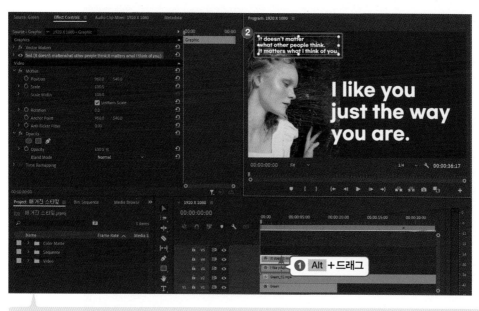

메인 텍스트 타이틀을 크게 배치하고, 서브 텍스트로 장문의 문장을 길게 배치하면 잡지나 웹사이트의 편집 디자인 느낌을 연출할 수 있습니다.

04 ❶ 비디오 2번 트랙(V2), 비디오 3번 트랙(V3), 비디오 4번(V4) 트랙에 있는 영상 클립과 텍스트 레이어를 한 트랙씩 위로 올려 배치합니다. ❷ 옮긴 세 개의 트랙을 모두 잠급니다.

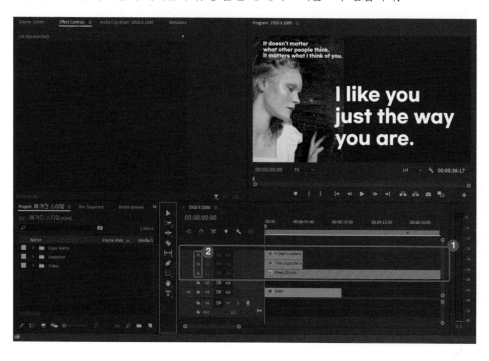

05 ❶ 도구 패널에서 사각형 도구▣를 클릭한 후 ❷ [Program] 패널에서 드래그하여 사각형을 그립니다.
❸ [Graphics] 클립이 생성되면 [Effect Controls] 패널에서 [Appearance]-[Fill]을 클릭합니다.

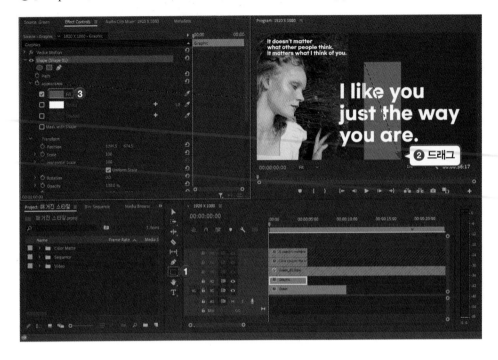

06 ❶ [Color Picker] 대화상자가 나타나면▨를 클릭한 후 ❷ 영상 속 모델의 피부나 머리카락에서 원하는 부분의 컬러를 클릭합니다. ❸ [OK]를 클릭합니다.

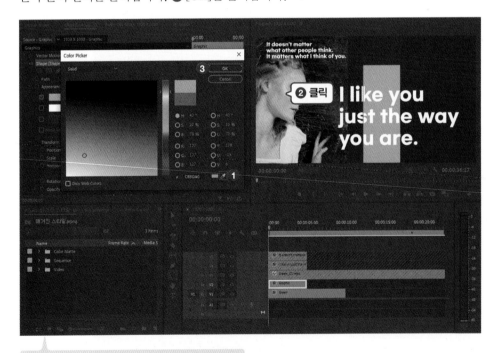

예제와 똑같이 하고싶다면 컬러코드 **C8BDA0**을 입력합니다.

07 ❶ [Shape (Shape 01)] 레이어를 클릭하고 ❷ Ctrl + C 와 Ctrl + V 를 순서대로 눌러 복사합니다. ❸ [Program] 패널에서 [Shape (Shape 02)] 레이어의 위치와 크기를 변경합니다.

08 이번엔 삼각형을 그려보겠습니다. ❶ 도구 패널에서 펜 도구▨를 클릭하고 ❷❸❹❺ 오른쪽 아래에서 순서대로 클릭하여 삼각형을 그립니다. ❻ 삼각형의 꼭짓점을 드래그해서 삼각형을 더 크게 수정하고 ❼ 모든 레이어의 길이를 5초로 설정합니다.

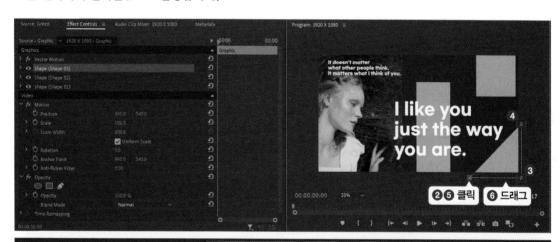

> 펜 도구가 선택된 상태에서 꼭짓점을 드래그합니다.

09 ❶ Green_02.mp4 소스를 비디오 3번 트랙(V3)의 뒤에 배치합니다. ❷ 비디오 5번 트랙(V5)의 텍스트 클립을 Alt 를 누른 채 드래그하여 복사합니다.

10 ❶ [Effect Controls] 패널에서 텍스트의 컬러를 변경합니다. 컬러코드는 222222입니다. ❷ 텍스트의 내용은 Spellbound로 수정합니다.

11 ❶ [Text (Spellbound)] 레이어를 복사한 후 ❷ [Program] 패널에서 드래그하여 오른쪽으로 옮겨줍니다. ❸ 텍스트는 Winsome으로 수정합니다.

글자나 영상, 오브젝트는 Shift 를 누른 채 드래그하면 상하좌우로 반듯하게 이동할 수 있습니다.

12 ❶ 도구 패널에서 사각형 도구█를 클릭한 후 ❷ [Program] 패널에서 텍스트 사이에 납작한 사각형을 그려줍니다. ❸ [Fill]을 클릭하고 ❹ [Color Picker] 대화상자에서 컬러코드에 **222222**를 입력한 후 ❺ [OK]를 클릭합니다.

13 ❶ 도구 패널에서 타이프 도구█를 클릭하고 ❷ 아래쪽에 텍스트를 추가합니다. ❸ 폰트는 [G마켓 산스 (TTF)]로 설정하고 ❹ 가운데 정렬을 클릭합니다. ❺ 텍스트 컬러는 흰색(FFFFFF)으로 설정합니다.

14 ❶ [Timeline] 패널에서 레이어를 드래그해 모두 선택합니다. ❷ Alt 를 누른 채 드래그하여 복사합니다. ❸ 편집 기준선을 00:00:10:22 지점에 위치한 후 ❹ 비디오 3번 트랙(V3)에서 뒤쪽 두 개의 영상 클립을 삭제합니다.

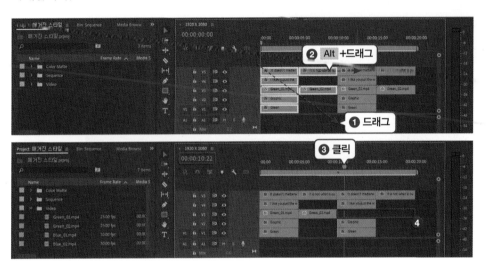

15 ❶ 비어 있는 비디오 3번 트랙 (V3)의 뒤쪽으로 Blue_01.mp4 소스를 배치합니다. ❷ [Effect Controls] 패널에서 [Position]을 1165, 540으로 설정하고 ❸ [Scale]을 40으로 설정해 영상의 크기와 위치를 화면과 같이 조정합니다.

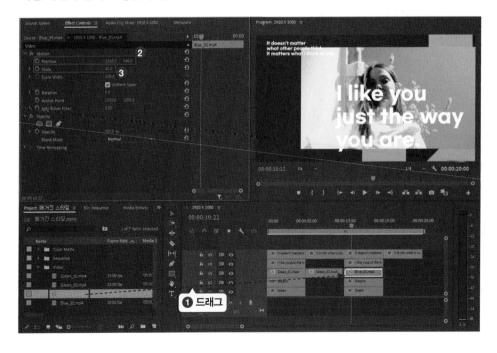

16 추가한 영상에 어울리는 컬러를 사용해보겠습니다. ❶ 비디오 1번 트랙(V1)의 [Green] 컬러매트를 삭제합니다. ❷ [Project] 패널에서 New Item▣을 클릭한 후 ❸ [Color Matte]를 클릭합니다.

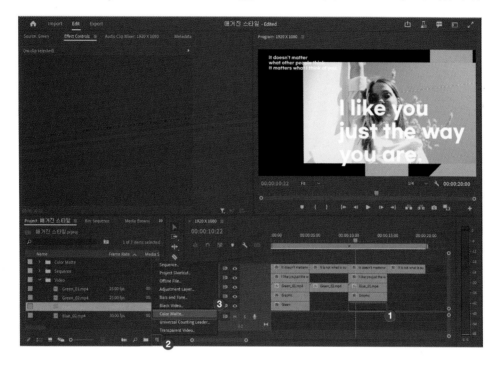

17 ❶ [New Color Matte] 대화상자가 나타나면 [OK]를 클릭합니다. ❷ [Color Picker] 대화상자에서 컬러코드 **87C2E2**를 입력한 후 ❸ [OK]를 클릭합니다. ❹ 이름으로 **Sky blue**를 입력한 후 ❺ [OK]를 클릭합니다.

18 ❶ 생성한 **Sky blue** 컬러매트를 비디오 1번 트랙(V1)에 배치합니다. ❷ 비디오 4번 트랙(V4)에 있는 텍스트 클립을 클릭합니다. ❸ [Effect Controls] 패널의 [Appearance]−[Fill]에서 색상을 **1E65CF**로 설정합니다.

19 ❶ 비디오 5번 트랙(V5)에 있는 텍스트 클립을 클릭하고 ❷ [Source Text]에서 오른쪽 정렬을 클릭합니다. ❸ [Program] 패널에서 위치를 조정합니다.

텍스트의 좌우 균형을 맞춰주면 보다 안정적인 레이아웃으로 디자인할 수 있습니다.

20 배경에 있는 도형의 위치를 수정하겠습니다. ❶ 비디오 2번 트랙(V2)의 [Graphic] 클립을 클릭하고 ❷ [Effect Controls] 패널의 [Shape] 레이어를 하나씩 클릭하면서 ❸ [Program] 패널에서 위치를 조정합니다.

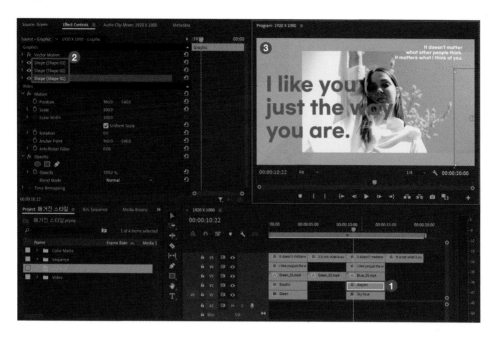

21 ❶ 비디오 5번 트랙(V5)의 텍스트 클립을 클릭하고 ❷ 상단 텍스트의 색상은 **1F65CF**로, ❸ 하단 자막 텍스트의 색상은 **222222**로 설정해 매거진 스타일의 영상 디자인을 완성합니다.

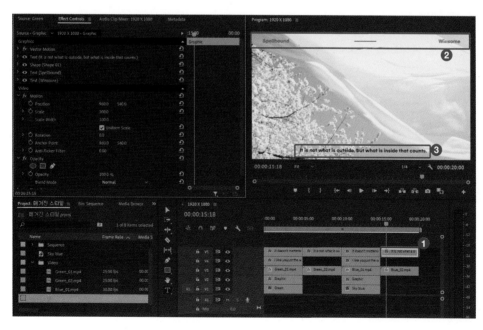

영상 사이즈 베리에이션 작업하기

완성한 프로젝트를 다양한 사이즈로 변형하기

☑ CC 모든 버전 ☐ CC 2024 버전

준비 파일 활용/Chapter 01/사이즈베리에이션.prproj
완성 파일 활용/Chapter 01/사이즈베리에이션_완성.prproj

AFTER

BEFORE

이 예제를 따라 하면

실무에서 사용하는 영상 사이즈 베리에이션을 미리 경험하면서 시퀀스를 복사하여 활용하는 방법을 공부할 수 있습니다. 프로젝트를 더 만들지 않고 하나의 프리미어 프로 프로젝트 안에서 가로, 세로, 정방형 사이즈로 영상 베리에이션 작업을 진행해보겠습니다.

▶ 기존 시퀀스 복제하여 세로형 시퀀스로 만들기

01 가로형으로 작업된 시퀀스를 세로형으로 변경해보겠습니다. ❶ [Project] 패널에서 [가로형(1920×1080)] 시퀀스를 마우스 오른쪽 버튼으로 클릭한 후 ❷ [Duplicate]를 클릭하여 복제합니다.

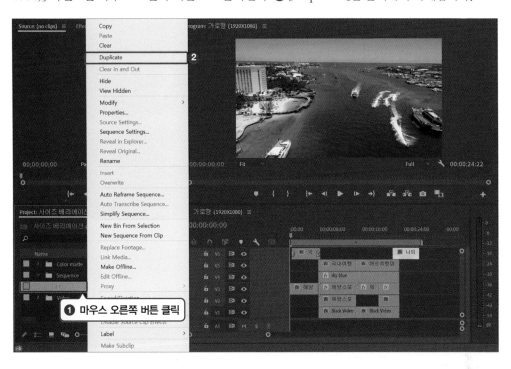

02 ❶ 복제된 시퀀스를 더블클릭한 후 ❷ 시퀀스 이름을 **세로형 (1080×1920)**으로 변경합니다.

03 ❶ [Timeline] 패널에서 [세로형 (1080×1920)] 시퀀스 탭을 클릭합니다. ❷ [Sequence]–
[Sequence Settings] 메뉴를 선택합니다.

04 [Sequence Settings] 대화상자가 나타나면 ❶ [Video]–[Frame Size]에서 [horizontal]을 **1080**,
[vertical]을 **1920**으로 설정한 후 ❷ [OK]를 클릭합니다. ❸ 경고가 나타나면 [OK]를 클릭합니다.

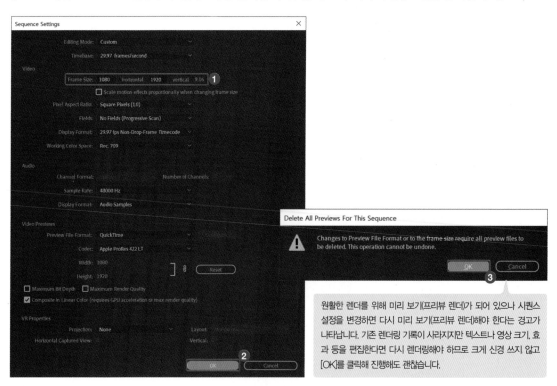

원활한 렌더를 위해 미리 보기(프리뷰 렌더)가 되어 있으나 시퀀스
설정을 변경하면 다시 미리 보기(프리뷰 렌더)해야 한다는 경고가
나타납니다. 기존 렌더링 기록이 사라지지만 텍스트나 영상 크기, 효
과 등을 편집한다면 다시 렌더링해야 하므로 크게 신경 쓰지 않고
[OK]를 클릭해 진행해도 괜찮습니다.

05 시퀀스의 해상도가 바뀌면 다음과 같이 영상의 여백이나 글자의 크기, 비율이 어색하게 나타납니다. 해상도에 알맞게 하나씩 수정해보겠습니다.

▶| **변경된 해상도에 알맞게 디자인 수정하기**

06 ❶ [Timeline] 패널에서 비디오 3번 트랙(V3)의 [해양스포츠_01.mp4] 클립을 클릭하고 ❷ [Effect Controls] 패널에서 [Position]을 233.3, 986.7, [Scale]을 190으로 설정합니다.

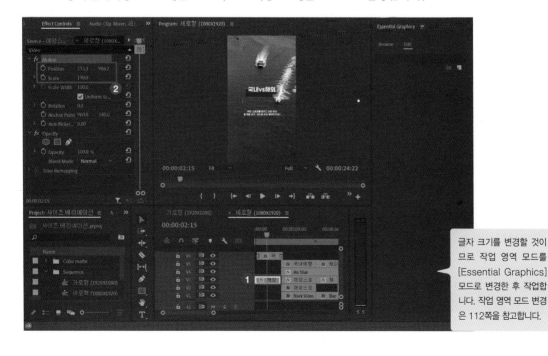

> 글자 크기를 변경할 것이므로 작업 영역 모드를 [Essential Graphics] 모드로 변경한 후 작업합니다. 작업 영역 모드 변경은 112쪽을 참고합니다.

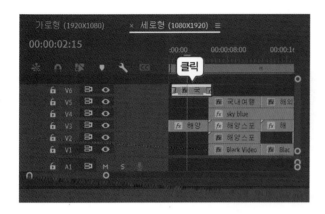

07 글자와 배경 도형의 값을 변경해보겠습니다. [Timeline] 패널에서 비디오 6번 트랙(V6)의 [국내vs해외] 그래픽 클립을 클릭합니다.

08 [Effect Controls] 패널에서 [Text(국내vs해외)] 항목의 [Position]을 537.9, 614.5, [Scale]을 155로 설정합니다.

09 ① [Essential Graphics] 패널에서 [Shape 01] 레이어를 클릭한 후 ② [Program] 패널에서 드래그하여 글씨를 감싸는 사각 배경을 만듭니다. ③ [Align and Transform]에서 [Position]을 591.5, 592.8, [Scale]을 56으로 설정한 후 ④ [Align Center Horizontally]를 클릭해 가운데 정렬합니다. ⑤ [국내vs해외] 레이어를 클릭하고 ⑥ 같은 방법으로 가운데 정렬합니다.

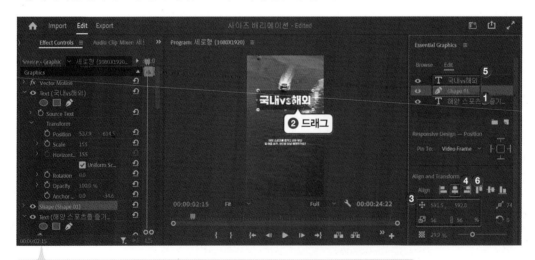

이미 사이즈를 조정했다면 같은 값을 입력해도 결과물이 다를 수 있습니다. 이때는 드래그하여 크기를 조정합니다.

10 ❶ [해양 스포츠를~] 레이어를 클릭합니다. ❷ 세로 영상에서 글자가 잘 보이도록 텍스트의 행을 분리하고 적절한 위치와 크기로 배치합니다.

작업 중 [Program] 패널 등 특정 패널만 크게 보고싶다면 패널을 선택한 상태에서 단축키 ~를 눌러 확대할 수 있습니다.

▶ **가이드라인으로 레이아웃에 알맞게 수정하기**

11 ❶ [Timeline] 패널에서 비디오 2번 트랙(V2)의 [해양스포츠_02.mp4] 클립을 클릭하고 ❷ [Effect Controls] 패널에서 [Position]의 Y값만 573으로 설정합니다.

12 ❶ 비디오 3번 트랙(V3)의 [해양스포츠_02.mp4] 클립을 클릭하고 ❷ [Effect Controls] 패널에서 [Position]의 Y값만 **1006**, [Scale]을 **170**으로 설정합니다.

13 ❶ 비디오 4번 트랙(V4)의 [sky blue] 컬러매트를 클릭하고 ❷ [Effect Controls] 패널에서 [Position] 의 Y값만 **1990**으로 설정합니다.

14 ❶ 비디오 5번 트랙(V5)의 [국내여행] 클립을 클릭합니다. ❷ [Essential Graphics] 패널에서 [Shape 01] 레이어를 클릭하고 ❸ [Align and Transform]에서 [Position]을 319.6, 142.9로 설정합니다. ❹ [국내여행파] 레이어를 클릭하고 ❺ [Position]을 538, 217.1로 설정합니다.

15 ❶ [짧은 휴가일정~] 레이어를 클릭합니다. ❷ 텍스트의 행을 분리하고 적절한 위치와 크기로 배치합니다. 여기서는 4행으로 분리하고 텍스트 크기는 80으로 설정하였습니다.

16 ❶ [Program] 패널이 선택된 상태에서 단축키 ~ 를 눌러 패널을 확대합니다. ❷ 패널 하단의 🔧를 클릭한 후 ❸ [Show Rulers]를 선택합니다.

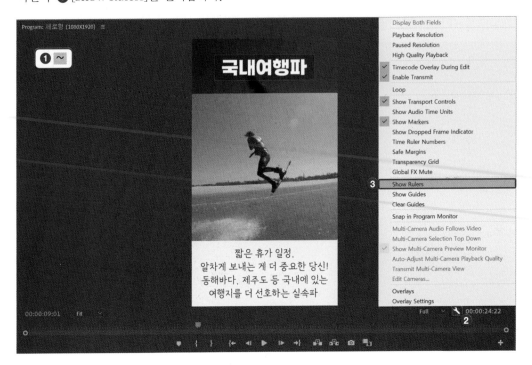

17 눈금자가 나타나면 눈금자의 회색 영역을 영상 영역으로 드래그해 가이드라인을 만들 수 있습니다. 다음과 같이 타이틀과 텍스트에 상하좌우의 가이드라인을 표시합니다.

같은 레이아웃의 세로 영상에서 효과 복사하기

18 미리 적용된 블러 효과를 복사해서 붙여 넣어보겠습니다. ❶ 비디오 2번 트랙(V2)의 [해양스포츠_02. mp4] 클립을 클릭합니다. ❷ [Effect Controls] 패널에서 [Gaussian Blur]를 마우스 오른쪽 버튼으로 클릭한 후 ❸ [Copy]를 클릭해 효과를 복사합니다.

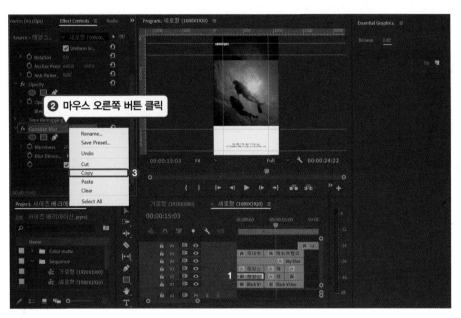

19 ❶ 비디오 2번 트랙(V2)의 [해양스포츠_03.mp4] 클립을 클릭합니다. ❷ [Effect Controls] 패널 하나의 비어 있는 영역에 마우스 오른쪽 버튼을 클릭한 후 ❸ [Paste]를 클릭해서 효과를 붙여 넣습니다.

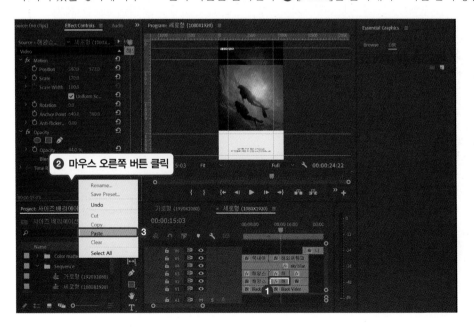

다양한 기능으로 멋진 영상 만들기

프리미어 프로 템플릿 활용하기

유튜브 채널 운영과 프리미어 프로

VR 영상 제작하고 편집하기

20 ❶ 비디오 3번 트랙(V3)의 [해양스포츠_03.mp4] 클립을 클릭하고 ❷ [Effect Controls] 패널에서 [Position]의 Y값만 **1006**, [Scale]을 **170**으로 설정합니다.

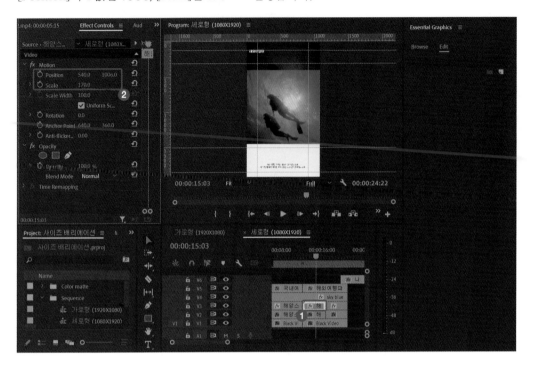

21 ❶ [Timeline] 패널에서 비디오 5번 트랙(V5)의 [해외여행파] 그래픽 레이어를 클릭합니다. ❷ [Essential Graphics] 패널에서 [Shape 01] 레이어를 클릭하고 ❸ 가이드라인에 맞춰 크기를 조정합니다.

22 ❶ [Essential Graphics] 패널에서 [해외여행파] 레이어를 클릭하고 ❷ [Scale]을 140으로 설정합니다.

23 ❶ [이왕 여행할 거라면~] 레이어를 클릭하고 ❷ 행과 크기, 위치를 조정합니다.

24 ❶ [Timeline] 패널에서 비디오 2번 트랙(V2)의 [해양스포츠_04.mp4] 클립을 클릭합니다. ❷
[Effect Controls] 패널에서 [Position]을 540, 573, [Scale]을 170으로 설정합니다.

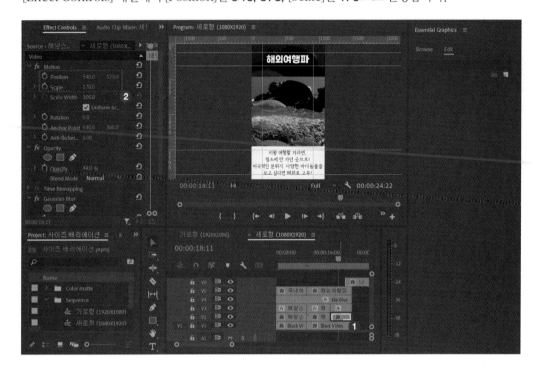

25 ❶ 비디오 3번 트랙(V3)의 [해양스포츠_04.mp4] 클립을 클릭합니다. ❷ [Effect Controls] 패널에서
[Position]을 540, 1006, [Scale]을 170으로 설정합니다.

작업이 완료되면 ◥
를 클릭한 후 [Show
Rulers]와 [Show
Guides]를 각각 클
릭해 해제하여 눈금
자와 가이드라인을
비활성화합니다.

26 ❶ [Timeline] 패널에서 비디오 6번 트랙(V6)의 [나의여행일지~] 그래픽 레이어를 클릭합니다. ❷ 편집 기준선을 **00:00:22:23** 지점에 위치한 후 ❸ [Essential Graphics] 패널에서 [나의여행일지~] 레이어를 클릭합니다. ❹ 행과 크기, 위치를 조정합니다.

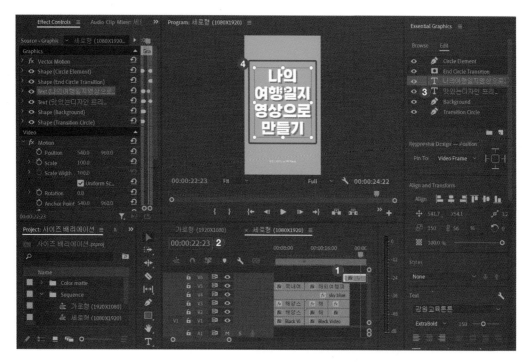

27 ❶ [맛있는디자인~] 레이어를 클릭한 후 ❷ 행과 크기, 위치를 조정해 마무리합니다.

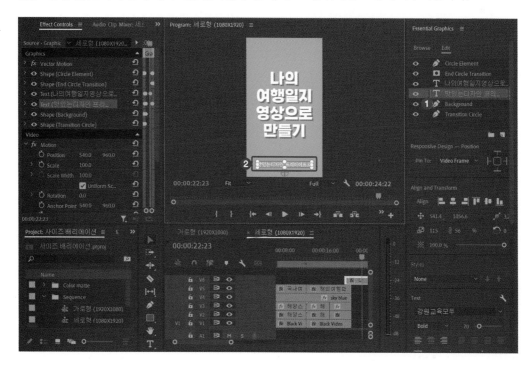

프리미어 프로에서 화려하고 강렬한 효과를

일일이 만드려면 많은 시간과 노력이 필요합니다.

전문가일지라도 작업 시간이 촉박할 때는

템플릿 프로젝트 파일을 사용하기도 합니다.

프리미어 프로의 기본 템플릿이나 유료 템플릿을

조금씩 수정해서 영상에 알맞게 사용하는 것입니다.

이번 CHAPTER에서는 다양한 템플릿을 활용하거나 수정해서

영상을 꾸미는 방법을 알아보겠습니다.

CHAPTER 02

프리미어 프로
템플릿 활용하기

☑ **CC 모든 버전** □ CC 2024 버전

준비 파일 활용/Chapter 02/템플릿.prproj
완성 파일 활용/Chapter 02/템플릿_완성.prproj

유튜브 두부캠핑 Tofu Camping

이 예제를 따라 하면

프리미어 프로에서는 타이틀, 트랜지션, 자막 등 전문가가 디자인한 높은 품질의 템플릿이 기본으로 제공되며 Adobe Stock을 이용하면 더 많은 템플릿을 손쉽게 적용할 수 있습니다. 템플릿의 구성 요소를 수정하거나 위치를 수정하면 디자인에 많은 시간을 쓰지 않아도 되므로 작업 시간을 효율적으로 줄일 수 있습니다.

인트로 타이틀 템플릿 추가하기

01 ❶ Alt + Shift + 4 를 눌러 작업 영역 모드를 [Captions and Graphics] 모드로 변경합니다. ❷ [Essential Graphics] 패널-[Brows] 탭-[Adobe Stock]을 클릭합니다. ❸ [Free]에 체크한 후 ❹ 검색란에 **happy**를 입력합니다. ❺ 검색된 [Happy New Year's Champagne Title for Instagram] 템플릿을 비디오 2번 트랙(V2)으로 드래그하여 배치한 후 ❻ 길이를 비디오 1번 트랙(V1)과 같도록 조정합니다.

02 ❶ [Essential Graphics] 패널에서 [Edit] 탭을 클릭합니다. ❷ 사용하지 않을 레이어의 👁를 클릭하여 비활성화합니다. ❸ 텍스트 레이어를 각각 더블클릭하여 내용을 수정합니다. 여기서는 세 개의 텍스트 레이어가 **HAPPY CAMPING WITH DUBU**가 되도록 수정했습니다.

이 템플릿에는 'Montserrat' 폰트가 적용되어 있습니다.

03 ❶ [Text] 항목에서 아래 표를 참고하여 각 텍스트 레이어의 폰트 크기를 조절합니다. ❷ 텍스트 레이어를 모두 선택하고 텍스트의 위치를 가운데로 정렬합니다.

레이어	설정값
Happy	150
Camping	200

▶ **트랜지션 템플릿 추가하기**

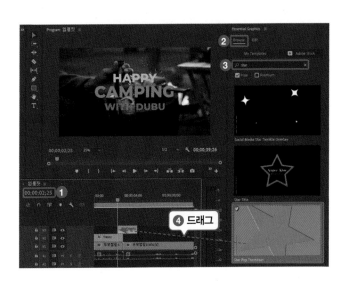

04 ❶ 편집 기준선을 00:00:02:25 지점에 위치한 후 ❷ [Essential Graphics] 패널-[Browse] 탭을 클릭합니다. ❸ 검색란에 **star**를 입력합니다. ❹ 검색된 [Star Pop Transition] 템플릿을 비디오 3번 트랙(V3)의 편집 기준선 위치에 알맞게 배치합니다.

05 ❶ [Essential Graphics] 패널에서 [Edit] 탭을 클릭하고 ❷ 각 레이어의 [Fill] 색상을 아래 표를 참고하여 설정합니다.

레이어	설정값
Yellow Star	F2CD5E
Turquoise Star	2CAEBF
Orange Star	CC567D

06 비디오 3번 트랙(V3)의 템플릿 클립 끝점을 드래그하여 **00:00:04:00** 지점에서 끝나도록 길이를 조정합니다.

기능 꼼꼼 익히기 **반응형 디자인(Responsive Design)과 시간(Time) 알아보기**

01 반응형 디자인의 개념 | 템플릿은 클립의 길이를 늘이거나 줄여도 효과가 그대로 유지됩니다. 즉, 프리셋 클립의 끝부분을 줄인다고 해서 이미 만들어진 키프레임이 없어지지 않습니다. 인트로 지속(Intro Duration) 구간과 아웃트로 지속(Outro Duration) 구간이 설정되어 있기 때문입니다. 이 구간에 포함된 모든 키프레임은 클립의 변화에 상관없이 그대로 유지됩니다.

① **Responsive Design–Time** | 반응형 디자인의 시간 영역에 대한 정보가 표시됩니다.

② **Intro Duration** | 인트로 부분의 효과가 유지되는 구간을 설정합니다.

③ **Outro Duration** | 아웃트로 부분의 효과가 유지되는 구간을 설정합니다.

④ **Roll** | 엔딩 크레딧과 같이 템플릿이 스크롤되며, 등장하고 끝나는 지점을 설정합니다.

02 인트로, 아웃트로의 개념 | 템플릿 프리셋을 선택한 후 [Effect Controls] 패널을 확인합니다. 밝은색으로 표시된 영역 안에 있는 모든 키프레임은 클립의 길이가 늘어나거나 줄어들어도 시작과 끝이 유지되는 것을 확인할 수 있습니다.

① **기본 상태의 프리셋** | 인트로, 아웃트로 영역에 키프레임이 설정되어 있습니다.

② **클립의 길이를 늘였을 때** | 키프레임은 유지되고 클립 자체의 길이는 늘어납니다.

③ **클립의 길이를 줄였을 때** | 키프레임은 유지되고 클립 자체의 길이는 줄어듭니다.

템플릿 클립의 길이는 반드시 타임라인에서 클립의 끝부분을 드래그하여 조정합니다. 클립을 자르기 도구로 자른 후 삭제, 이동하는 경우 인트로와 아웃트로를 동시에 조정할 수 없습니다.

08 ❶ 편집 기준선을 **00:00:04:00** 지점에 위치한 후 **01, 04**와 같은 방법으로 [Source Bug] 템플릿을 검색하여 비디오 2번 트랙(V2)에 배치합니다. ❷ 클립이 **00:00:07:05** 지점에서 끝나도록 길이를 조정합니다.

09 ❶ [Essential Graphics] 패널–[Edit] 탭에서 텍스트 레이어를 선택합니다. ❷ [Align and Transform] 항목에서 Y 좌푯값을 **960**으로 설정합니다. ❸ [Text] 항목에서 폰트는 [나눔바른고딕]으로 지정합니다. ❹ 폰트 스타일을 [Light]로 지정한 후 ❺ [Size]는 **100**으로 설정합니다.

예제에 사용된 '나눔바른고딕' 폰트는 네이버 나눔 폰트(https://hangeul.naver.com/2017/nanum)에서 다운로드할 수 있습니다.

10 ❶ **두부 간식 시간!!**으로 자막을 수정합니다. ❷ **간식 시간!!** 부분은 [Text] 항목에서 [Bold]를 선택합니다.

실무 현장에서는 다양한 폰트 스타일을 지원하는 폰트를 선호합니다. 폰트 스타일을 지원하지 않는 폰트일 경우 [Text] 항목에서 Faux Bold **T**를 클릭하여 볼드 효과를 적용할 수도 있습니다.

11 ❶ [Essential Graphics] 패널—[Edit] 탭에서 [Text Background] 레이어를 클릭합니다. ❷ [Appearance]—[Fill] 항목에서 색상을 **729ACC**로 설정합니다.

12 ❶ 편집 기준선을 **00:00:09:00** 지점에 위치합니다. ❷ [Essential Graphics] 패널에서 **callout**을 입력해 검색한 후 ❸ [Callout Bottom Left] 템플릿을 비디오 2번 트랙(V2)에 배치합니다. ❹ 클립이 **00:00:11:32** 지점에서 끝나도록 길이를 조정합니다.

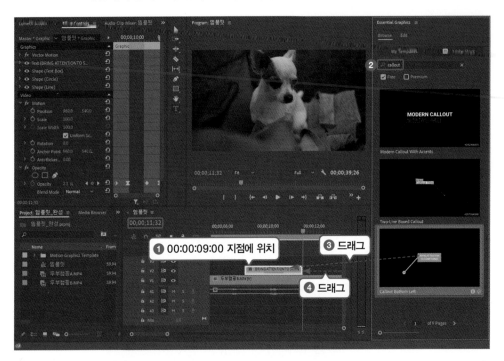

13 ❶ [Essential Graphics] 패널–[Edit] 탭에서 텍스트 레이어를 클릭하고 ❷ 폰트는 [나눔바른고딕]으로, 폰트 스타일은 [Light]로 지정하고 [Size]는 **70**으로 설정합니다. ❸ 텍스트를 **오늘의 간식 치킨**으로 수정하고 ❹ **치킨** 텍스트는 폰트 스타일을 [Bold]로 지정한 후 [Size]를 **85**로 설정합니다.

14 ❶ [Essential Graphics] 패널–[Edit] 탭에서 [Line] 레이어를 클릭하고 ❷ [Align and Transform] 항목에서 좌푯값을 –251.4, –27.9로 설정합니다. ❸ 텍스트 레이어를 클릭하고 ❹ [Align and Transform] 에서 좌푯값을 1620, 260으로 설정합니다.

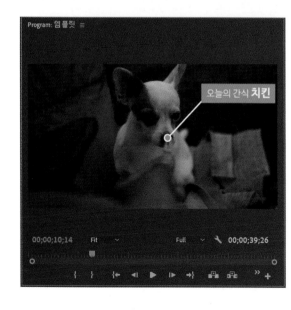

15 영상의 인트로, 트랜지션, 자막을 템플릿을 활용해 꾸며보았습니다. 사용하지 않은 다른 템플 릿도 활용해서 연습해보세요. 템플릿 사용 방법을 완벽히 숙지한 후에는 영상을 더욱 빠르게 제작하 고 풍성하게 꾸밀 수 있습니다.

템플릿 프로젝트 파일로
영상 만들기

인터넷에서 다운로드한 템플릿 프로젝트 파일 수정하기

☑ **CC 모든 버전** ☐ **CC 2024 버전**

준비 파일 활용/Chapter 02/인트로.prproj
완성 파일 활용/Chapter 02/인트로_완성.prproj

이 예제를 따라 하면

인터넷에서 다운로드하는 템플릿 프로젝트에 원하는 영상이나 사진을 삽입하면 이미 만들어진 템플릿의 구성에 따라 손쉽게 멋진 그래픽 작업을 할 수 있습니다. 텍스트 수정은 물론, 폰트를 바꾸는 등의 작업도 가능합니다. 고퀄리티의 작업물을 더 빠르고 효율적으로 완성할 수 있도록 템플릿 프로젝트 파일 사용법을 익혀보고 템플릿 프로젝트 파일의 대략적인 구성도 알아보겠습니다.

01 준비 파일을 열면 먼저 [Final] 시퀀스가 [Timeline] 패널에 나타납니다. [Final] 시퀀스는 총 네 개의 시퀀스를 포함하고 있습니다. 편집 기준선을 좌우로 이동해보면 사진이나 영상은 보이지 않고 자막 요소만 나타나는 것을 확인할 수 있습니다.

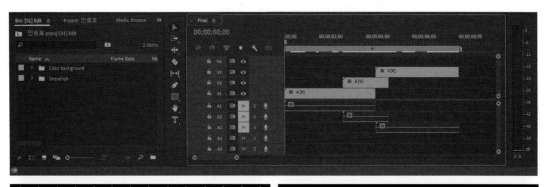

실습 예제의 텍스트는 모두 '배달의민족 도현체' 폰트를 사용했습니다. 우아한형제들 홈페이지(font.woowahan.com/dohyeon/)에 접속해 폰트를 다운로드하여 설치한 후 진행합니다.

02 비디오 1번 트랙(V1)에서 [A] 시퀀스를 더블클릭합니다.

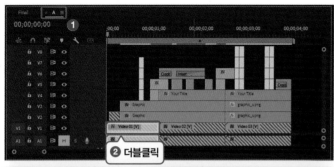

03 ❶ [A] 시퀀스는 영상 클립과 이미지 등의 여러 요소로 구성되어 있습니다. ❷ 비디오 1번 트랙(V1)의 세 개의 시퀀스 중에서 [Video 01] 시퀀스를 더블클릭합니다. 빗금 표시된 시퀀스 안에는 아무것도 없습니다. 여기에 사진이나 영상을 배치합니다.

❷ 더블클릭

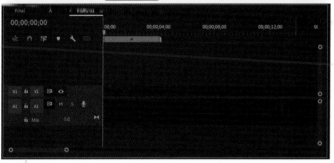

템플릿 제작자마다 사용하는 프로젝트, 시퀀스, 소스 파일의 이름, 구조가 각각 다릅니다. 이번 준비 파일은 템플릿의 구조와 사용법을 익히는 용도로만 이해하는 것이 좋습니다.

기능 꼼꼼 익히기 🎙 원본 시퀀스와 Nest 시퀀스 구조

원본 시퀀스 Final				
시퀀스 A			시퀀스 B	시퀀스 C
Video 1	Video 2	Video 3	Video 4	Video 6

▲ 준비 파일의 시퀀스 구조도

템플릿 프로젝트 파일은 각각 정리된 방식, 구조가 다르기 때문에 모든 템플릿을 전부 분석할 수는 없습니다. 여기에서 템플릿의 기본 구조나, 구성 요소 등 템플릿의 공통적인 특징에 대해 알아보겠습니다. 처음에 템플릿 파일을 열면 사진이나 영상이 없는 상태의 프로젝트 파일이 나타납니다(경우에 따라 샘플 이미지, 영상이 있을 수 있습니다). 이번 준비 파일의 템플릿은 샘플이 없는 빈 상태가 보여지는 템플릿입니다. 최종적으로 렌더링에 사용할 메인 시퀀스가 있고 메인 시퀀스는 여러 개의 시퀀스로 구성되어 있습니다. 또 그 시퀀스 안에 이미지나 영상을 삽입할 수 있는 별도의 시퀀스가 있는 것을 확인할 수 있습니다.

템플릿에 동영상 넣기

04 [Final]-[A]-[Video 01]의 순서로 시퀀스를 활성화한 상태입니다. ❶ `Ctrl` + `I` 를 눌러 예제 폴더의 1번.mp4, 2번A.mp4, 2번B.mp4, 3번.mp4, 4번.mp4, 5번.mp4, 6번.mp4 소스를 삽입합니다. ❷ [Project] 패널에서 삽입한 소스를 📁에 드래그하여 새로운 빈(Bin)을 생성합니다. ❸ 빈의 이름을 더블클릭해 ❹ **영상**으로 수정합니다.

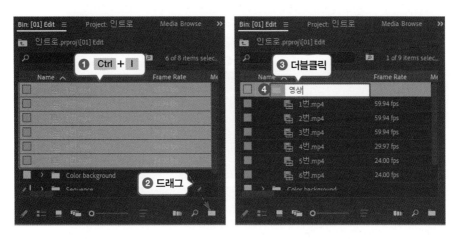

05 ❶ **1번.mp4** 소스를 [Video 01] 시퀀스의 비디오 1번 트랙(V1)에 드래그하여 배치합니다. ❷ [A] 시퀀스로 다시 돌아갑니다. ❸ [A] 시퀀스의 빗금 표시가 사라졌습니다.

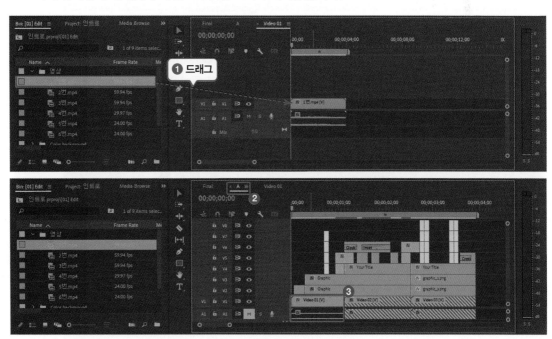

06 ❶ 이번엔 [A] 시퀀스의 [Video 02] 시퀀스를 더블클릭합니다. ❷ [Video 02] 시퀀스의 비디오 1번 트랙(V1)에 **2번.mp4** 소스를 배치합니다. ❸ 다시 [A] 시퀀스로 돌아옵니다. ❹ [Video 02] 시퀀스의 빗금이 사라진 것을 확인할 수 있습니다.

07 ❶ 남은 [A] 시퀀스의 [Video 03] 시퀀스를 더블클릭합니다. ❷ [Video 03] 시퀀스의 비디오 1번 트랙(V1)에 **3번.mp4** 소스를 드래그해 배치합니다. ❸ 다시 [A] 시퀀스로 돌아옵니다.

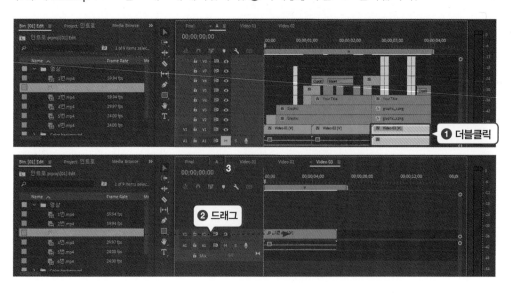

08 ❶ 작업 영역바의 시작점과 끝점이 잘 맞는지 확인한 후 ❷ Enter 를 눌러 프리뷰 렌더를 실행합니다. ❸ Spacebar 를 눌러 재생하면 템플릿에 영상이 잘 적용된 것을 확인할 수 있습니다.

▶ **템플릿 프로젝트 파일의 텍스트 내용과 서식 수정하기**

09 우선 활성화된 시퀀스를 정리하겠습니다. [Video 01], [Video 02], [Video 03] 시퀀스를 닫습니다.

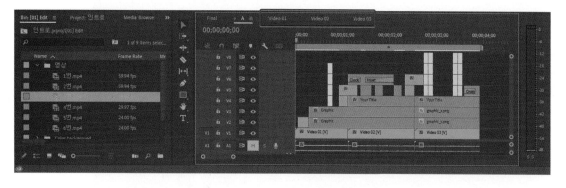

10 ❶ [A] 시퀀스에서 비디오 2번 트랙(V4)의 [Your Title] 텍스트 클립을 클릭합니다. ❷ 편집 기준선을 00;00;01;28 지점에 위치합니다. ❸ 도구 패널에서 타입 도구 T 를 클릭하고 ❹ Your Text 텍스트를 Premiere Pro 텍스트로 수정합니다. ❺ [Effect Controls] 패널에서 폰트를 [배달의민족 도현]으로 설정합니다.

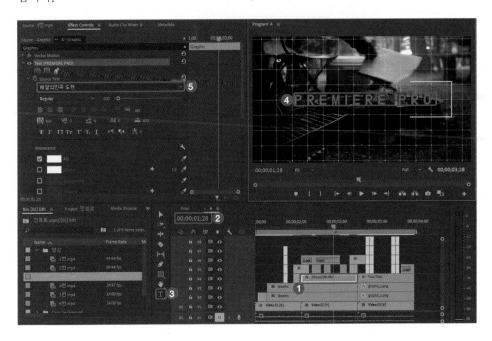

11 ❶ 두 번째 [Your Title] 텍스트 클립을 클릭합니다. ❷ 편집 기준선을 00;00;03;07 지점에 위치합니다. ❸ 도구 패널에서 타입 도구 T 를 클릭하고 ❹ Your Text 텍스트를 Video Editing 텍스트로 수정합니다. ❺ [Effect Controls] 패널에서 폰트를 [배달의민족 도현]으로 설정합니다. ❻ [A] 시퀀스를 닫습니다.

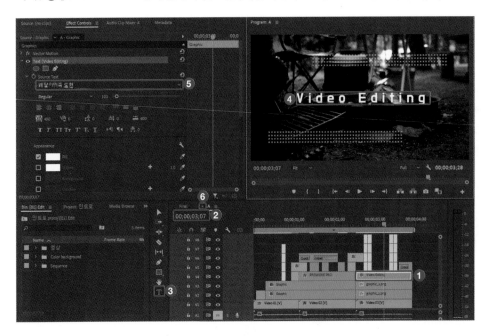

12 ❶ [Final] 시퀀스에서 [B] 시퀀스를 더블클릭해 열고 ❷ 비디오 2번 트랙(V2)의 [Video 04] 시퀀스를 더블클릭합니다. ❸ [4번.mp4] 소스를 [Video 04] 시퀀스의 비디오 1번 트랙(V1)에 배치합니다. ❹ 오디오 1번 트랙(A1)의 Mute Track M 을 클릭합니다.

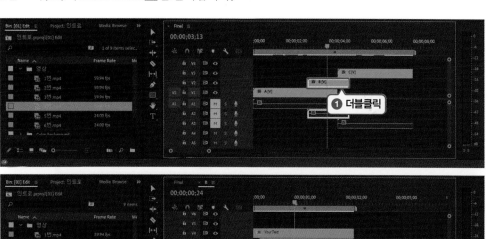

13 ❶ [B] 시퀀스를 클릭한 후 ❷ 비디오 4번 트랙(V4)의 [Your Text] 클립을 클릭합니다. ❸ 위쪽 Your Text 텍스트를 **완벽한 튜토리얼** 텍스트로 수정합니다. ❹ 비디오 3번 트랙(V3)의 클립을 클릭한 후 ❺ 아래쪽 Your Text 텍스트를 **디자인 레시피** 텍스트로 수정합니다. ❻ 폰트는 모두 [배달의민족 도현]으로 설정합니다.

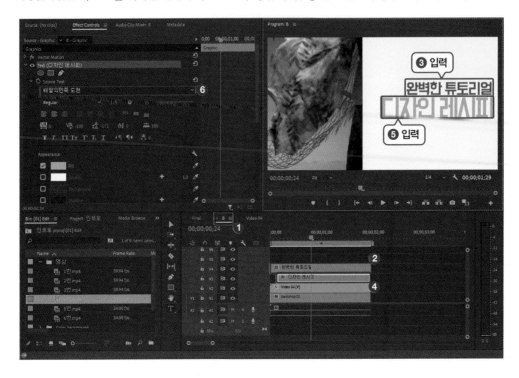

14 ❶ [Final] 시퀀스를 클릭한 후 ❷ [C] 시퀀스를 더블클릭합니다. ❸ 비디오 1번 트랙(V1)의 [Video 06] 시퀀스를 더블클릭합니다.

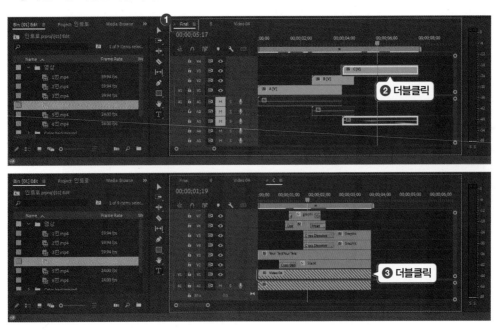

15 ❶ 6번.mp4 소스 파일을 [Video 06] 시퀀스의 비디오 1번 트랙(V1)에 배치합니다. ❷ 오디오 1번 트랙(A1)의 Mute Track M을 클릭합니다.

16 ❶ [C] 시퀀스로 돌아옵니다. ❷ [Program] 패널에서 각각의 **Your Text** 텍스트를 클릭한 후 내용을 수정합니다. 흰색 **Your Text** 텍스트는 **맛있는 디자인** 텍스트로, 노란색 **Your Text** 텍스트는 **프리미어 프로** 텍스트로 수정합니다. ❸ 각 텍스트의 폰트는 모두 [배달의민족 도현]으로 설정합니다.

17 ❶ 모든 시퀀스를 닫고 [Final] 시퀀스로 돌아옵니다. ❷ 작업 영역바가 영상의 시작점과 끝점에 잘 맞는지 확인하고 ❸ Enter 를 눌러 프리뷰 렌더를 실행합니다. 재생이 잘 되는지 확인합니다.

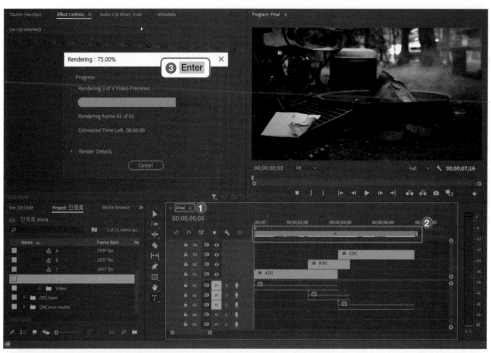

기능 꼼꼼 익히기 🎤　닫은 시퀀스와 지운 소스 찾기

작업 중에 시퀀스를 닫거나 클립의 복사본을 만들면서 [Timeline] 패널에서 원본을 지우는 경우가 있습니다. 이때 [Project] 패널에서 시퀀스, 소스를 다시 찾아서 열거나 가져올 수 있습니다.

01 프로젝트에서 소스 보여주기(Reveal in Project) | [Timeline] 패널에서 소스를 선택한 후 마우스 오른쪽 버튼을 클릭합니다. [Reveal in Project]를 선택하면 [Project] 패널에서 원본 소스에 음영이 표시됩니다.

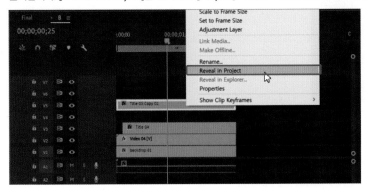

02 [Project] 패널에서 검색하기 | 소스나 시퀀스 이름, jpg, mp4와 같은 확장자, 혹은 시퀀스, 컬러매트 등 소스 형태를 검색하면 쉽게 찾을 수 있습니다. 예를 들어 **Sequence**로 검색하면 모든 시퀀스가 검색되고 **mp4**로 검색하면 모든 mp4 소스가 검색됩니다.

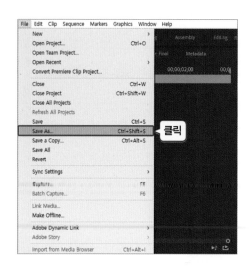

18 작업이 완료되면 [File]-[Save As] 메뉴를 선택하여 다른 이름으로 저장합니다. Ctrl + Shift + S 를 눌러도 됩니다. 원본 템플릿에 바로 저장해도 되지만 보통 템플릿은 여러 번 사용합니다. 따라서 원본은 별도로 보관하고 계속해서 사용하려면 다른 이름으로 저장하는 것이 좋습니다.

 프로젝트 패널에서 영상 소스 정리하기

템플릿 프로젝트 파일은 각 템플릿마다 소스 정리 방법이 다릅니다. 하지만 정리 방식이 달라도 [Project] 패널을 보면 대략적인 이해가 가능합니다. 이번에 실습해본 프로젝트 파일을 다시 살펴보며 영상 소스 정리 방법을 알아보겠습니다. 소스 영상 및 배경음악을 제외한 템플릿은 얼마든지 변경해 사용할 수 있습니다.

19 앞서 추가한 영상 소스는 [영상] 빈(Bin)을 만들어 정리했습니다. 일부 템플릿은 [[03] your source]와 같이 빈이 미리 만들어진 경우가 있습니다. 하지만 샘플 이미지, 동영상이 미리 들어가 있는 경우도 많으므로 번거롭더라도 파일을 삽입한 후 새롭게 빈을 만들어 정리합니다.

20 ❶ [[01] Edit] 빈에는 편집할 수 있는 소스들이 담겨있습니다. 컬러매트, 텍스트, 조정 레이어 등의 소스가 있으며 제작자의 의도에 따라 사진이나 영상을 넣는 시퀀스들이 빈에 포함되기도 합니다. ❷ [[02] Sequence] 빈에는 모든 시퀀스가 정리되어 있습니다. [Final], [A], [B], [C] 외에도 하위에 있는 각종 시퀀스도 여기에 포함됩니다.

프리미어 프로 템플릿 파일 안에서 [Project] 패널이 잘 정리되어 있으면 작업이 더 수월합니다. 꼭 프로젝트 파일이 아니더라도 사전에 [Project] 패널을 정리하여 많은 소스를 삽입해도 무리 없이 작업할 수 있도록 대비해주면 좋습니다. 템플릿 프로젝트를 다운로드하여 사용할 때 구조가 복잡하더라도 당황하지 않고 실습한 내용을 생각하면서 작업합니다.

기능 꼼꼼 익히기 🎤 **새로운 템플릿 프로젝트 파일을 다룰 때의 노하우**

❶ 다소 복잡하게 보이더라도 시퀀스 속의 시퀀스를 생각하며 단계적으로 들어갑니다.

❷ 최종 렌더링(완성) 시퀀스를 잘 기억하거나 제목으로 표시해둡니다.

❸ 템플릿 프로젝트는 프리미어 프로에서 만든 것이 대부분이기 때문에 웬만한 요소는 수정할 수 있습니다.

❹ 텍스트는 타입 도구나 레거시 타이틀로 제작되므로 자막을 만드는 것처럼 수정하면 됩니다.

❺ [Effect Controls] 패널에 적용된 키프레임, 수치, 효과는 전부 조정할 수 있습니다.

❻ 템플릿 프로젝트 파일에 영상과 사진을 삽입하는 작업은 프리미어 사용자라면 누구나 할 수 있습니다.

디자인 자막 템플릿 파일 활용하기

디자인 자막 적용하고 수정하기

☑ **CC 모든 버전** ☐ CC 2024 버전

준비 파일 활용/Chapter 02/자막디자인.prproj
완성 파일 활용/Chapter 02/자막디자인_완성.prproj

벌써 봄인가 봐!　　　　깔끔하고 세련된 카페

과연...
올해는 찐짜 정말 공부 열심히 해야지!

계속 넘어지는 도미노...‖　　여기는 혹시 천국...?

오늘 너무 춥지 않아?　어느새 많이 친해진 아이들

오늘 잡은 물고기만 벌써 100마리?!

귀여워
인사를 잘하는 강아지　　집에 오면 손 씻기는 필수!

AFTER

이 예제를 따라 하면

자막을 적용할 때 직접 디자인하여 적용하는 방법 외에도 전문가들이 작업한 무료 자막 템플릿을 활용하여 감각적이고 멋진 자막으로 적용할 수도 있습니다. 템플릿을 사용할 때 작업 중인 영상의 내용에 맞도록 텍스트를 수정하는 방법을 알아봅니다.

템플릿 자막 불러와 텍스트 수정하기

01 ❶ [Timeline] 패널에서 텍스트 클립을 선택합니다. ❷ [Text] 패널-[Graphics] 탭에서 텍스트를 더블클릭해 텍스트를 수정합니다. 여기서는 **벌써 봄인가 봐!**를 **날씨가 따뜻해요**로 수정했습니다.

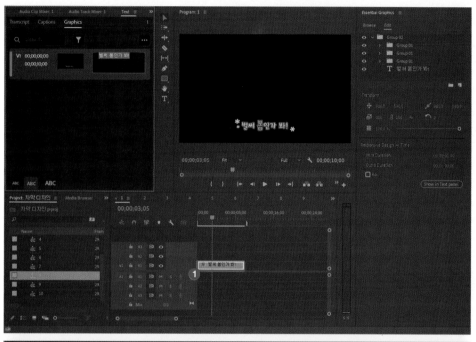

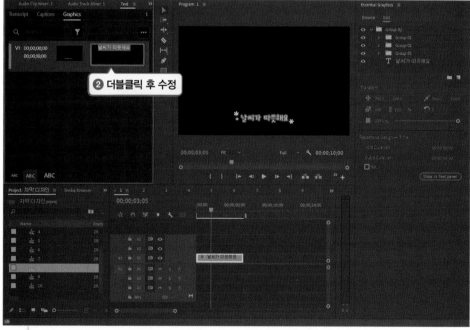

[Text] 패널이 보이지 않을 경우 [Window] 메뉴에서 [Text]를 선택해 패널을 불러옵니다.

02 디자인 요소가 포함되어 있는 텍스트의 경우 디자인 요소를 유지하면서 수정하기 어렵습니다. 이때는 [Essential Graphics] 패널에서 더 세부적으로 수정할 수 있습니다. [Essential Graphics] 패널의 [Edit] 탭에서 [벌써 봄인가 봐!] 레이어를 클릭합니다.

03 ❶ [Program] 패널에서 텍스트를 더블클릭 한 후 ❷ 텍스트에서 **봄** 텍스트를 드래그해 선택합니다. ❸ Ctrl + C 를 눌러 복사합니다. ❹ 텍스트의 앞을 클릭하고 Ctrl + V 를 눌러 붙여 넣습니다.

04 ❶ 붙여 넣은 **봄** 텍스트를 **겨울**로 수정합니다. ❷ **겨울** 텍스트가 선택된 상태로 [Essential Graphics] 패널의 [Appearance]에서 [Fill], [Stroke]의 색상을 변경합니다.

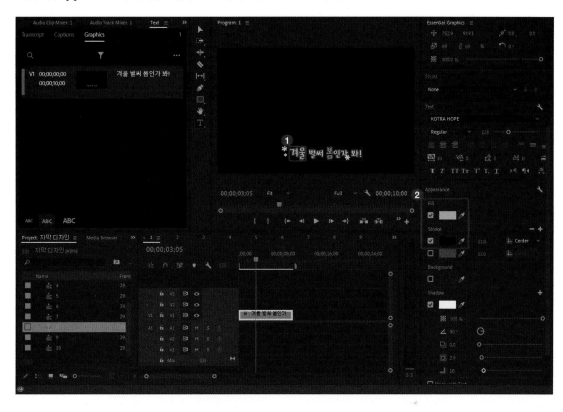

05 같은 방법으로 텍스트를 선택하여 내용을 알맞게 수정합니다.

06 꽃송이 모양의 오브젝트도 템플릿에 포함된 디자인 요소입니다. 텍스트와 겹쳐 있는 오브젝트 위치를 수정해보겠습니다. [Essential Graphics] 패널에서 [Group 01] 레이어 그룹을 클릭하며 텍스트 중간에 겹쳐 있는 오브젝트를 찾아 선택합니다. 여기서는 두 번째 [Group 01] 레이어 그룹에 겹친 오브젝트가 포함되어 있습니다.

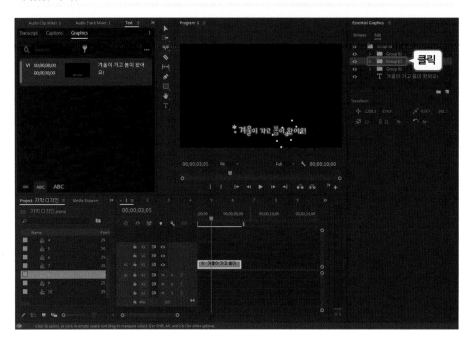

07 [Program] 패널에서 선택된 오브젝트를 드래그해 위치를 수정합니다.

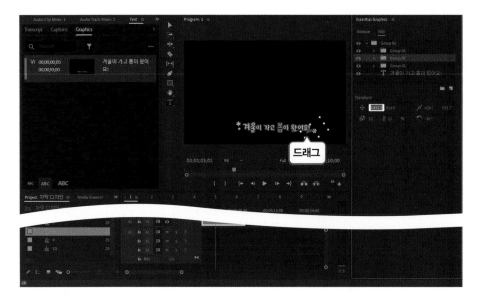

08 텍스트 전체 위치를 조정해보겠습니다. ❶ [Essential Graphics] 패널에서 가장 상위의 [Group 02] 레이어 그룹을 클릭합니다. [Group 02] 레이어 그룹에는 오브젝트 세 개와 텍스트 레이어가 모두 포함되어 있습니다. ❷ [Program] 패널에서 전체 텍스트가 중앙에 오도록 위치를 조정합니다.

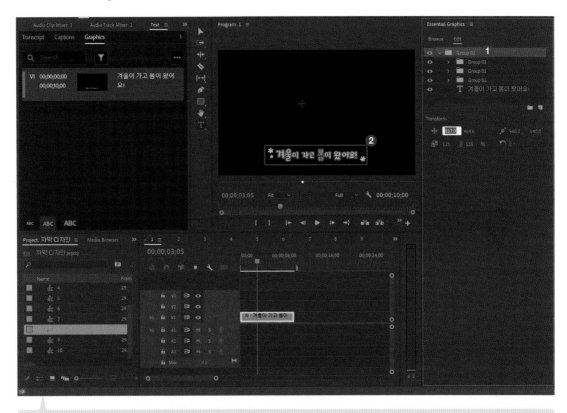

같은 방법으로 준비 파일로 사용한 **자막디자인.prproj** 프로젝트 파일의 시퀀스를 불러온 후 [Text] 패널 또는 [Essential Graphics] 패널을 상황에 맞게 활용해 원하는 대로 텍스트와 디자인을 수정하고 적용할 수 있습니다.

유튜브는 전 세계 사람들이 함께 영상을 공유하고 소통하는
가장 거대한 스트리밍 플랫폼입니다.
유튜브에 자기 채널을 만들고
프리미어 프로를 활용해 편집한 영상을 업로드해보세요.
누구나 유튜버에 도전할 수 있습니다.
또한 프리미어 프로를 활용하면 포토샵을 배울 필요 없이
간단하게 영상 섬네일도 만들 수 있습니다.

CHAPTER 03

유튜브 채널 운영을 위한
프리미어 프로 활용하기

유튜브 채널 만들기

유튜브 채널 만들고 기본 설정하기

많은 사람들이 영상을 만들 때 유튜브에 업로드하는 것을 최종 목표로 합니다. 프리미어 프로에서 영상을 완성한 후 나의 유튜브 채널에 업로드하고 영상 링크를 생성하기까지의 전체적인 과정을 함께 알아보겠습니다.

처음 만드는 유튜브 채널

01 ❶ 유튜브 홈페이지(www.youtube.com)에 접속한 후 ❷ 구글 계정으로 로그인합니다.

02 ❶ 유튜브 홈페이지 오른쪽 위의 프로필 아이콘을 클릭한 후 ❷ [내 채널 보기]를 클릭합니다.

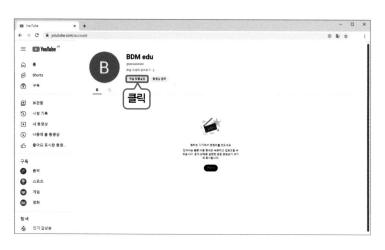

03 유튜브 채널 홈으로 이동되면 [채널 맞춤설정]을 클릭합니다.

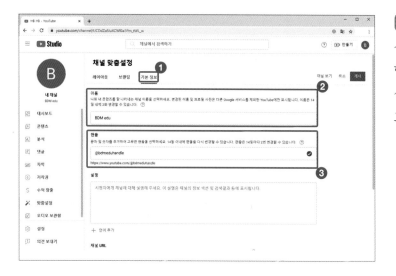

04 ❶ 채널에 대한 정보를 작성하기 위해 [기본 정보]를 클릭합니다. ❷ [이름]에서 채널명을 설정하고 ❸ [핸들]에서 채널의 고유 핸들을 설정합니다.

05 ❶ [설명]에 이 채널이 어떠한 주제를 가지고 운영되는지 간략하게 적어준 후 ❷ [게시]를 클릭합니다.

브랜딩 설정하기

06 ❶ 채널의 배너 이미지와 프로필 사진을 변경하기 위해 [브랜딩]을 클릭합니다. ❷ 이어서 [프로필 사진]의 [업로드]를 클릭합니다.

07 ❶ [열기] 대화상자에서 원하는 이미지를 찾아 선택한 후 ❷ [열기]를 클릭합니다.

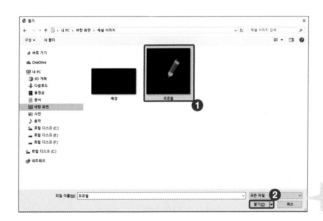

섬네일로 사용할 이미지를 자유롭게 선택합니다.

08 [프로필 사진 맞춤설정]이 나타나면 ❶ 정사각형 비율의 이미지를 사용하거나 정사각형의 비율이 아닐 경우 이미지의 노출 범위를 지정합니다. ❷ [완료]를 클릭합니다.

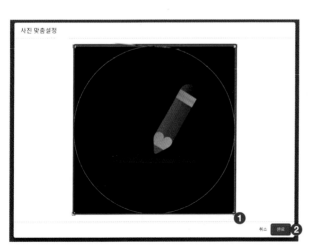

09 ❶ [게시]를 클릭하면 채널의 프로필 사진이 업로드한 이미지로 변경된 것을 확인할 수 있습니다. ❷ 이어서 [배너 이미지]의 [업로드]를 클릭합니다.

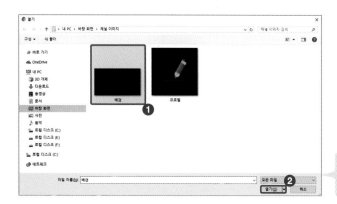

10 ❶ [열기] 대화상자에서 채널에 어울리는 이미지를 찾아 선택한 후 ❷ [열기]를 클릭합니다.

모든 기기에서 이미지가 적절히 표시되도록 하려면 2560× 1440 크기의 이미지를 업로드하는 것이 좋습니다.

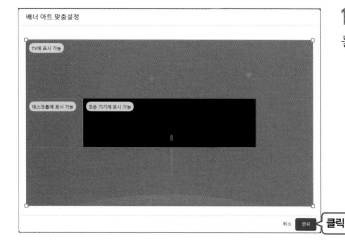

11 [배너 아트 맞춤설정]에서 표시 범위를 지정한 후 [완료]를 클릭합니다.

12 모든 설정이 완료되면 [게시]를 클릭해 저장합니다. 유튜브 채널 생성과 설정이 완료되었습니다.

유튜브 영상 업로드하기

쉽고 빠르게 유튜브에 영상 업로드하기

유튜브 채널 생성과 설정을 완료했다면 이제 유튜브에 영상을 직접 업로드할 차례입니다. 유튜브에 업로드하는 영상은 예제 영상이 아닌 개인의 영상을 사용해야 합니다.

유튜브에 동영상 업로드하기

01 유튜브 홈페이지(www.youtube.com)에 접속한 후 로그인합니다. ❶ 만들기⊞를 클릭한 후 ❷ [동영상 업로드]를 선택합니다.

02 ❶ [파일 선택]을 클릭합니다. ❷ [열기] 대화상자에서 원하는 영상을 찾아 선택한 후 ❸ [열기]를 클릭합니다.

주의 | 예제 파일로 제공되는 모든 영상 소스는 개인 PC에서 실습 용도로만 사용할 수 있습니다. 유튜브 업로드 실습에는 사용할 수 없으므로 직접 제작한 영상을 업로드합니다.

03 유튜브에서 동영상을 업로드하고 처리하는 동안 ❶ [세부정보]에서 영상의 제목과 설명을 비롯한 내용을 작성합니다. ❷ 모든 설정이 완료되면 [다음]을 클릭합니다.

04 [동영상 요소]에서 ❶ 자막을 추가하거나 ❷ 영상 종료 후의 홍보 섬네일 또는 ❸ 영상 재생 중의 홍보 카드를 설정할 수 있습니다. ❹ [다음]을 클릭합니다.

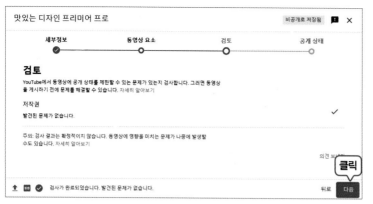

05 [검토]에서 동영상의 저작권 문제 등을 업로드 전에 확인합니다. 음원의 사용 여부 등을 유튜브에서 자동으로 확인하지만, 편집된 영상, 이미지, 오디오의 경우 완벽하게 확인되지 않을 수도 있습니다. [다음]을 클릭합니다.

06 마지막으로 [공개 상태]에서 ❶ 영상의 공개 범위 및 예약 여부를 설정하고 ❷ [저장]을 클릭합니다.

07 내 채널에서 업로드한 영상을 확인할 수 있습니다.

03 프리미어 프로에서 섬네일 만들기

포토샵 없이 유튜브에 최적화된 섬네일 만들기

☑ **CC 모든 버전** ☐ CC 2024 버전

준비 파일 활용/Chapter 03/섬네일.prproj
완성 파일 활용/Chapter 03/섬네일_완성.prproj

AFTER

이 예제를 따라 하면

유튜브 영상을 업로드할 때 내 영상이 더 돋보이기 위해서는 매력적인 섬네일이 필요합니다. 섬네일은 포토샵으로 제작하는 경우가 많지만 프리미어 프로에서도 얼마든지 감각적인 섬네일을 만들 수 있습니다. [Insert Frame Hold Segment] 기능을 이용하여 스틸 이미지를 만들고, 가독성 좋은 자막을 만들어 이미지 파일로 출력해보겠습니다.

BEFORE

▶ 영상 스틸 이미지로 섬네일 만들기

01 ❶ [Timeline] 패널에서 [배경] 시퀀스를 클릭합니다. ❷ 편집 기준선을 00:00:12:12 지점에 위치합니다. 이 위치의 프레임을 섬네일로 만들어보겠습니다.

> 섬네일에 어울리는 다른 위치의 프레임을 사용해도 됩니다.

02 ❶ [배경.mp4] 클립을 마우스 오른쪽 버튼으로 클릭한 후 ❷ [Insert Frame Hold Segment]를 클릭합니다.

03 영상 클립이 세 개로 분리됩니다. 편집 기준선의 위치를 기준으로 스틸 이미지가 생성되며 앞뒤로는 정상적인 영상 클립이 표시됩니다.

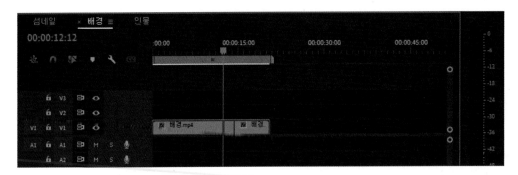

04 ❶ 스틸 이미지를 마우스 오른쪽 버튼으로 클릭합니다. ❷ [Label]-[Blue]를 클릭하여 스틸 이미지와 영상 클립을 컬러로 구분합니다.

05 ① 스틸 이미지를 클릭한 후 Ctrl + C 를 눌러 복사합니다. ② [섬네일] 시퀀스를 클릭해 열고 ② Ctrl
+ V 를 눌러 스틸 이미지를 붙여 넣습니다.

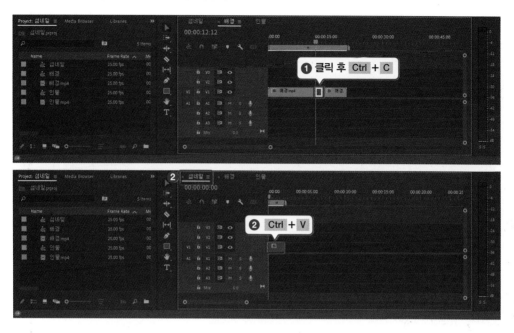

06 ① [인물] 시퀀스를 클릭합니다. ② 편집 기준선을 **00:00:02:00** 지점에 위치합니다. ③ [인물.mp4]
클립에서 마우스 오른쪽 버튼을 클릭한 후 ④ [Insert Frame Hold Segment]를 클릭합니다. 영상 클립의
앞뒤와 스틸 이미지가 분리됩니다.

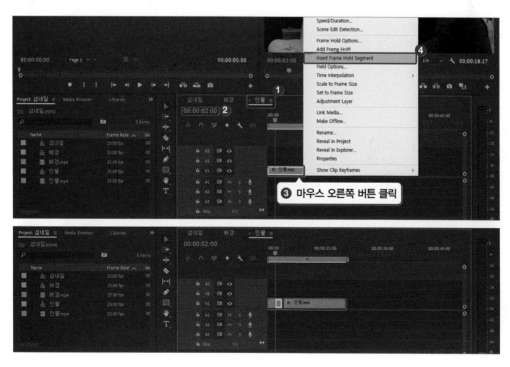

07 ❶ 04와 같은 방법으로 스틸 이미지의 라벨을 장미색(Rose)으로 설정하여 영상 클립과 구분합니다. ❷ Ctrl + C 를 눌러 복사한 후 ❸ [섬네일] 시퀀스를 클릭합니다. ❹ 앞서 붙여 넣은 스틸 이미지 뒤쪽에서 Ctrl + V 를 눌러 붙여 넣습니다.

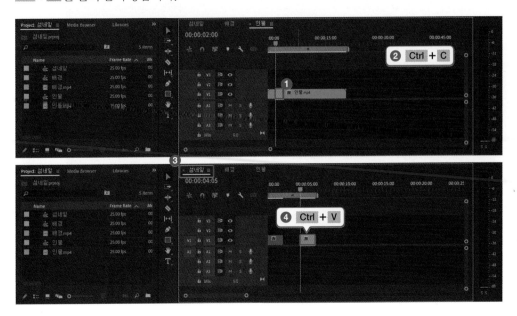

08 ❶ [섬네일] 시퀀스에서 [배경.mp4] 이미지 클립을 클릭하고 ❷ [Effect Controls] 패널의 [Position]을 2233, 842로 설정합니다. ❸ [Scale]은 130으로 설정합니다.

09 ❶ [Effects] 패널에서 **curve**를 입력해 [RGB Curve]를 검색합니다. ❷ [RGB Curve] 이펙트를 [배경.mp4] 이미지 클립에 드래그합니다. ❸ [Effect Controls] 패널에서 [Master] 커브의 곡선을 다음과 같이 설정합니다.

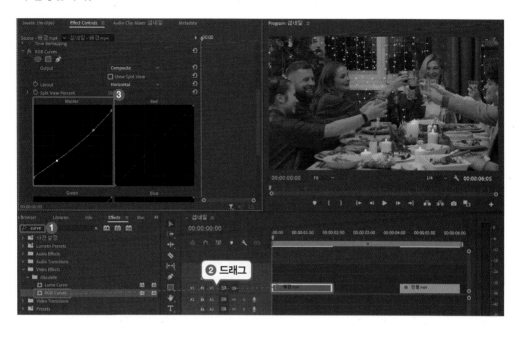

10 ❶ [인물.mp4] 이미지 클립을 클릭합니다. ❷ [Effect Controls] 패널의 [Opacity]에서 ✏️를 클릭한 후 ❸ 다음과 같이 인물의 머리부터 시작하는 마스크 작업을 진행합니다.

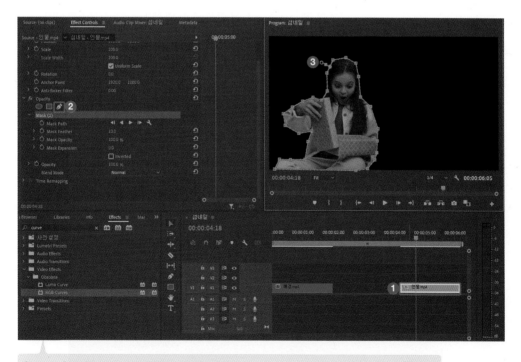

[Program] 패널을 선택한 상태에서 ~를 눌러 화면을 확대하면 마스크 포인트를 상세하게 조정할 수 있어 편리합니다.

11 ❶ [인물.mp4] 이미지 클립을 비디오 2번 트랙(V2)에 배치합니다. ❷ [Effect Controls] 패널의 [Position]을 3668, 1191로 설정하고 ❸ [Scale]은 140으로 설정합니다. 그림과 같이 화면 오른쪽에 인물이 배치됩니다.

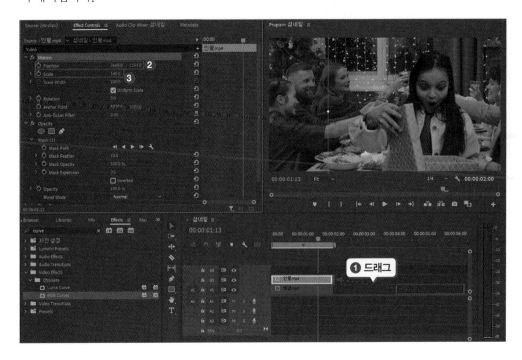

12 ❶ 앞서 [Effects] 패널에서 검색한 [RGB Curve] 이펙트를 [인물.mp4] 이미지 클립에 드래그합니다. ❷ [Effect Controls] 패널에서 [Master] 커브의 곡선을 조정하여 인물이 더 밝게 보이도록 설정합니다.

13 ❶ 편집 기준선을 00:00:00:00 지점에 위치합니다. 이 위치에 섬네일의 텍스트를 입력하겠습니다. ❷ 도구 패널에서 타입 도구▮를 클릭합니다. ❸ [Program] 패널에서 텍스트를 추가할 위치를 클릭하고 **가족들과 함께 따뜻한 홈 파티**를 입력합니다. ❹ [Effect Controls] 패널의 [Text]에서 폰트를 [상주곶감체]로 설정하여 그림과 비슷하게 배치합니다.

14 ❶ **따뜻한 홈 파티** 텍스트만 드래그해서 선택합니다. ❷ [Effect Controls] 패널의 [Text]에서 크기를 126으로 설정합니다.

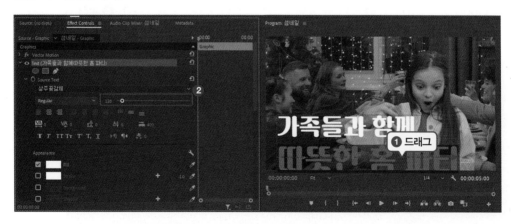

15 ❶ [Effect Controls] 패널에서 [Text (가족들과 함께 따뜻한 홈파티)] 항목을 클릭해 전체 텍스트를 선택합니다. ❷ 행간을 −12로 설정해서 간격을 좁힙니다. ❸ [Appearance] 항목을 수정합니다. [Fill]은 FFFFFF, [Stroke]는 000000으로 설정합니다. ❹ [Shadow]에 체크하고 색상은 000000, [Opacity]는 100, [Angle]은 135, [Distance]는 13.7, [Size]는 0, [Blur]는 40으로 설정합니다.

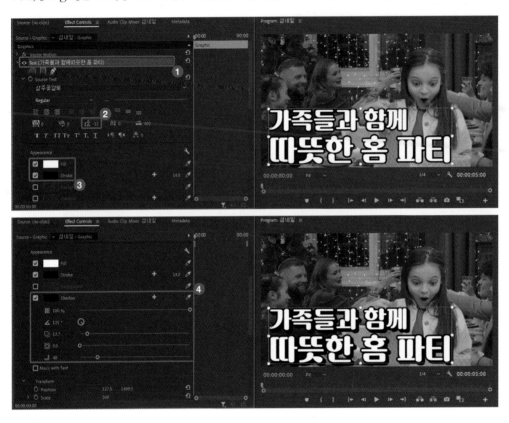

16 ❶ **따뜻한** 텍스트만 드래그해서 선택합니다. ❷ [Fill]을 클릭한 후 ❸ [Color Picker] 대화상자에서 컬러코드에 FFC600을 입력합니다. ❹ [OK]를 클릭해 포인트 컬러 작업을 완료합니다. ❺ **파티** 텍스트도 같은 방법으로 노란색으로 설정합니다.

17 ❶ [Timeline] 패널에서 ➕를 눌러 작업 영역이 최대한 상세하게 보이도록 조정합니다. ❷ 편집 기준선이 00:00:00:00 지점에 위치한 상태에서 Alt +] 를 눌러 1프레임만 선택되도록 작업 영역바를 조절합니다.

18 ❶ 상단의 [Export]를 클릭합니다. ❷ 이름과 저장 위치를 설정한 후 ❸ [Format]은 [JPEG]로 설정합니다. ❹ [Export]를 클릭하면 섬네일 이미지가 출력됩니다.

기능 꼼꼼 익히기 🎤   **유튜브용 섬네일에 알맞는 이미지 크기와 해상도 알아보기**

유튜브에 업로드할 수 있는 섬네일 양식은 다양하지만 아래 규격을 맞추는 것이 가장 좋습니다.

❶ 해상도 ｜ 1280×720 (너비 640px 이상) 혹은 1920×1080, 16:9의 가로세로 비율 사용

❷ 파일 형식 ｜ JPG, GIF, BMP, PNG

❸ 용량 ｜ 2MB 이하

LESSON 04

세로 형태의
숏폼 영상 만들기

유튜브 쇼츠&SNS용 트렌디한 숏폼 영상 제작하기

☑ **CC 모든 버전** ☐ **CC 2024 버전**

준비 파일 활용/Chapter 03/숏폼 비디오.prproj
완성 파일 활용/Chapter 03/숏폼 비디오_완성.prproj

다양한 사람들이 도전하는
나만의 영상 만들기 콘테스트

다양한 사람들이 도전하는
나만의 영상 만들기 콘테스트

이제 비싼 카메라가 아닌
스마트폰만으로 고퀄리티 촬영

프리미어 프로를 활용해서
다양하게 만들어보세요

AFTER

이 예제를 따라 하면

최근 많은 SNS 플랫폼에서는 세로 형태의 숏폼 영상을 지원하고 있습니다. 유튜브에서는 숏폼 영상만 제작하는 유튜버의 인기도 점점 높아지고 있습니다. 세로 형태의 시퀀스에서 영상을 편집하고, 이미지를 배치하는 노하우와 숏폼 영상 제작 시 필요한 필수 요소를 예제를 통해 학습해보겠습니다.

▶ 세로 형태의 시퀀스에서 텍스트 추가하기

01 준비 파일을 열면 [short video] 시퀀스가 [Timeline] 패널에 나타납니다. 영상 클립과 텍스트가 미리 배치되어 있는 상태입니다. ❶ 비디오 3번 트랙(V3)에서 Alt 를 누른 채 텍스트 클립을 드래그해서 복사합니다. ❷ 복사한 텍스트 클립의 내용을 수정합니다. 여기서는 **이제 비싼 카메라가 아닌 스마트폰으로 고퀄리티 촬영**이라고 입력했습니다. ❸ 비디오 1번 트랙 (V1)의 영상 클립과 길이를 맞춰줍니다.

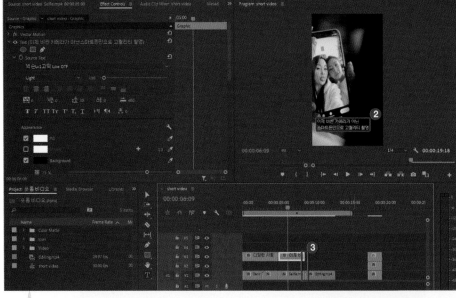

> 미리 준비된 텍스트를 살펴보면 크기가 크고 전달하는 내용이 많지 않다는 것을 알 수 있습니다. 숏폼 콘텐츠의 특성 상 짧은 시간 내에 정보를 전달해야 하기 때문입니다.

02 ❶ 같은 방법으로 비디오 3번 트랙(V3)의 텍스트를 복사합니다. 수정할 텍스트는 **프리미어 프로를 활용해서 다양하게 만들어보세요**입니다. ❷ 편집 기준선을 00:00:13:00 지점에 위치한 후 ❸ 미리 준비된 엔딩 이미지 클립을 뒤쪽에 붙여줍니다.

▶ **효과적인 내용 전달을 위한 프레임 만들기**

03 ❶ 비디오 3번 트랙(V3)을 잠급니다. ❷ [File]-[New]-[Color Matte] 메뉴를 선택합니다.

04 ❶ [New Color Matte] 대화상자가 나타나면 [OK]를 클릭합니다. ❷ [Color Picker] 대화상자의 색상 지정 영역에서 왼쪽 끝부분을 클릭해 검정색으로 설정하고 ❸ [OK]를 클릭합니다. ❹ 이름은 **Black**으로 입력한 후 ❺ [OK]를 클릭합니다.

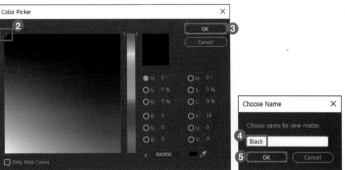

05 ❶ [Black] 컬러매트 클립을 비디오 2번 트랙(V2)의 빈 공간에 알맞게 배치합니다. ❷ 컬러매트 클립이 선택된 상태에서 사각형 도구▣를 클릭한 후 ❸ [Program] 패널에서 정사각형 모양의 마스크를 그립니다. ❹ [Effect Controls] 패널에서 [Opacity]–[Mask(1)]를 펼친 후 ❺ [Mask Feather]는 **0**, [Mask Opacity]는 **83**으로 설정합니다.

[Mask Opacity]는 마스크 효과가 적용된 정도를 조절합니다. 글자가 더 잘 보이게 하고 싶거나 영상 화면의 주목도를 높이고 싶다면 [Opacity]를 100으로 설정해도 좋습니다.

06 ❶ 비디오 2번 트랙(V2)을 잠급니다. ❷ [Program] 패널의 영상을 더블클릭하면 영상의 크기와 위치를 자유롭게 조정할 수 있습니다. ❸ [Dance A.mp4] 클립을 클릭한 후 ❹ [Effect Controls] 패널에서 [Position]은 **540, 873**으로 설정하고 [Scale]은 **72.4**로 설정해 영상의 크기와 위치를 화면과 같이 조정합니다.

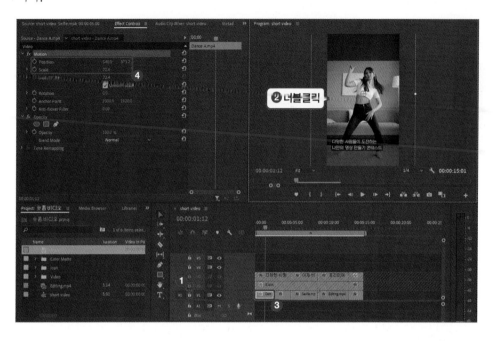

07 ❶ [Dance B.mp4] 클립을 클릭하고 ❷ [Effect Controls] 패널에서 [Position]은 **626.8, 1068.5**로 설정하고 [Scale]을 **62.8**로 설정합니다.

08 ❶ [Selfie.mp4] 클립을 클릭합니다. ❷ [Effect Controls] 패널에서 [Position]은 **637.7, 1149.8**로 설정하고 [Scale]을 **71.9**로 설정합니다.

기능 꼼꼼 익히기 🎤 ｜ **숏폼 영상에서 인물을 안정적으로 배치하는 방법 알아보기**

세로 형태의 숏폼 영상에서는 인물이 크게 배치됩니다. 전신이 배치될 경우에는 좌우의 여백이 어느 정도 유지된 사이즈로 조정하는 것이 좋습니다. 특히 인물의 머리 위쪽 여유 공간인 헤드룸을 넉넉하게 배치하면 보다 안정적인 구도의 레이아웃이 됩니다. 텍스트가 중요하고 내용 전달이 우선인 숏폼을 만들 때는 영상의 크기를 줄이고 텍스트의 크기를 키워 비중을 높이기도 합니다.

▲ 머리 위쪽 헤드룸을 넓게 배치한 예

09 ❶ [Program] 패널에서 확대 옵션을 [10%]로 설정해서 여백이 더 많이 보이도록 합니다. ❷ 편집 기준선을 00:00:10:04 지점에 위치하고 ❸ [Program] 패널의 영상을 더블클릭해서 [Editing.mp4] 클립을 선택합니다. ❹ [Effect Controls] 패널에서 [Position]은 746.5, 930으로 설정하고 [Scale]을 192.8로 설정해 영상의 위치와 크기를 조정합니다.

▶ 영상에 유튜브 채널 이름 추가하기

영상의 왼쪽 상단 혹은 오른쪽 상단에 유튜브 채널 이름이나 SNS 이름을 입력하면 내 채널을 홍보하는 데 큰 도움이 됩니다. 톡톡 튀는 컬러를 사용한 채널 이름을 영상에 추가해보겠습니다.

10 ❶ [Program] 패널에서 확대 옵션을 [25%]로 설정합니다. ❷ 타이프 도구 T를 클릭하고 ❸ 상단 영역을 클릭해서 텍스트를 추가합니다. ❹ [Effect Controls] 패널에서 폰트를 [넥슨Lv1고딕 Low OTF]로 설정합니다. ❺ [Background]에 체크하고 색상은 FFD200, ❻ [Opacity]는 75%, [Size]는 32.1로 설정합니다.

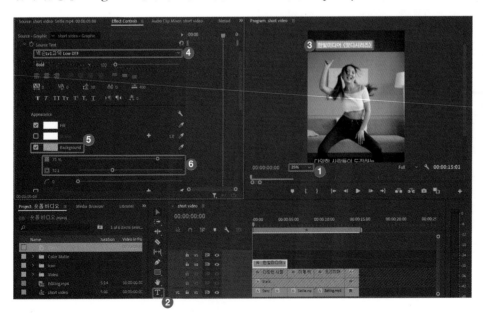

기능 꼼꼼 익히기 🎤 정보 전달을 위한 숏폼 콘텐츠의 텍스트 배치하기

위쪽 여백

한빛미디어〈맛디시리즈〉

오른쪽 여백(아이콘 배치)

다양한 사람들이 도전하는
나만의 영상 만들기 콘테스트

아래쪽 여백

일반적인 숏폼 영상은 정해진 규격 없이 자유롭게 제작되지만, 정보 제공이 목적인 숏폼 영상을 만들고 싶다면 예제의 텍스트 레이아웃을 참고하여 만들어보는 것도 좋은 방법입니다. 유튜브 쇼츠 등 숏폼의 UI는 오른손잡이 사용자를 배려해 UI 아이콘이 오른쪽에 배치되어 있으며, 가운데 화면을 잘 보여주기 위해 위아래로 UI를 배치하는 경우도 많습니다. 따라서 위아래 또는 오른쪽 공간이 비어 있는 레이아웃을 응용하면 플랫폼의 UI와 영상의 텍스트가 겹쳐서 보이지 않는 상황을 사전에 예방할 수 있습니다. 물론 텍스트가 잘 보이도록 크게 배치하는 것도 중요합니다.

▶ 템플릿 트랜지션으로 세련된 엔딩 장면 연출하기

11 ❶ 편집 기준선을 **00:00:13:00** 지점에 위치한 후 ❷ [한빛미디어〈맛디시리즈〉] 텍스트 클립의 길이를 기준선에 맞춰줍니다. ❸ [Window]-[Workspaces]-[Graphics] 메뉴를 선택해서 작업 영역 모드를 변경합니다.

12 ❶ [Essential Graphics] 패널에서 [Adobe Stock]을 클릭합니다. ❷ [Free]에 체크해서 무료 템플릿만 검색되도록 설정한 후 ❸ 검색창에 **transition**을 입력해서 템플릿을 검색합니다. ❹ [Visual Trends : The Fluid Self Transition] 템플릿을 찾아서 비디오 5번 트랙 (V5)으로 드래그합니다.

13 ❶ 편집 기준선을 **00:00:13:19** 지점에 위치합니다. ❷ 추가한 템플릿 클립을 클릭하고 ❸ [Effect Controls] 패널에서 [Rotation]을 **−90**으로 설정합니다.

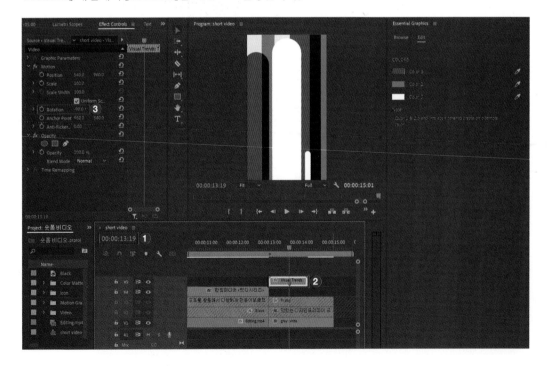

14 현재 편집 기준선은 템플릿 클립으로 화면 전체가 다 가려지는 지점에 위치해 있습니다. ❶ 이때 M 을 누르면 해당 부분에 마커를 추가할 수 있습니다. ❷ 템플릿 클립에 마커가 추가되면 편집 기준선을 장면이 전환되는 00:00:13:00 지점에 위치한 후 ❸ 마커가 해당 위치에 일치하도록 클립을 드래그하여 배치하면 자연스러운 엔딩 트랜지션이 완성됩니다.

00:00:13:00 지점에 화면이 다 가려지는 장면이 배치되도록 설정합니다.

VR이란 Virtual Reality의 약자로 가상현실을 의미합니다.

VR 영상은 프리미어 프로에서 간단한 설정으로 편집할 수 있습니다.

과거 VR 영상은 전문가가 전문 장비를 이용해 제작하는 분야였지만

현재는 촬영 장비의 발달과 보급으로 제작이 매우 간단해졌습니다.

이제는 유튜브 등 동영상 스트리밍 플랫폼에서도 관련 서비스를 제공하며

누구나 쉽게 촬영하고 편집해 즐길 수 있는 콘텐츠가 되었습니다.

CHAPTER 04

VR 영상 제작하고
편집하기

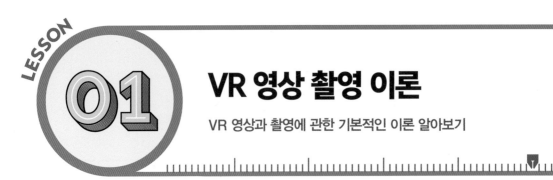

VR 영상 촬영 이론

VR 영상과 촬영에 관한 기본적인 이론 알아보기

VR 영상과 프리미어 프로

VR이란 Vitrual Reality의 약자로 진짜처럼 구현한 가상현실을 말합니다. VR 고글을 착용하면 마치 그 현장에 있는 것처럼 시각적으로 실감 나는 콘텐츠를 체험할 수 있습니다. 또한 VR은 일반 산업, 건축, 관광, 의료부터 게임, 생중계까지 그 영역이 넓어지면서 큰 폭으로 성장하고 있습니다.

VR 영상은 3D 그래픽으로 제작하거나 360° 카메라 등의 특수 카메라로 촬영합니다. 전문가가 아니어도 제작할 수 있으며 360° 카메라와 프리미어 프로만 있다면 VR 영상을 촬영, 편집, 출력한 후 유튜브에 업로드하는 과정까지 누구나 쉽고 재미있게 해볼 수 있습니다.

요즘은 VR 고글이 아니더라도 모바일 기기로만 즐길 수 있는 VR 콘텐츠가 늘어나면서 누구나 다양한 종류의 새로운 콘텐츠를 즐길 수 있습니다. 수준 높은 VR 콘텐츠를 직접 제작하여 여러분의 콘텐츠를 더 풍성하게 만들 수 있길 바랍니다.

프리미어 프로의 VR 영상 지원 내용

VR 영상의 완성도를 높이기 위해서는 촬영본을 편집하고 가공하는 과정이 꼭 필요합니다. 프리미어 프로는 이러한 VR 영상 편집 환경과 결과물을 출력하는 기능에도 최적화되어 있습니다. 가장 기본적인 영상 편집, 텍스트 추가, 색보정은 물론, VR 전용 이펙트와 8K 해상도 등 다양한 기능을 간편하게 사용할 수 있습니다. 프리미어 프로에서 제공하는 VR 편집 환경을 미리 알아보고 참고하길 바랍니다.

01 **필드 오브 뷰(FOV) 지원** | [Program] 패널에서 필드 오브 뷰 기능이 지원됩니다. 필드 오브 뷰는 VR 장비를 착용했을 때 실제 보이는 화면을 말합니다. 편집 중에 시청자 입장에서 영상을 확인할 수 있기 때문에 더욱 실감 나게 영상을 편집할 수 있습니다.

02 **최적화된 편집 환경 지원** | 고해상도의 180°, 360° 영상은 용량이 크기 때문에 편집 과정에서 PC에 과부하가 걸려 작업이 끊기기도 합니다. 하지만 프리미어 프로에서는 이러한 편집 환경을 최적화하여 제공하므로 보다 수월한 VR 영상 편집이 가능합니다.

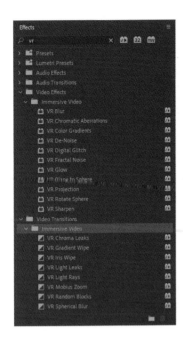

03 VR 전용 효과 제공 | VR 영상을 편집할 땐, VR 전용 효과를 사용합니다. 일반적인 영상 효과를 사용하면 이음새가 어긋나거나 화면이 왜곡되어 180°, 360° 환경에서 부자연스러운 결과가 나타나기 때문입니다. 프리미어 프로에서는 별도의 플러그인 없이 VR 전용 트랜지션과 이펙트를 기본으로 제공합니다. 이러한 VR 전용 효과들은 [Effect Controls] 패널에서 더욱 다양하게 수정할 수 있습니다.

04 유튜브에 업로드 가능한 동영상으로 자동 내보내기 | 일반적인 VR 영상을 유튜브에 업로드 가능한 영상으로 내보내기 위해서는 다른 프로그램에서 한 번 더 처리하는 과정이 필요합니다. 하지만 프리미어 프로에서는 결과물을 출력할 때 [Video is VR]에 체크하면 별도의 과정 없이 유튜브 업로드용 파일 형식으로 영상이 출력됩니다. 또한 출력과 동시에 유튜브, 페이스북 등 다양한 SNS에도 업로드할 수 있습니다.

05 VR 헤드마운트 장착 후 비디오 편집 | PC에 VR 헤드 마운트 디스플레이(HMD)와 관련 소프트웨어를 설치하면 실시간으로 VR 영상을 직접 확인할 수 있습니다. VR 체험 중 컨트롤러로 [Timeline] 패널을 불러와서 원하는 구간을 확인합니다. 프리미어 프로에서 편집한 장면을 실시간으로 VR로 체험하며 확인할 수 있는 것입니다. 이때 VR 헤드 마운트 장비는 PC와 호환되는지 잘 확인한 후 선택합니다.

> 지원되는 VR 헤드 마운트 디스플레이(HMD)는 오큘러스 리프트, HTC 바이브 등 다양한 종류가 있습니다. 하지만 OS에 따라 지원되는 기종이 다르므로 구매 전 반드시 확인합니다.

VR 영상을 촬영할 때 유의사항

VR 영상 촬영은 기존의 스마트폰 촬영과 조금 다릅니다. VR 영상 촬영에서 참고하면 좋은 방법에 대해 살펴보겠습니다.

01 여유 있는 카메라와의 거리 | VR 체험을 할 때 카메라 바로 앞에 인물이나 물체가 배치되면 시청자는 조금 부담스럽거나 불안정한 느낌을 받을 수 있습니다. 촬영 중인 VR 영상 화면에 여유가 있어 보여도 VR 체험 중에는 피사체가 보이는 것보다 더 가깝게 느껴지기 때문입니다. 따라서 카메라가 너무 붙지 않도록 간격을 두고 촬영합니다. 필요에 따라 셀카봉 등을 사용하여 거리를 두어도 좋습니다.

02 카메라의 높낮이 | 일반적인 인물의 시점에서 360°로 촬영할 때는 사람의 눈높이와 맞게 촬영 높이를 설정하면 좋습니다. 너무 높거나 낮은 위치에서 촬영하면 VR 영상이 어색하게 느껴질 수 있습니다. 특정 상황을 의도한 것이 아니라면 인물의 눈높이에서 촬영합니다. 360° 카메라는 기종마다 권장하는 높이가 다를 수 있습니다. 따라서 설명서를 참고하여 촬영 높이를 점검하는 것이 좋습니다. 아래의 가운데 그림처럼 인물의 눈높이에 맞추어 촬영하면 안정적인 구도의 촬영 결과물을 얻을 수 있습니다.

그러나 인물의 시점을 맞추는 것이 아니라 풍경이나 넓은 경치를 담을 때는 카메라를 높은 위치에 설정하고 바닥면은 좁게 촬영하는 것이 좋습니다.

03 수평 맞추기 | VR 시청은 기본적으로 평평한 곳에 앉거나 서서 이루어지기 때문에 영상이 수평으로 보이지 않으면 어색함을 느낄 수 있습니다. 또한 VR 영상의 끝과 끝을 이어주는 작업에서 수평이 맞지 않으면 경계면이 어긋날 수 있습니다. 따라서 고정된 화면의 촬영은 수평에 더욱 신경 써야 합니다.

04 삼각대에 고정하여 촬영하기 | 삼각대로 VR 카메라를 고정하면 수평이 맞는 안정적인 촬영이 가능합니다. 카메라를 고정한 후 녹화를 시작하면 촬영자가 다른 곳에 숨어서 마치 없는 것처럼 연출이 가능하므로 더 현실감 있는 VR 풍경을 촬영할 수 있습니다. 책상에 세워서 사용하는 휴대용 삼각대부터 높이 설치할 수 있는 대형 삼각대까지 다양하게 활용해보세요.

시청자를 배려하는 촬영 요소

VR 영상 시청자에게 가상현실에 몰입할 수 있는 느낌을 제공하려면 시청자를 배려하는 촬영 요소를 꼭 확인해야 합니다. 어떻게 하면 시청자가 더 흥미롭게 VR 영상을 즐길 수 있을지, 주의 사항에는 어떤 것이 있는지 살펴보겠습니다.

01 갑작스러운 회전은 지양하기 | VR 영상은 갑작스러운 움직임이나 기울임 때문에 시청자가 어지러움을 느낄 수 있습니다. 일반 영상과는 다르게 작은 변화도 더욱 크게 느끼기 때문입니다. 촬영할 때 일정한 움직임을 가지면서 급격히 빨라지거나 느려지지 않도록 신경을 써야 합니다.

02 VR 영상의 방향 고려하기 | 대형 차량이나 기차를 역방향으로 타는 경우 멀미나 어지러움을 느낄 수 있습니다. 이처럼 VR 영상을 촬영할 때도 시청자를 고려하여 앞뒤 방향을 확인합니다. 배우는 앞을 향해 걸어가고 있지만 카메라의 기준을 뒤로 두고 촬영하면 시청자는 혼란을 느낄 수 있습니다.

03 360° 동영상을 둘러보도록 유도하기 | VR 영상의 특성상 특정한 방향이 아닌 모든 방향, 장면이 중요합니다. 이런 360° 환경에서 시청자가 다양한 방향을 둘러보며 재미 요소를 찾게 하는 것은 더 재미있는 VR 콘텐츠를 만드는 방법 중 하나입니다. 텍스트나 기본 템플릿 프리셋을 추가하여 다른 장면을 보도록 유도하거나 오디오로 포인트를 줘도 좋습니다. 등장하는 배우의 연기나 방향 표시도 좋은 방법입니다. 사방을 둘러볼 수 있다는 VR 콘텐츠의 장점에 유념하여 촬영과 편집을 진행합니다.

스티치, 영상을 바느질하여 이어 붙이기

스티치 알아보기

VR 카메라는 일반적으로 양방향 두 개의 렌즈로 구성이 되어 있습니다. 이렇게 다른 방향에서 촬영된 180° 영상의 겹치는 부분을 잘 이어 붙여 구 형태로 만들면 360° 영상이 완성됩니다. 여기서 스티치는 '바느질'이라는 의미처럼 촬영한 영상의 겹치는 부분을 붙여주는 작업을 말합니다.

정밀한 스티치 작업은 수동으로 하는 경우도 있지만 일반적인 수준의 VR 영상 제작에서는 VR 카메라에서 자동으로 보정해주는 작업이면 충분합니다. 다만 이렇게 자동으로 스티치 작업이 되더라도 이에 대한 이해를 바탕에 두고 촬영하는 것은 매우 중요합니다. 스티치를 고려한 촬영법에 대해 알아보겠습니다.

스티치 라인 고려하기

360° 영상을 촬영할 때 스티치 라인을 꼭 신경 써야 합니다. 스티치 라인은 영상과 영상이 이어지는 연결 지점으로 스티치 라인에 물체나 사람이 걸쳐 있으면 형태가 왜곡되어 보일 수 있습니다. 또한 촬영에서 수평과 수직을 맞추지 않으면 이어 붙이는 지점이 어긋나 보일 수 있다는 점도 잊지 말아야 합니다. 스티치 라인은 360°를 한번에 촬영하지 않는 이상 항상 고려해야 하며 최대한 자연스럽게 촬영하는 요령을 알아보겠습니다.

01 **주요 인물이나 물체가 스티치 라인과 겹치지 않도록 주의하기** | 스티치는 카메라에 가까울수록 더 도드라지기 때문에 가까이 있는 주요 인물이나 물체가 스티치 라인에 걸리지 않도록 주의합니다. 우선 특정 카메라의 스티치 라인이 어디에 오는지 파악합니다(예 : 렌즈와 렌즈 사이, 카메라 옆면). 만약 배우가 연기하는 장면을 촬영한다면 인물이 스티치 라인에 걸리지 않도록 하나의 렌즈를 바라보며 연기하는 것을 추천합니다.

▲ 스티치 라인의 위치를 마주보고 촬영하면 피사체가 어긋나게 찍힙니다.　　▲ 인물이나 물체는 하나의 렌즈만 바라보도록 촬영합니다.

02 **중요도가 낮은 부분에 스티치 라인 놓기** | 스티치 처리된 부분이 조금 어색하더라도 가능한 영상에서 중요하지 않은 부분에 스티치 라인이 향하도록 촬영합니다. 중요 인물이나 물체가 아닌 중요도가 낮고 형태가 모호한 부분에 두면 좋습니다. 큰 천막이나 실내의 벽, 크고 가까운 물체가 아닌 멀리있는 풍경의 나무, 숲 등이 스티치 라인을 놓기 좋은 부분입니다.

▲ 상대적으로 피사체가 적고 덜 중요한 부분에 스티치 라인이 오면 좋습니다.

VR 뷰어로 즐기기

VR 카메라로 촬영하고 편집한 영상은 VR 뷰어로 확인할 수 있습니다. VR 뷰어는 가상현실에 몰입하기 위해 머리에 장착하는 디스플레이 도구입니다. 골판지 카드보드부터 3D 헤드기어까지 시중에서 쉽게 구할 수 있습니다.

01 카드보드, 골판지 VR 뷰어 | 골판지를 접어 만드는 형태로 렌즈, 자석, 고무밴드 등으로 구성되어 있습니다. 카드보드를 구매할 경우 함께 동봉된 설명서를 통해 쉽게 조립할 수 있습니다. 현재 구글 홈페이지에는 카드보드 도면이 공개되어 있으니 재료를 별도로 준비한다면 도면을 보고 직접 만들 수도 있습니다. 카드보드를 조립한 후에는 VR 영상을 볼 수 있도록 VR Player 애플리케이션을 설치합니다. 그리고 유튜브에서 VR 영상을 검색하거나 편집한 영상을 스마트폰에 저장한 후 카드보드에 장착하면 간단한 VR 체험을 할 수 있습니다.

02 VR 글래스, 헤드 마운트 디스플레이(HMD) | VR 글래스나 HMD는 카드보드보다 상대적으로 더 튼튼하고 약간의 무게감이 있습니다. 마찬가지로 구입할 시 보유한 스마트폰 혹은 PC의 규격과 맞는지 꼭 확인합니다. VR Player를 설치하고, 전용 공간에 스마트폰을 장착하거나 PC에 연결하여 VR 체험을 즐기는 순서는 동일합니다. 고급 HMD는 VR 게임 플레이까지 즐길 수 있습니다. 또한 헤드밴드나 렌즈 조절도 용이합니다.

카드보드와 VR 글래스 중 무엇을 선택하더라도 기본적인 VR 체험이 가능합니다. 여러 리뷰를 살펴본 후 원하는 VR 뷰어를 선택해서 다양한 콘텐츠 또는 직접 만든 VR 영상 콘텐츠를 꼭 즐길 수 있길 바랍니다.

02

실전 VR 영상 편집하기

VR 영상 뷰어 설정부터 출력까지 알아보기

VR 영상 편집은 일반 영상 편집과 거의 같은 원리로 이루어지지만 VR 영상 특유의 설정 방법과 이에 따른 특징이 있습니다. 실습 예제를 통해 VR 영상 편집부터 출력까지 전반적인 과정을 살펴보겠습니다.

간단실습 **영상 클립 속도 자유자재로 조절하기**

준비 파일 활용/Chapter 04/VR.prproj

01 ❶VR.prproj 준비 파일을 엽니다. ❷ 빠른 작업을 위해 [Program] 패널의 미리 보기 해상도를 [1/8] 로 설정합니다.

02 ❶ [Program] 패널의 Button Editor █를 클릭합니다. [Button Editor]가 작업 영역에 나타납니다. ❷ Toggle VR Video Display █를 [Program] 패널의 아이콘 영역으로 드래그하여 배치한 후 ❸ [OK]를 클릭합니다.

03 ❶ Toggle VR Video Display █를 클릭하면 왜곡되어 있던 화면이 VR 영상 형태로 전환됩니다. ❷ 전환된 화면은 드래그를 이용해 자유롭게 방향을 바꾸면서 확인할 수 있습니다.

> 미리 보기 화면의 하단과 오른쪽에서 시야각을 조절할 수 있는 슬라이더를 드래그해도 됩니다.

기능 꼼꼼 익히기 🎤 VR 영상으로 전환되지 않는 이유

Toggle VR Video Display █를 클릭해도 VR 영상 형태로 전환되지 않는다면 시퀀스의 설정이 제대로 설정되어 있는지 확인합니다. ❶ [Sequence]–[Sequence Settings] 메뉴를 선택합니다. ❷ [Sequence Settings] 대화상자의 [VR Properties]–[VR Properties]–[Projection] 항목에서 [Equirectangular]를 선택한 후 ❸ [OK]를 클릭합니다. 다시 Toggle VR Video Display █를 클릭해 VR 영상 형태로 전환되는지 확인합니다.

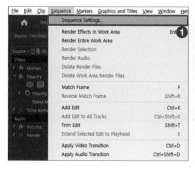
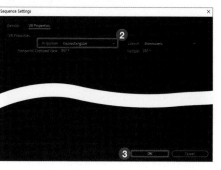

간단 실습   **VR 영상 편집하기** 🔧

기본적인 설정이 완료되었다면 VR 영상 편집을 시작합니다. VR 영상 편집은 앞서 공부한 일반 영상 편집 방법과 크게 다르지 않습니다. **VR.prproj** 준비 파일로 계속 진행합니다.

01 [선릉 01.mp4] 클립을 **00:00:06:06, 00:00:12:12** 지점에서 각각 자릅니다.

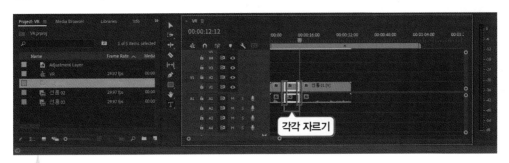

> 클립을 자를 때는 자르기 도구 ✂ **C** 를 사용합니다.

02 ❶ 사용하지 않는 앞뒤의 클립은 Delete 를 사용해 삭제하고 ❷ 앞의 공백은 [Ripple Delete]로 삭제합니다.

03 같은 방법으로 편집해보겠습니다. [Project] 패널에서 **선릉02.mp4, 선릉03.mp4** 소스도 이어서 배치합니다.

04 ❶ [선릉02.mp4] 클립은 **00:00:09:19, 00:00:19:10** 지점에서 각각 자르고 ❷ [선릉03.mp4] 클립은**00:00:42:00, 00:00:49:07** 지점에서 각각 자릅니다.

05 ❶ Shift 를 누른 상태에서 다음과 같이 2, 4, 5, 7번째 클립을 모두 선택하고 ❷ Shift + Delete 를 눌러삭제합니다.

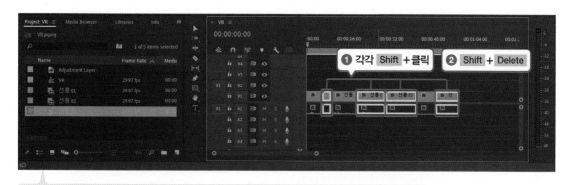

Shift + Delete 를 누르면 [Ripple Delete] 기능을 사용한 것처럼 클립을 모두 지우면서 공백도 같이 삭제합니다.

06 ❶ 남은 클립을 모두 드래그해 선택한 후 ❷ 마우스 오른쪽 버튼을 클릭합니다. ❸ [Unlink]를 클릭하여 비디오 클립과 오디오 클립을 각각 따로 편집할 수 있도록 합니다.

07 ❶ [선릉02.mp4] 오디오 클립을 클릭하고 ❷ Shift 를 누른 상태에서 [선릉03.mp4] 오디오 클립을 클릭해 함께 선택한 후 ❸ Delete 를 눌러 삭제합니다.

08 오디오 1번 트랙(A1)에서 [선릉01.mp4] 오디오 클립의 끝점을 드래그하여 전체 비디오 클립 길이만큼 늘여줍니다.

01 앞선 실습에서 계속해서 진행합니다. ❶ [Project] 패널에서 **Adjustment Layer** 소스를 드래그하여 비디오 2번 트랙(V2)에 배치하고 ❷ 오른쪽 끝점을 비디오 1번 트랙(V1)에 있는 VR 영상 클립 길이와 똑같이 늘여줍니다. ❸ Alt + Shift + 5 를 눌러 작업 영역 모드를 [Color]로 변경합니다.

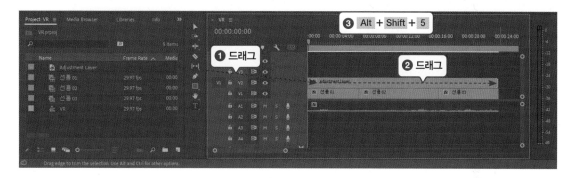

02 [Adjustment Layer] 클립이 선택된 상태에서 ❶ [Lumetri Color] 패널의 [Creative]를 클릭합니다. ❷ [Look] 항목에서 원하는 보정 프리셋을 선택합니다. 실습에서는 [Fuji ETERNA 250D Kodak 2395(by Adobe)] 프리셋을 선택했습니다.

[Adjustment Layer] 클립이 배치된 트랙의 Toggle Track Output 🔲 을 클릭하여 활성화, 비활성화하면서 색보정의 전후를 비교할 수 있습니다.

01 앞선 실습에서 계속해서 진행합니다. ❶ Alt + Shift + 7 를 눌러 작업 영역 모드를 [Effects] 모드로 변경하고 ❷ [Effects] 패널에서 VR을 검색합니다.

> VR 영상과 관련된 모든 효과와 트랜지션이 나타납니다.

02 ❶ [Effects] 패널에서 [Video Transition]–[Immersive Video]–[VR Light Rays] 트랜지션을 [선릉 01.mp4], [선릉02.mp4] 클립의 경계 부분으로 드래그하여 적용합니다. ❷ [VR Random Blocks] 트랜지션을 선택한 후 [선릉02.mp4], [선릉03.mp4] 클립의 경계 부분으로 각각 드래그하여 적용합니다.

01 앞선 실습에서 계속 진행합니다. ❶ [Effects] 패널에서 [Video Effects]–[Immersive Video]–[VR Sharpen] 이펙트를 타임라인의 [선릉 02.mp4] 클립으로 드래그하여 적용합니다. ❷ [Effect Controls] 패널에서 [VR Sharpen]–[Sharpen Amount]의 값을 50으로 설정합니다.

[Effect Controls] 패널의 각 항목은 Toggle the effect on or off 🔣를 클릭해 비활성화 🔣하면 이펙트가 적용된 사항 전후를 비교할 수 있습니다. [VR Sharpen] 항목 이펙트를 활성화하면 [신릉 02.mp4] 클립의 영상이 이펙트를 적용하기 전보다 선명해진 것을 확인할 수 있습니다.

02 [Video Effects]–[Immersive Video]–[VR Blur] 이펙트를 [Timeline] 패널의 [선릉 03.mp4] 클립으로 드래그하여 적용합니다.

03 ① 편집 기준선을 00:00:16:19 지점에 위치합니다. ② [Effect Controls] 패널 [VR Blur]-
[Blurriness]의 값을 30으로 설정하고 ③ 🔳을 클릭하여 키프레임을 만들어줍니다. ④ [Effect Controls]
패널 오른쪽 타임라인 영역에 키프레임이 표시되었습니다.

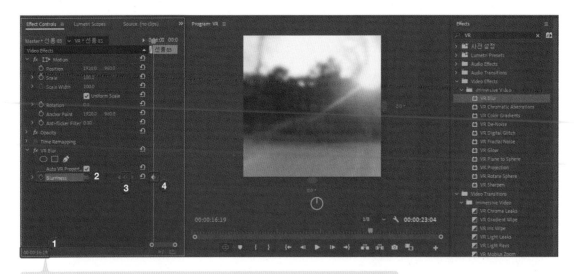

편집 기준선은 [Effect Controls] 패널 왼쪽 아래에 있는 타임코드를 수정해 위치를 변경할 수도 있습니다.

04 ① 편집 기준선을 00:00:18:20 지점에 위치합니다. ② [Blurriness]의 값을 0으로 설정합니다. ③
Spacebar 를 눌러 해당 구간의 흐림 현상이 서서히 사라지는 것을 확인합니다.

VR Transition 또는 VR Effects 등의 효과를 사용하면 미리 보기 화면에 빨간 선과 함께 'This effect requires GPU acceleration'이라는 오류가 발생하기도 합니다. 이는 해당 트랜지션이나 효과를 구현하기 위한 고사양의 GPU(그래픽 카드)가 필요할 때 나타나는 오류입니다. GPU 가속을 사용하기 위해서는 일반적으로 CUDA 코어가 장착된 Nvidia 계열의 그래픽 카드나 OpenCL을 지원하는 그래픽 카드가 필요합니다. 프리미어 프로의 설정을 변경하여 해결하는 방법을 알아보겠습니다.

01 [File]–[Project Settings]–[General] 메뉴를 선택합니다. ❶ [Project Settings] 대화상자가 나타나면 [Video Rendering and Playback]–[Renderer]에서 [Mercury Playback Engine GPU Acceleration (CUDA)]를 선택합니다. ❷ [OK]를 클릭합니다. 해당 오류가 사라진 것을 확인할 수 있습니다.

02 간혹 GPU를 설치했음에도 [Mercury Playback Engine GPU Acceleration (CUDA)] 메뉴가 나타나지 않는 경우가 있습니다. 이때는 네이버, 다음, 구글 등 검색 사이트에서 Nvidia 홈페이지를 검색한 후 접속하여 최신 그래픽 드라이버를 다운로드해 설치하면 됩니다. 설치 후에는 프리미어 프로를 재시작하여 다시 앞의 순서에 따라 설정합니다.

VR 영상에 타이틀 넣기

01 앞선 실습에서 계속 진행합니다. ❶ Alt + Shift + 4 를 눌러 프리미어 프로의 작업 영역 모드를 [Captions and Graphics] 모드로 변경합니다. ❷ [Essential Graphics] 패널의 [Browse]-[My Templates]에서 원하는 템플릿을 선택합니다. 여기서는 [Watch More Endcard] 템플릿을 선택하여 비디오 3번 트랙(V3)에 배치하였습니다. ❸ 배치한 템플릿 클립을 클릭합니다.

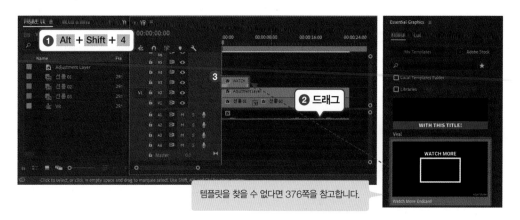

템플릿을 찾을 수 없다면 376쪽을 참고합니다.

02 ❶ [Program] 패널에서 Toggle VR Video Display▦를 클릭해 VR 미리 보기를 비활성화합니다. 템플릿 클립이 선택된 상태에서 ❷ [Essential Graphics] 패널-[Edit] 탭의 **WATCH MORE** 텍스트 레이어를 더블클릭한 후 ❸ Seolleung으로 수정합니다.

텍스트를 수정하려면 도구 패널에서 타이프 도구�I를 선택하고 텍스트가 나오는 타이밍으로 편집 기준선을 옮겨 수정합니다. 실습에서는 **00:00:03:00** 지점에서 수정하였습니다. [Essential Graphics] 패널의 [Text]에서 원하는 폰트로 설정합니다.

03 ❶ 도구 패널에서 선택 도구▶를 클릭하고 ❷ [Program] 패널의 **Seolleung** 텍스트를 왼쪽 위로 옮겨줍니다. ❸ [Botom Line] 레이어의 도형이 튀어나오지 않도록 왼쪽으로 배치합니다.

> 텍스트나 그래픽을 옮길 때 **Shift** 를 누른 상태에서 드래그하면 수직, 수평 방향으로 옮길 수 있습니다.

기능 꼼꼼 익히기 🎤 Pin To 기능 알아보기

텍스트의 위치를 이동할 때 네 개의 하얀 막대가 자동으로 텍스트를 따라 이동하는 것은 [Essential Graphics] 패널 [Edit] 탭의 [Responsive Design–Position]–[Pin To] 기능이 사용되었기 때문입니다. 앞서 배운 반응형 자막 디자인과 같은 원리입니다. 각각의 레이어를 클릭했을 때 [Top Line], [Botom Line] 레이어가 Seolleung 텍스트 아래에 고정되어 있고 [Vertical Line Left], [Vertical Line Right] 레이어는 [Top Line] 레이어에 고정되어 있는 것을 확인할 수 있습니다.

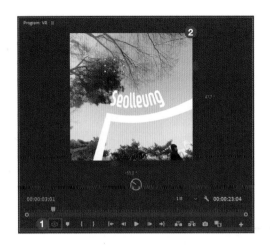

04 [Program] 패널에서 ❶ Toggle VR Video Display
ㅁ를 클릭해 VR 미리 보기를 활성화하면 ❷ 텍스트가
왜곡되어 있는 것을 확인할 수 있습니다. VR 보기에서
도 템플릿이 왜곡되지 않도록 조정해보겠습니다.

05 ❶ Alt + Shift + 7 를 눌러 작업 영역 모드를 [Effects] 모드로 변경합니다. ❷ [Effects] 패널에서 **VR**
을 검색합니다. ❸ [Video Effects]-[Immersive Video]-[VR Plane to Sphere] 이펙트를 비디오 3번 트
랙(V3)의 [Seolleung] 클립으로 드래그하여 적용합니다.

06 [Effect Controls] 패널에서 [VR Plane to Sphere]−[Scale (Degrees)]의 값을 **70**으로 설정합니다. [Scale (Degrees)]의 값을 크게 설정할수록 타이틀이 더욱 가깝게 느껴집니다.

필요에 따라 템플릿이 아닌 이미지나 텍스트 소스도 [VR Plane to Sphere] 이펙트를 적용하여 왜곡되는 정도를 조절할 수 있습니다.

간단 실습 | **VR 영상 출력하기**

01 앞선 실습에서 계속 진행합니다. [Timeline] 패널에서 작업 영역바의 시작점을 **00:00:00:00** 지점으로, 끝점을 **00:00:23:04** 지점으로 지정하여 출력할 영상 길이를 지정합니다.

02 ❶ 상단의 [Export]를 클릭합니다. ❷ [File Name]과 [Location]에서 출력 파일의 이름과 저장 위치를 설정합니다. 여기서는 파일 이름을 VR로 설정했습니다.

03 ❶ [VIDEO] 탭을 클릭해 펼칩니다. ❷ [Basic Video Settings]-[Match Source]를 클릭해 출력물이 영상 소스와 동일한 해상도가 되도록 설정합니다.

04 ❶ [Bitrate Settings]에서 [Bitrate Encoding]을 [CBR]로 설정하고 ❷ [Target Bitrate[Mbps]]를 70으로 설정합니다.

Mpbs는 초당 몇 bit의 데이터를 수용할지를 의미합니다. 70 정도로 설정하면 유튜브 업로드 용도로 충분합니다.

05 ❶ [VR Video]에서 [Video is VR]에 체크합니다. ❷ [Frame Layout]이 [Monoscopic]으로 설정되어 있는지 확인한 후 ❸ [Export]를 눌러 VR 영상을 출력합니다.

프리미어 프로 **실속 단축키**

도구 관련

V	선택 도구	Y	슬립 도구
A	트랙 셀렉트 포워드 도구	U	슬라이드 도구
Shift + A	트랙 셀렉트 백워드 도구	P	펜 도구
B	리플 에디트 도구	H	핸드 도구
N	롤링 에디트 도구	Z	줌 도구
R	레이트 스트레치 도구	T	타이프 도구
C	자르기 도구		

프로젝트 관련

Ctrl + Alt + N	새로운 프로젝트 만들기	Ctrl + Alt + S	복사본 저장하기
Ctrl + N	새로운 시퀀스 만들기	F5	캡처하기
Ctrl + B	새로운 빈 만들기	F6	일괄 캡처하기
Ctrl + O	프로젝트 파일 불러오기	Ctrl + Alt + I	미디어 브라우저에서 가져오기
Ctrl + Shift + W	프로젝트 닫기	Ctrl + I	파일 가져오기
Ctrl + W	닫기	Ctrl + M	미디어 파일로 내보내기
Ctrl + S	저장하기	Ctrl + Shift + H	선택 파일 속성 보기
Ctrl + Shift + S	다른 이름으로 저장하기	Ctrl + Q	프로그램 종료하기

파일 관련

Ctrl + Z	실행 취소하기	Ctrl + V	붙여넣기
Ctrl + Shift + Z	다시 실행하기	Ctrl + Shift + V	인서트로 붙여넣기
Ctrl + X	잘라내기	Ctrl + A	모두 선택하기
Ctrl + Alt + V	속성 붙여넣기	Ctrl + Shift + A	모두 선택 해제하기
Delete	삭제하기	Ctrl + F	찾기
Shift + Delete	타임라인 빈 공간 제거(Ripple Delete)		

Ctrl + Shift + / 복제하기   Ctrl + E 원본 편집하기

Ctrl + C 복사하기   Ctrl + Alt + K 키보드 단축키 설정하기

클립 관련

Ctrl + U 하위 클립 만들기   Ctrl + L 링크

Shift + G 오디오 채널 수정하기   Ctrl + G 그룹 만들기

Ctrl + R 클립 속도/지속 시간   Ctrl + Shift + G 그룹 해제하기

Shift + E 사용   , / . 인서트/오버라이트하기

시퀀스 관련

Enter 작업 영역의 효과 렌더링하기   E 선택한 편집을 재생 헤드로 확장하기

F 프레임 일치시키기   ; 리프트

Shift + R 프레임 반대로 일치시키기   ' 익스트랙트

Shift + K 편집 추가하기   = 확대

Ctrl + Shift + K 모든 트랙에 편집 추가하기   - 축소

Shift + T 편집 트리밍하기   S 스냅

Shift + D 선택 영역에 기본 트랜지션 적용하기

Ctrl + D 비디오 트랜지션 적용하기

Ctrl + Shift + D 오디오 트랜지션 적용하기

Shift + ; 시퀀스의 다음 간격으로 이동하기

Ctrl + Shift + ; 시퀀스의 이전 간격으로 이동하기

그래픽 관련

[Essential Graphics] 패널에서 Ctrl + T 타이프 도구

[Essential Graphics] 패널에서 Ctrl + Alt + E 원형 도구

[Essential Graphics] 패널에서 Ctrl + Alt + R 사각형 도구

마커 관련

I 인 점 설정하기	**Ctrl** + **Shift** + **O** 아웃 점 삭제하기
O 아웃 점 설정하기	**Ctrl** + **Shift** + **X** 인 점·아웃 점 삭제하기
X 클립 전체 표시하기	**M** 마커 생성하기
/ 선택한 클립 전체 표시하기	**Shift** + **M** 다음 마커로 이동하기
Shift + **I** 인 점으로 이동하기	**Ctrl** + **Shift** + **M** 이전 마커로 이동하기
Shift + **O** 아웃 점으로 이동하기	**Ctrl** + **Alt** + **M** 선택한 마커 삭제하기
Ctrl + **Shift** + **I** 인 점 삭제하기	**Ctrl** + **Alt** + **Shift** + **M** 모든 마커 삭제하기

패널 관련

Alt + **Shift** + **0** 기본 작업 영역으로 다시 설정	**Shift** + **8** 미디어 브라우저 패널
Shift + **9** 오디오 클립 믹서 패널	**Shift** + **4** 프로그램 모니터 패널
Shift + **6** 오디오 트랙 믹서 패널	**Shift** + **1** 프로젝트 패널
Shift + **5** 이펙트 컨트롤 패널	**Shift** + **2** 소스 모니터 패널
Shift + **7** 이펙트 패널	**Shift** + **3** 타임라인 패널

오디오 트랙 믹서 패널

Ctrl + **Alt** + **T** 트랙 표시하기/숨기기

Ctrl + **Shift** + **I** 입력 신호만 미터에 표시하기

Ctrl + **L** 반복 재생하기

캡처 패널

V 비디오 기록하기	**W** 끝 지점으로 이동하기
A 오디오 기록하기	**G** 기록하기
E 꺼내기	**←** 이전 단계
F 앞으로 감기	**→** 다음 단계
R 되감기	**S** 정지
Q 시작 지점으로 이동하기	

기타 편집 관련

[클립 볼륨 레벨 낮추기	Shift + ← 앞으로 5프레임 이동하기
Shift + [클립 볼륨 레벨 많이 낮추기	Shift + → 뒤로 5프레임 이동하기
] 클립 볼륨 높이기	Home 시퀀스 시작 클립으로 이동하기
Shift +] 클립 볼륨 레벨 많이 높이기	End 시퀀스 끝 클립으로 이동하기
Shift + = 모든 트랙 확장하기	Shift + Home 선택한 클립의 시작점으로 이동하기
Shift + - 모든 트랙 축소하기	Shift + End 선택한 클립의 끝점으로 이동하기
Ctrl + Shift + E 프레임 내보내기	Shift + ` 활성화되어 있는 패널 최대화·복원하기
Q 현 위치를 이전 편집 지점으로 이동하기	` 포인터가 위치한 패널 최대화·복원하기
Shift + Q 이전 편집 지점을 현 위치로 확장하기	Shift + K 미리 보기 재생하기
W 다음 편집 지점을 현 위치로 이동하기	
Shift + W 다음 편집 지점을 현 위치로 확장하기	
Ctrl + Shift + Spacebar 시작점에서 끝점까지 재생하기	
Shift + Spacebar 시작점에서 끝점까지 재생(프리롤/포스트롤 포함)하기	
↑ 클립의 시작점으로 이동하기	Shift + Spacebar 재생·정지하기
↓ 클립의 끝점으로 이동하기	**프로젝트 패널에서** Ctrl + F 검색하기
← 앞으로 한 프레임 이동하기	Ctrl + 9 모든 오디오 대상 전환하기
→ 뒤로 한 프레임 이동하기	Ctrl + ` 전체 화면
D 편집 기준선 위치의 클립 선택하기	Shift + 0 멀티 카메라 뷰 켜기/끄기
소스 모니터 패널 활성화 상태에서 Ctrl + ↓ 다음 클립 선택하기	
소스 모니터 패널 활성화 상태에서 Ctrl + ↑ 이전 클립 선택하기	
K 재생 정지하기	**트림 모드에서** Ctrl + ↑ 뒤로 트리밍
J 역재생하기	Shift + T 트리밍 유형 전환하기
Shift + L 느리게 재생하기	**트림 모드에서** Ctrl + Shift + ← 뒤로 많이 트리밍
Shift + J 느리게 역재생하기	**트림 모드에서** Ctrl + → 앞으로 트리밍
Ctrl + O 모든 비디오 대상 전환하기	**트림 모드에서** Ctrl + Shift + → 앞으로 많이 트리밍

이펙트 패널

Ctrl + / 사용자 정의 새로운 빈 만들기	Backspace 사용자 정의 항목 삭제하기

미디어 브라우저 패널

`Shift` + `O` 소스 모니터 패널에서 열기

`Shift` + `←` 디렉토리 목록 선택하기

`Shift` + `→` 미디어 목록 선택하기

히스토리 패널

`←` 이전 단계

`→` 다음 단계

`Backspace` 삭제하기

타임라인 패널

`Alt` + `[` 작업 영역바 시작점 설정하기

`Alt` + `]` 작업 영역바 끝점 설정하기

`Alt` + `→` 선택한 클립을 뒤로 1프레임 이동

`Alt` + `Shift` + `→` 선택한 클립을 뒤로 5프레임 이동

`Alt` + `←` 선택한 클립을 앞으로 1프레임 이동

`Alt` + `Shift` + `←` 선택한 클립을 앞으로 5프레임 이동

`Alt` + `Shift` + `,` 선택한 클립을 앞으로 5프레임 밀기

`Alt` + `.` 선택한 클립을 뒤로 1프레임 밀기

`Alt` + `Shift` + `.` 선택한 클립을 뒤로 5프레임 밀기

`Ctrl` + `Alt` + `←` 선택한 클립을 앞으로 1프레임 밀어 넣기

`Ctrl` + `Alt` + `Shift` + `←` 선택한 클립을 앞으로 5프레임 밀어 넣기

`Ctrl` + `Alt` + `→` 선택한 클립을 뒤로 1프레임 밀어 넣기

`Alt` + `,` 선택한 클립을 앞으로 1프레임 밀기

`Ctrl` + `Alt` + `Shift` + `→` 선택한 클립을 뒤로 5프레임 밀어 넣기

프로젝트 패널

`Ctrl` + `B` 새로운 빈 만들기

`Ctrl` + `Page Up` 리스트 뷰

`Ctrl` + `Page Down` 아이콘 뷰

아이콘 뷰 상태에서 `Shift` + `H` 마우스 포인터로 미리 보기/끄기

`Shift` + `[` 화면 확대하기

`Shift` + `]` 화면 축소하기

기타

`Ctrl` + `Alt` + `K` 단축키 설정(Keyboard Shortcuts)

※ 이 책의 단축키는 IBM PC 기준입니다. MacOS 사용자는 `Ctrl` 을 `command` 로, `Alt` 를 `option` 으로 바꿔서 사용하면 됩니다.